Михаэль Лайтман

МУДРОСТЬ КРУГА

Лайтман М.
Мудрость круга/ Михаэль Лайтмана – LKP, 2015. – 360 с. Напечатано в Израиле.

**Laitman M.
Wisdom Circle/ Michael Laitman** – LKP, 2015. – 360 pages.

ISBN 978-965-7577-43-1
DANACODE 760-88

В книге «Мудрость круга» представлена особая методика построения системы отношений, основанная на законах единства природы, действующих во всех ее пластах. Эта методика называется «семинар». Семинар основывается на принципе объединения, и для его восприятия мы, прежде всего, садимся в круг.

Речь идет о подходе, меняющем восприятие реальности человека.

Профессор Михаэль Лайтман говорит понятным языком из глубины своего сердца, выражая чаянья поколений каббалистов. Он продолжает их дело по развитию методики исправления человека и постепенно, шаг за шагом, ведет нас в духовное.

ISBN 978-965-7577-43-1
DANACODE 760-88

© Laitman Kabbalah Publishers, 2015.

ОГЛАВЛЕНИЕ

К читателю 7
Предисловие редакторов 8
Источник живой воды 8
Семинар 9
Избранные отрывки для подготовки 11
Правила семинара 45
Семинары 47
   СЕМИНАР 1. Новая ступень единства 48
   СЕМИНАР 2. Почувствовать Высшую силу 62
   СЕМИНАР 3. Учимся объединяться 73
   СЕМИНАР 4. Пробудить высший свет 75
   СЕМИНАР 5. Новое развитие 89
   СЕМИНАР 6. Рост сопротивления 95
   СЕМИНАР 7. Необходимость группы 97
   СЕМИНАР 8. Помощь от окружения 99
   СЕМИНАР 9. Создание группы 101
   СЕМИНАР 10. Взаимозависимость 104
   СЕМИНАР 11. Духовный мир между нами 105
   СЕМИНАР 12. Сила объединения 106
   СЕМИНАР 13. Все преступления покроет любовь ... 109
   СЕМИНАР 14. Поручительство 112
   СЕМИНАР 15. Величие товарищей 116
   СЕМИНАР 16. Центр группы 119
   СЕМИНАР 17. Общее желание 123
   СЕМИНАР 18. Через соединение и через сердце ... 128
   СЕМИНАР 19. Общее чувство 131
   СЕМИНАР 20. Подготовка к свету 133
   СЕМИНАР 21. Влияние окружения 137

СЕМИНАР 22. Адаптер между Творцом и миром 139
СЕМИНАР 23. Духовный стыд 146
СЕМИНАР 24. Как усилить мощь единства
между нами? 153
СЕМИНАР 25. Разорвать преграду между нами 157
СЕМИНАР 26. Каждый включает в себя всех 161
СЕМИНАР 27. В заботе о любви 164
СЕМИНАР 28. Духовные уровни в связи
между нами 167
СЕМИНАР 29. Нет ничего целее, чем
разбитое сердце 171
СЕМИНАР 30. На пути к нашему соединению 173
СЕМИНАР 31. Активность группы 176
СЕМИНАР 32. В добрых руках группы 178
СЕМИНАР 33. Методика объединения 183
СЕМИНАР 34. Раскрываем свободный выбор 189
СЕМИНАР 35. Потеря связи между нами 195
СЕМИНАР 36. Добро и зло становятся как одно 203
СЕМИНАР 37. Поле, находящееся между нами 209
СЕМИНАР 38. Решение в объединении 213
СЕМИНАР 39. Истинная цель 215
СЕМИНАР 40. Свобода выбора 219
СЕМИНАР 41. Объединение во имя подъема 222
СЕМИНАР 42. Помощь против тебя 224
СЕМИНАР 43. Общая молитва 227
СЕМИНАР 44. Проявление Творца 229
СЕМИНАР 45. Я, группа, человечество,
семья, Творец 231
СЕМИНАР 46. Врата слёз 237
СЕМИНАР 47. Будущее человека зависит от его
благодарности за прошлое 245
СЕМИНАР 48. О вере выше знания, отраженном
свете и душе 253

СЕМИНАР 49. В чем разница между благодарностью и просьбой ... 258
СЕМИНАР 50. Главное – это уступка и соединение ... 263
СЕМИНАР 51. Как приблизиться к широким массам ... 268
СЕМИНАР 52. Творец призывает человека ... 272
СЕМИНАР 53. Вместе в одной системе ... 276
СЕМИНАР 54. Женская сила ... 285
СЕМИНАР 55. Я, группа и Творец ... 287
СЕМИНАР 56. Я и вне меня ... 290
СЕМИНАР 57. Соединение между нами и со всем миром ... 296
СЕМИНАР 58. Кричать, требовать или просить? ... 306
СЕМИНАР 59. Посредством группы ... 310
СЕМИНАР 60. Радость и совершенство ... 317
СЕМИНАР 61. Продвигаться последовательно и непрерывно ... 318
СЕМИНАР 62. Точка единства ... 322
СЕМИНАР 63. Быть как один ... 324
СЕМИНАР 64. Контакт с высшей силой ... 332
СЕМИНАР 65. Влияние окружения на человека ... 341

Ссылки на источники ... 353

К ЧИТАТЕЛЮ

Многие из нас уже понимают и чувствуют, что мы зависим друг от друга и связаны между собой. И эта тенденция раскрывает перед нами возможности для перемен, изменения системы наших взаимоотношений. Поэтому нам необходимо освоить новые способы коммуникации.

Когда вступают во взаимосвязь с намерением объединиться в желаниях и мыслях, рождается новая сила, создается новый разум, можно думать, таким образом, о новом уровне нашего существования. Так мы создаем новую ступень развития человека.

В книге «Мудрость круга» представлена особая методика построения системы отношений, основанная на законах природы, действующих во всех ее пластах. Эта методика называется «семинар». Семинар основывается на принципе объединения, и для его восприятия мы, прежде всего, садимся в круг.

Цель семинара – дать возможность каждому желающему раскрыть силу объединения, вызывающую значительные изменения в наших отношениях. Книга раскрывает драматический процесс с простыми правилами, ясными и легкими для исполнения, чтобы прийти к объединению и из него раскрыть тот мир духовных законов, в котором мы все живем.

Для того, чтобы это осуществить, не требуется никаких специальных знаний и опыта, – только желание. Человек приобретает в этом процессе необходимые инструменты и навыки. В течение семинара человек усваивает новый вид беседы – беседы сердечной, на высшем, духовном уровне. В книге представлены семинары, проведенные с широкой публикой в Израиле и в мире. Участники успешно справлялись с вопросами, требующими совместного согласованного решения, вытекающего из совместного желания и мнения, которые родились в круге.

В этой книге собраны семинары, проведенные под руководством профессора Михаэля Лайтмана на конгрессах, уроках и других встречах. Для удобства приведены даты, по которым вы сможете обнаружить эти семинары в медиа архиве http://www.kabbalahmedia.info/ru. Так вы сможете получить впечатление от семинара и способа его проведения.

Мы рады выпуску в свет этой книги и надеемся с ее помощью пробудить существенные изменения во всех системах отношений между нами.

ПРЕДИСЛОВИЕ РЕДАКТОРОВ

Нам выпала большая честь поработать над книгой «Мудрость круга».

Эта книга касается новых аспектов науки каббала, она содержит в себе суждения, основанные на обширном опыте проф. М. Лайтмана, причем, в ней больше практики, чем теории. Здесь нам нужно меньше анализировать и больше чувствовать.

Книга символизирует начало новой эпохи, волнует, побуждает к коллективизму, к выходу в мир с полным знанием дела и практическими шагами навстречу нашему единству. Речь идет о подходе, меняющем восприятие реальности человека и помогающем ему шаг за шагом войти в духовный мир.

Профессор Михаэль Лайтман говорит понятным языком из глубины своего сердца, выражая чаянья поколений каббалистов. Он продолжает их дело по развитию методики исправления человека и постепенно, шаг за шагом, ведет нас в духовное.

Текст книги притягивает, волнует и вызывает желание стать участником одного из кругов, которые все больше сплачиваются и устремляются к объединению в центре круга.

С любовью, Ваши редакторы.

ИСТОЧНИК ЖИВОЙ ВОДЫ

По моему скромному мнению, профессор Михаэль Лайтман заслуживает премию Израиля «Дело всей жизни» за важнейшую миссию, которую он возложил на себя, – превратить тайный язык каббалы в информацию, доступную и необходимую широкой общественности, за то, что превратил каббалу из чего-то теоретического в практическое, за способность представить науку каббала, как наиболее прогрессивную науку, а не изотерическую и загадочную. Профессор Лайтман сумел превратить каббалу в источник живой воды для огромного количества самых разных людей.

Благодаря ему, язык стал яснее и понятнее, и, возможно, мы именно те, кто открыт для постижения новых аспектов науки каббала, чтобы, благодаря этой книге, она стала практической, применимой и необходимой методикой.

В этой книге мы изучаем, что понятие «духовность» не связано с внешними проявлениями, это работа сердца и разума.

Разия Бен Гурион, писатель, редактор.

СЕМИНАР

Семинар – это особый статус, в котором участники стараются создать между собой объединение на высшей ступени. В этом действии есть огромная сила. Мы приходим на семинар и участвуем в нем только для того, чтобы достичь силы объединения.

Во время таких встреч выясняется все больше и больше понятие «объединение».

Свет, который должен раскрыться, – это свет нашего объединения, который приходит и наполняет нас. Раскрывающийся свет – это высший свет, сила отдачи, сила Творца, и внутри него мы можем раскрыть его источник, любовь, замысел творения.

На семинаре в круге сидят примерно десять участников и обсуждают вопросы, соблюдая четкие и известные правила, приведенные ниже. Рассаживание в круг, как равных, и беседа по правилам семинара дают нам возможность раскрыть силу любви, кроющуюся в объединении и способствующую нашему развитию. Под развитием подразумевается раскрытие «нового разума», нового уровня в новом измерении. Как результат объединения, как будто бы, разных мнений, вдруг «рождается» ответ на любой вопрос и решение любой проблемы. Открытость, создающаяся в этом процессе, прокладывает путь для рождения «нового разума» – разума и чувства, которых не было прежде.

Далее внутри совместного усилия мы начинаем чувствовать высшую силу природы, Творца. Света, наслаждения, ощущения, раскрывающиеся в объединении, – «НАРАНХАЙ» – очень велики, поэтому мы приходим к объединению лишь только тогда, когда направляем его к Творцу, доставляя Ему наслаждение. Это форма, при которой мы можем Его раскрыть и прийти «от любви к творениям к любви к Творцу». То есть, прежде всего, мы соединяемся между собой – это любовь к творениям, и внутри нашего объединения начинаем раскрывать Творца.

По мере того, как мы приобретаем опыт на семинарах, сила объединения раскрывает сердца и создает в центре круга что-то вроде горячего шарика, источающего атмосферу безопасности, тепла и спокойствия. В этом состоянии постепенно раскрывается та новая мудрость, позволяющая нам приподняться над сопротивлением, разногласиями и прийти к сердечному объединению, создающему новое восприятие. Посредством семинара участники начинают ощущать новое измерение, новое пространство, к которому можно подняться в ощущении, в понимании, в осознании.

На семинаре важно сохранять светлую голову, изъявлять желание и готовность испытывать новые впечатления и, самое главное, соблюдать правила. Уже через несколько встреч можно понять их важность и почувствовать их воздействие.

С помощью вопросов участники семинара приходят к более внутренним выяснениям. Вопросы задаются не для того, чтобы найти ответы, а для того, чтобы начать мыслить в таком ракурсе, который обычно не задействован. Цель – привести в действие спящие участки разума и сердца и, таким образом, расширить духовное познание. Иногда кажется, что это непонятно и сбивает с толку, что и сами вопросы, и то, как они задаются, неуместны. Но это делается специально, не для того, чтобы запутать, а чтобы задействовать дополнительные душевные силы.

ИЗБРАННЫЕ ОТРЫВКИ ДЛЯ ПОДГОТОВКИ

В этой части мы собрали отрывки из бесед и уроков с профессором Михаэлем Лайтманом, в которые говорится о семинаре как о средстве для раскрытия силы объединения. Начиная с первых шагов, используя это чудесное средство, можно обнаружить мощь, таящуюся в нем.

Это избранные отрывки, которыми профессор предваряет раскрытие методики, делая ее доступной и удобной. Шаг за шагом, постепенно, осторожно и эмоционально раскрывается весь процесс, вплоть до мельчайших подробностей.

Мы привели серию избранных отрывков, чтобы читатель получил представление о пройденном пути и постепенно и чувственно, от сердца, вступил в этот процесс.

Каждый семинар можно начать с чтения нескольких отрывков, фокусирующих вас на цели семинара. Каждый отрывок сопровождается объяснением в определенном аспекте, и совместное чтение приведет вас к правильному внутреннему состоянию навстречу объединению. Так вы сможете извлечь наибольшую пользу из каждого семинара.

РАСКРЫТЬ ОБЪЕДИНЕНИЕ МЕЖДУ НАМИ

Ощущение, начинающее проявляться между нами на семинаре, – это Высший свет. Это настолько приятное, сладостное и размягчающее сердце ощущение, что мы стремимся насладиться им и получить удовольствие от объединения, от раскрывшегося тепла. Такое отношение к нему называется «злым началом», потому что вместе с нашим стремлением раскрыть объединение между нами, мы должны думать, что все это происходит для того чтобы доставить наслаждение нашему Создателю, иными словами, чтобы это было не ради самих себя.

Нам надо быть в страхе и тревоге, чтобы раскрыть силу взаимной отдачи, взаимообъединение наших сердец в одно сердце, и чтобы это объединение, это раскрывающееся наполнение не возобладало над нами, а чтобы мы владели им, направляя к Творцу то огромное наслаждение, которое существует в объединении и называется «высший свет».

Поэтому прийти к объединению не просто. Ведь света, наслаждения и ощущения, раскрывающиеся в объединении – «НаРаНХай» (*Нефеш, Руах, Нешама, Хайа, Ехида*) – огромны. Вот почему мы приходим к объединению лишь только тогда, когда направляем его к Творцу, для того чтобы «насладить Творца».

(Семинар, 02.09. 2012)

ПЕРВЫЙ ШАГ

Цель семинара – привести человека к ощущению такой связи между нами, чтобы внутри круга он ощутил дополнительную силу, которую мы создаем вместе. Внутри этой силы мы почувствуем еще силу и поймем, что это воздействующее на нас управление свыше. Тогда решатся все проблемы, и мы, действительно, увидим, как все закручено вокруг нас. Потому что мы начинаем соединяться с той высшей программой, которая выполняется в нас. Это будет первым шагом.

(Лекция, 29.05.2012)

СТУПЕНЬ «МЫ»

В течение семинара мы поднимаемся над эгоизмом и начинаем объединяться, чтобы, прежде всего, почувствовать гармонию и связь между нами. Все проблемы, все горести, все наши качества, разногласия между нами – все остается внизу. Мы должны найти общий знаменатель и с его помощью подойти к решению проблем. Таков подход, и он довольно прост, несмотря на то, что противоречит логике.

Мы должны оставить свое эго внизу и, прежде всего, объединиться между собой. Только так мы поймем, что, создав единое целое – ступень «мы» – через связь между нами, мы сможем решить всё. Возможно, даже не будет необходимости решать каждую проблему, может быть, мы вообще не захотим обращать внимание на все горести, проблемы, на все личные качества каждого из нас, а пожелаем быть в совместном ощущении. Мы взойдем к тому месту и ощущению, где все наши желания, все сердца, все наши мысли соединятся воедино.

(Лекция, 29.05.2012)

ПОЛЕ, НАХОДЯЩЕЕСЯ МЕЖДУ НАМИ

Влияние семинара особенно, потому что благодаря ему мы можем почувствовать, испытать и понять значение объединения. На семинаре мы сидим вместе и воспринимаем сказанное другими, как будто это сказано с «небес». Мы используем эту возможность, чтобы отменить себя и объединиться с другими.

На семинаре мы должны прийти к состоянию, в котором почувствуем, что между десятью товарищами, сидящими в круге, начинает возникать совместное ощущение, и что между ними существует поле, в котором начинают ощущаться новые органы чувств, новые свойства и ощущения. Мы можем убедиться в том, что это возможно. Ведь речь идет об упражнении, зависящем только от личного усилия каждого, и неважно, находимся ли мы среди взрослых, молодых, начинающих или опытных людей. Есть желание, и оно все решает. Творец организует все в наилучшей форме для объединения.

(Семинар, вечер объединения в Гааше, 05.08.2012)

ЕСТЬ РЕШЕНИЕ

Во время семинара обсуждение с товарищами проводится так, что можно решить проблемы и избавиться от беспомощности по отношению к ним, будь то глобальные проблемы экономики или экологии либо проблемы в семье или на работе и т.д. Сегодня в мире раскрывается общая сила, и это называется раскрытием Творца творению. Эта сила начинает нам раскрываться, и мы чувствуем, что не в состоянии ужиться друг с другом из-за своего характера и заложенной в нас природы.

Почему? Потому что новая раскрывающаяся сила – это интегральная сила, а мы ей противоположны. В этом причина того, что мы должны научиться соответствовать этой силе, научиться тому, как к ней приблизиться. Тогда мы сможем решить все проблемы и начнем ощущать эту новую силу, высший мир. Подход достаточно прост и для детей, и для взрослых: нужно сесть за круглый стол и приступить к обсуждению.

(Лекция, «Новая семья», 29.05.2012)

НОВАЯ СИЛА

Мы должны искать, как связаться друг с другом. Когда участники начинают говорить и объединяться между собой с таким намерением, они приходят к состоянию, в котором суммой усилий всех, когда они связаны намерениями, желаниями и мыслями, создается что-то совместное – некая общая сила. Эта общая сила держит их на высоком уровне, и тогда они чувствуют наличие этой силы. Можно считать это новым уровнем нашего существования. Так мы не опустимся до своего личного эгоизма, потому что он нам не поможет.

Так мы выстраиваем между собой новую общую силу, в которой все мы участвуем, и каждый хочет связаться с другим, находящимся в поле этой общей силы.

Это один уровень, пришедший к нам из науки каббала. Затем, внутри этой общей силы мы начинаем ощущать высшую силу природы, Творца. Это та форма, в которой мы можем Его раскрыть.

Этот процесс называется «от любви к творениям до любви к Творцу». Таким образом, мы, прежде всего, связываемся между собой – это любовь к творениям. И из нашего объединения мы начинаем раскрывать Творца.

(Лекция, «Новая семья», 29.05.2012)

СОГЛАСИЕ МЕЖДУ НАМИ

Когда мы находимся на уровне эгоизма, на уровне своих исконных свойств, мы не в состоянии достичь согласия друг с другом, поэтому нам трудно решать проблемы в семье или в мире. Решение заключается в том, чтобы подняться на другой, новый уровень, на котором мы сможем объединиться. Нам нужно покинуть ту ступень, на которой мы находимся сейчас, и подняться на более высокий уровень, говорить о вещах, которые мы можем создать сообща. Это называется – выстроить «уровень поручительства».

Участники сидят в круге и начинают искать общий уровень связи между ними – более высокий уровень, на котором они хотят объединиться. Они не находят его в своих эгоистических мыслях и желаниях, потому что с ними уже невозможно ужиться в мире.

Иными словами, не надо вести этот поиск, используя свойства получения, в которых мы все тянем на себя, – нужно искать в свойстве отдачи, подняться к нему и соединиться с ним. И тогда мы почувствуем, что можно вести обсуждение, поднявшись над своей эгоистической природой к новой природе – интегральной. У нас нет выбора. Это то, что от нас требуется.

(Лекция, «Новая семья», 29.05.2012)

СОВМЕСТНОЕ ОЩУЩЕНИЕ

На семинаре сидят в круге десять участников – не важно, кто с кем. Но есть несколько правил, вытекающих из интегрального объединения, к которому мы должны прийти. Мы не спорим, наш эгоизм должен остаться внизу, а мы хотим подняться над ним и прийти к согласию, к объединению. То есть каждый старается поддержать другого и помочь ему. Мы поддерживаем сказанное другим по теме, которую обсуждаем.

Тогда мы увидим, как из нашего согласия в круге начинает проявляться что-то теплое, что-то общее. Потом это совместное ощущение начинает овладевать нами, поддерживать нас, давать нам силу, какие-то новые мысли и новое ощущение.

Цель заключается в том, чтобы в процессе упражнений люди начали чувствовать, что в совместном ощущении, которое мы выстраиваем меду собой, мы можем решить любую проблему мира. Потому что мы уже находимся на интегральном уровне, соответствующем природе, и получаем оттуда силу поддержки. Мы не спорим, а каждый произносит несколько предложений и, таким образом, все больше и больше добавляет в эти обсуждения.

(Лекция, Новая семья, 29.05.2012)

СОВМЕСТНАЯ СИЛА

В процессе семинара каждый из участников начинает чувствовать создание некой общей силы, возникающей от взаимного ощущения. Эта общая сила раскроется, и на следующем этапе мы ощущаем это постоянно. Это методика развития духовного органа ощущения внутри нас, потому что именно так, в группе, он развивается.

(Конгресс в Вильнюсе, 23.03.2012)

В ОДНОЙ МЫСЛИ

На семинаре мы не занимаемся фантазированием или медитацией. Цель семинара пробудить в нас новый орган ощущения – ощущение отдачи, которое называется свойством отдачи. Это можно сделать только усилием.

Постараемся сосредоточиться в одной мысли, так как, если мы объединяем мысли, желания, наклонности и стремления, мы усиливаем наше общее желание и помогаем друг другу, как написано: «Человек, да поможет ближнему».

(Семинар, 30.03.2012)

ВНУТРЕННЕЕ РЕШЕНИЕ

Объединившись между собой, мы находим решение изнутри, и оно выяснено и находится на гораздо более высоком уровне, чем то решение, которое может предложить каждый из нас, руководствуясь своим разумом и сердцем.

Когда мы объединены, мы создаем новый сосуд (*кли*), через который выясняется данный вопрос. И ответ совершенно новый – это новая ступень.

(Семинар, 27.07.2012)

ХОТИМ НАЙТИ ОТВЕТЫ

Мы изучаем, что все желания находятся в сосуде (*кли*), который называется свойством получения, а все ответы находятся в Свете, который называется свойством отдачи. Если мы хотим найти ответы, нам нужно прийти к Свету так, чтобы сосуд принял форму Света. Когда мы достаточно объединены, мы находим ответ, но не с помощью внешнего разума, а таким, как он существует.

Если мы не знаем или не чувствуем в себе ответа, нам нужно больше объединиться, и тогда из совместного ощущения раскроем ответ. Цель – искать не в голове, а в сердце.

(Конгресс на севере, семинар, 05.07.2012)

ОБЩЕЕ МЕЖДУ ВСЕМИ

На семинаре мы хотим объединиться – не противоречить друг другу и не пытаться пересилить друг друга. Первое, что мы хотим, – достичь объединения. Семинар – это всего лишь средство прийти к состоянию, в котором мы по-настоящему объединяемся, и в объединении каждый отменяет себя перед другими, каждый готов броситься внутрь этого объединения, быть в поручительстве, во всеобщем единении. Здесь каждый должен быть готов забыть о себе, ощущать «мы», а не «я». Так мы придем к общему месту и желанию, где, в соответствии с законом подобия свойств, мы находимся друг напротив друга. Таким образом, мы находим Творца, Который нисходит и раскрывается между нами, потому что своим объединением мы создаем божественное присутствие (*Шхину*), место, в котором Он раскрывается. Поэтому, прежде всего, мы должны создать это место.

(Семинар, 10.08.2012)

ОБЪЕДИНЕНИЕ НОВОЙ МОЩНОСТИ

Готовясь к семинару, мы должны «настроить» свои чувства и пробудить в себе огромное желание объединиться между собой, чтобы это привело нас к состоянию, в котором мы бы почувствовали объединение новой мощности и ощутили его новое качество. В этом единстве с новой силой и по-новому раскроется свойство отдачи, в котором мы начнем распознавать высшие действия, находящиеся над нами, но не над головой и телом, а во власти Творца. Мы почувствуем, что это Он правит всем, что Он приблизится к нам и будет присутствовать с нами внутри нашего объединения.

Это ощущение должно исходить из семинара, но нам необходимо почувствовать его в нашем общем желании, в нашей общей мысли, которая является не просто суммой желаний и мыслей товарищей в группе, а находится выше них. Это то, что они рождают, объединившись между собой. Это не множество капель, соединенных вместе, – они превратились в одну каплю, в которой невозможно отличить себя от других.

Если так, то это не просто объединение, так как при объединении есть соединенные между собой детали. А в том состоянии, о котором мы говорим, детали – это одно целое. И в чем же разница? Когда детали связаны, они ощущают свою структуру, а когда они единое целое, они ощущают Творца.

(Важность товарищей, 25.05.2012)

РАСКРЫТЬ СЕРДЦЕ

Если человек, сидящий один перед компьютером, раскроет свое сердце, то он присутствует с нами на семинаре, – если он на это способен.

(Вопросы о конгрессе на севере, 02.07.2012)

РЕШЕНИЕ ИЗ ОБЪЕДИНЕНИЯ

На семинаре у каждого есть право высказаться, и мы должны уважать его мнение. Говорить надо лаконично, чтобы дать возможность высказаться всем. На каждый вопрос дается от семи до десяти минут, не больше. Мы должны говорить энергично и понимать, что вопросы решаются не разумом – ответ на вопрос приходит лишь из нашего объединения. «Хорошие мозги» не помогут ответить на вопрос – ответ от разума ничего не значит. Поэтому нам надо найти именно связь между собой, устремиться к объединению, и отсюда прийти к решению вопроса.

Нам надо почувствовать эту связь и изнутри нее найти ответ на вопрос, потому что причина, по которой он задан, состоит в том, чтобы решить его через связь между нами, и тогда наши ответы будут соответствовать истине.

(Конгресс в Харькове, семинар, 17.08.2012)

ПРИПОДНЯТОЕ НАСТРОЕНИЕ

На семинар надо приходить вовремя. В течение семинара не следует вставать, выходить, заходить. Нужно поддерживать приподнятое настроение. Нельзя забывать, что все решения могут прийти только из объединения. Решения, идущие от разума и мысли, несостоятельны.

Каждый должен стараться говорить на тему, предложенную в той части семинара, в которой он участвует. На каждую тему отводится до четверти часа.

(Собрание товарищей, 15.07.2012)

ИГРАЕМ В ТЕАТР

Мы не должны ждать хорошего ощущения, потому что оно не придет. Нам нужно создать его с нуля, играть в него, как в театре. Это игра более высокой ступени, и каждый на это способен.

(Беседа о группе, 05.10.2012)

КАЖДЫЙ ВКЛЮЧАЕТ В СЕБЯ ТОВАРИЩА

Мы должны стараться прийти в круге к единому ответу – к такому, с которым все более или менее согласны. Не вступать в споры и помнить, что каждый включает в себя товарища, включается в него в ощущении, и что каждый из нас проверяет и видит то, что ему кажется правильным или неправильным для того, чтобы все достигли согласия.

(Конгресс по объединению, семинар 3, 20.09.2012)

ОСВОБОДИТЬ В СЕБЕ МЕСТО

Нам надо стараться «принизить» себя и слушать, то есть освободить в себе место и слушать изнутри него. Это внутреннее усилие. Нам нужно слушать созданным между нами пространством, в котором мы ценим товарища выше себя. Мы должны слушать именно в таком состоянии, потому что только маленькие способны получать от больших. А если себя не принизим, то услышать не сможем.

(Беседа о группе, 05.10.2012)

ВМЕСТЕ ИГРАЕМ В ОДНУ ИГРУ

Во время семинара мы, как маленькие дети, собираемся в кружок, чтобы играть во взрослых – в тот уровень, на который мы хотим взойти. Мы говорим только о нем! Мы не рассказываем свои житейские истории, не сравниваем нашу жизнь и духовную.

Мы говорим только о том уровне, на который хотим взойти. Мы играем в это и только в это. Как ребенок играет во взрослого, так мы представляем себе эту следующую ступень.

(Конгресс в Вильнюсе, семинар 1, 23.03.2012)

ВОЗВЫСИТЬСЯ НАД СОБОЙ

Мы превозносим отдачу, Свет, поднявшись над собой, выйдя из себя. Когда мы чувствуем, что товарищи в группе нас поддерживают, мы также ощущаем, насколько это нас укрепляет, наполняет и вдохновляет. Когда мы чувствуем любовь и наполнение, у нас не остается места, чтобы думать о себе, мы просто растворяемся в любви и заботе товарищей по группе.

(Конгресс в Вильнюсе, семинар 1, 23.03.2012)

ТЫ УЖЕ В ЭТОМ

Мы должны представить себе ощущение того, что мы уже объединены. Это самая лучшая методика для привлечения Света, когда мы это себе представляем. Когда человек думает о чем-то и воображает себя в этом состоянии, то он уже и находится в нем. Мы просто должны дать Свету осуществить наше желание, и тогда мы будем в нем.

(Конгресс в Вильнюсе, семинар 1, 23.03.2012)

РАЗУМ ТВОРЕНИЯ

На семинаре мы хотим почувствовать только одно – разум творения, чтобы не быть преградой для раскрытия высшего света, чтобы он наполнил нас без всякого сопротивления с нашей стороны. Мы хотим аннулировать себя, чтобы позволить высшему свету заполнить все пространство. В таком состоянии нас не существует, мы просто «прозрачны», и эта единственная сила, проходя через нас, нас наполняет.

(Конгресс в Вильнюсе, семинар 2, 24.3.2012)

О ЧЕМ Я ДОЛЖЕН ДУМАТЬ

Мы должны думать о том, что мы с товарищами по группе – одно целое. Нам нужно стремиться к тому, чтобы товарищи достигли всего, потому что от этого зависит наше счастье – и не от чего иного. Это можно уподобить матери, которая хочет, чтобы у ее малыша было все. Ей не важно, что есть у нее, лишь бы у него все было.

(Конгресс в Вильнюсе, семинар 2, 24.03.2012)

ТВОЯ ГРУППА

Не имеет никакого значения, с кем сидеть в группе. Для доказательства можно привести пример с рабби Йоси Бен Кисма, который, будучи великим каббалистом, занимался с маленькой группой, намного ниже его уровня. Они были ему очень дороги, поэтому он отменил себя ради них. Они были его группой.

С одной стороны, чем люди проще, тем с ними легче. С другой стороны, чем они сложнее, с ними можно дальше продвинуться, хотя будет трудно. В принципе, одно дополняет другое.

(Конгресс в Вильнюсе, семинар 2, 24.03.2012)

ЧАСТИ ЦЕЛОГО

Желание каждого очень мало, а с маленьким желанием мы не можем почувствовать что-то, находящееся над нашим миром. Раскрытие высшего мира происходит через те желания, которые мы приобретаем у других. Мы выходим из себя и хотим почувствовать товарищей, будто они наша часть, потому что они части целого.

(Конгресс в Нью-Джерси, семинар 1, 12.05.2012)

ГЛАВНОЕ – ВНУТРИ

Нам надо отстраниться от слов, то есть неважно, что говорит товарищ. Это не пренебрежение сказаным – просто важно то, что внутри него. Главное – почувствовать его душу, его желание, его сердце. Именно это мы должны почувствовать, и с этим нам нужно соединиться.

(Конгресс в Нью-Джерси, семинар 3, 12.05.2012)

ЦЕНТР ГРУППЫ

Стремясь к равенству, мы создаем центр группы, потому что находимся в центре только, когда мы равны. Насколько мы удержим себя над эгоизмом и всеми помехами, настолько мы поднимем этот центр.

Центр строится путем отстранения от себя и желания объединить только точки в сердце. Из суммы всех точек в сердце и их единства мы находим центр. Там раскрываем духовное, свою высшую ступень. Самая важная точка – это точка «Малхут де-Ацилут», «Кнессет Исраэль», «Шхина», в которой раскрывается «Шохен» – и это есть центр группы.

(Собрание товарищей, 20.05.2012)

ОСОБОЕ МЕСТО

Когда мы говорим «центр», мы имеем в виду образование особого места, когда мы говорим «желание», то подразумеваем «место». Это особое желание совместное желание, в котором каждый чувствует не себя, а всех вместе. Через такую реальность мы сможем раскрыть Творца.

)Собрание товарищей, 20.05.2012(

ОБЩЕЕ МЕЖДУ НАМИ

Когда мы возвышаем над собой товарищей, их желания, их мысли, их стремления, они превращаются в свадебный полог (*хупу*) над нами. Когда это делает каждый, мы строим *хупу*, и, в соответствии с нашими усилиями, к нам приходит высший свет. Мы обсуждаем только это – единство, то общее, что есть между нами.

(Собрание товарищей, 20.05.2012)

ВСЕ НАХОДИТСЯ В НАС

Нам надо постараться достичь объединения и изнутри него понять, как составить высший мир из того, что нам дано, без каких бы то ни было внешних сил. Все находится в нас, и это можно сделать, только объединившись.

(Собрание товарищей, 25.05.2012)

УСЛОВИЯ ДЛЯ ПОДГОТОВКИ СОСУДА

Важность подготовки должна ежесекундно присутствовать в нашей жизни, поскольку каждая ее секунда протекает в поле высшего света, который на нас влияет, и все зависит от нашего намерения к нему. Объединяясь, мы производим единое реальное действие, как на семинаре, когда с нами вместе все товарищи. В этом заключена огромная мощь, и, разумеется, мы должны с волнением следить за своими действиями мыслями, и путями реализации этого действия.

Условий для подготовки сосуда *(кли)* для исправления немного. Нам надо принизить свой эгоизм и объединить над ним все точки в сердце, все наши стремления к следующей ступени, к продвижению к свету. Потому что так мы придем к исправлению разбиения, к исправлению разобщенности между нами.

В таком случае мы должны принизить свое эго и вместе возвысить наши «искры». Только, объединив свои желания и стремления, мы сможем постараться прийти к состоянию, в котором можно это почувствовать.

Это не происходит сразу, а лишь когда мы говорим, когда каждый склоняет себя перед товарищами, возвеличивает их и соглашается с тем, что они говорят. Каждый из нас должен впитывать сказанное товарищем по группе. Наша связь строится на том, что один получает впечатление от другого, и тогда на нас действует свет в мере нашей возможности и стремления объединиться в беседе по обсуждаемой теме. Таким образом, каждый осуществляет объединение.

Когда мы так действуем, то начинаем ощущать, что между нами возникает что-то новое: новое желание, новые мысли и новое стремление. Всё это: желание, мысль и устремление – общие. Мы не хотим покинуть это соучастие, а желаем все время существовать в нем и продолжаем обсуждение в его тепле, в его надежности, на том новом уровне, которого мы достигли, и включаем в него один за другим все дополнительные вопросы.

Обсуждение нами различных тем способствуют все более сильному и более высокому уровню объединения между нами. Вопросы и мнения каждого не столь важны. Подобно рабби Йоси Бен Кисма, в объединении мы начинаем чувствовать, как отменяем себя перед другими, как хотим быть под их влиянием, чтобы вместе достичь силы объединения и отдачи.

Если мы хотим обсудить другие вопросы, то всегда будем это делать от достигнутого объединения, от того общего духовного места, которое уже начинает между нами вырисовываться, и от него переходить к следующему обсуждению. Так мы каждый раз все больше и больше формируем связь между нами, пока не достигнем ее необходимой мощи для раскрытия высшего света, для раскрытия Творца внутри нашего общего желания. Это наша цель.

(Собрание товарищей, 03.06.2012)

В ОДНОМ СЕРДЦЕ

Когда мы говорим друг с другом, совсем не важно, что говорит товарищ, потому что мы хотим включиться в то, что он говорит. Мы находимся в особенном мире, в котором между нами нет внутренней связи, но благодаря внешней связи мы можем начать включаться друг в друга и вызывать на себя окружающий свет. Нам надо слушать сказанное товарищем, проникать в него всем сердцем и душой, желать, чтобы его слова были высечены в нашем сердце. Так, объединившись сердцем к сердцу, мы вызовем свет, возвращающий к источнику.

Окружающий свет светит, когда мы стремимся быть одним сердцем, как «один человек в одном сердце». По мере нашего стремления нам светит окружающий свет, пока не объединит нас в одно сердце, и тогда он раскроется в нас как внутренний свет. Так мы приходим к состоянию, в котором понимаем и постигаем силу отдачи, свойство отдачи, программу существующей реальности.

(Собрание товарищей, 10.06.2012)

ОБЩЕЕ СОСТОЯНИЕ

Мы должны помнить, что главное не тема обсуждения и не то, насколько мы умны, понимаем вопросы и можем их решить, а может быть, даже, наоборот: по мере того, как мы обнаруживаем свою неспособность найти им решение, мы будем вынуждены еще больше объединиться. Решение может прийти лишь только при условии, что мы объединимся, потому что тогда мы поднимаемся к духовному решению. Не нужно пытаться найти решение с помощью своего земного разума, цель не в этом.

Цель – соединиться воедино, прийти к центру объединения группы, потому что только так мы можем почувствовать общее состояние, общее желание и общий разум. Когда все общее, никто больше не ощущает себя, а только общее. И отсюда мы начинаем обсуждение. До того, как нам удастся создать такое состояние, каждый включается в такой в общий «шарик», выстроенный в группе, – каждый в своей группе и в своем маленьком кругу. Мы объединяемся вместе посредством вопросов и выяснений.

Важно помнить, что мы должны склонить себя перед товарищами, слушать и принимать сказанное ими, как святое. Нам нужно включиться в них сердцем и душой, потому что это средство объединения со всеми. Так мы склоняем себя перед ними, понимая, что они великие, а мы маленькие, потому что только маленькие могут получать от больших. К тому же, мы должны прийти к состоянию, в котором хотим дать им все, что есть у нас.

Когда, таким образом, мы взаимно объединяемся, то создаем общий сосуд. Это – духовный сосуд, в котором мы почувствуем тему, которую хотим обсудить, но не с помощью своих земных разума и чувств, а через духовные разум и чувства, возникшие из объединения.

(Собрание товарищей, 17.06.2012)

ПОЛУЧАТЬ СИЛЫ ОТ ВСЕХ

Все, что говорят товарищи на семинаре, свято. Мы слушаем их так, будто Творец открылся и говорит с нами. Мы слушаем их слова, как будто сказанное свыше. Так мы можем получить силы от всех и от всего сердца передать всё то, что знаем мы. Мы хотим найти что-то общее между нами, центр группы, нашу связь и из нее мы всё поймем.

(Семинар, 21.06.2012)

КАПЛЯ СЛИЯНИЯ

Мы сосредоточены только в той точке, в которой находимся вместе. Тема обсуждения не столь важна, главное, что мы поддерживаем друг друга и хотим достичь состояния, в котором ощутим объединение наших сердец с Творцом, потому что с Ним мы должны соединиться. Так мы почувствуем, что сила объединения, сила группы, центр группы и Творец – это «Исраэль, Тора и Творец – едины». Потому что так все взаимосвязано, так существует вся реальность, в единой точке объединения. В этом состоянии всё остальное не существует, всё исчезает в этой точке. И мы должны достичь этой точки единства, того, что называется «каплей слияния».

(Собрание товарищей, 01.07.2012)

КОГДА ГОВОРИТ ТОВАРИЩ

Когда говорит товарищ, я хочу включиться в него и принять сказанное им как абсолютно правильное. Неважно, что он сказал. Но это не значит, что не надо его слушать, – просто не критиковать, что бы он ни сказал. Мы должны присоединиться к его словам, как к Торе Творца.

Семинар – это средство объединения, только в нем мы можем отменить себя перед мнением товарища, перед его чувством и принять его сердце и душу, его разум и все, что в нем есть, без критики, без выяснений. Мы должны слушать и проникать один в другого над всеми сомнениями.

(Конгресс на севере, семинар 1, 05.07.2012)

ОТ ОБЪЕДИНЕНИЯ К РЕШЕНИЮ

На семинаре мы должны меньше думать и больше говорить, потому что размышления – это философия, а разговор приносит огромную пользу. Когда мы говорим, один скажет слово, второй – слово. Это не слова – это особая энергия, которая протекает между нами, и из нее мы начинаем ощущать реальность и находим ответ. Мы должны искать решение, которое придет из объединения.

(Семинар, 27.07.2012)

СЛОВАМИ ТОВАРИЩА

Мы должны стараться услышать в словах товарищей скрытый посыл, переданный нам свыше, и тогда мы услышим из их уст чудесные вещи. Это состояние называется: «У каждого своего ученика я учился». Нам кажется, что в сказанном ничего нет, но они произносят слова, которые являются раскрытием Творца – так чувствует тот, кто хочет услышать. Для этого надо отменить себя перед тем, что они говорят.

(Семинар, 27.07.2012)

ПРИЛОЖИТЬ УСИЛИЕ И НАЙТИ

Мы представляем себя объединенными, несмотря на то, что не объединены, это состояние называется «приложить усилия». Мы любим друг друга, объединяемся, оцениваем каждого, как великого в своем поколении и думаем только через объединение группы, через центр группы, место, в котором мы объединяем все свои желания, стремления и мысли. Только когда мы прикладываем эти усилия, нам раскрывается нечто, что называется «нашел». Мы не знаем наперед, что именно это будет, но это происходит.

(Собрание товарищей, 29.07.2012)

В ЗАБОТЕ О ТОВАРИЩАХ

Когда товарищ говорит, каждый слушает его мнение и представляет себе, что его устами говорит Творец. Неважно, что говорит товарищ, мы возвеличим его как великого из поколения и будем думать, будто из его гортани говорит Шхина. Так мы относимся ко всем, так мы можем прилепиться ко всему тому, что они говорят.

В соответствии с нашим эгоизмом «каждый понимает в меру своей испорченности», и иногда нам кажется, что товарищи говорят не по делу, но вместе с этим, мы должны воспринимать всех, как находящихся в полном исправлении, в которое мы вливаемся, как маленькие. Мы хотим всем сердцем и душой помочь всем объединиться, поэтому будем заботиться о том, чтобы и в Израиле, и во всем мире все объединились с нами.

(Собрание товарищей, 01.07.2012)

КАК МЫ ЛЮБИМ

Мы любим тем же желанием наслаждаться, которое обратило свое направление, ведь у нас нет другого желания. Творец нам дал лишь силу, чтобы правильно работать над собой. Это действие называется «экран и отражающий свет». Всё просто: у нас есть желание наслаждаться, и мы должны с ним работать для себя и для ближнего. Ближний, разумеется, включает в себя Творца. Мы меняем направление этого желания благодаря тому, что получаем силу свыше. Но что значит, «меняем направление»? Может ли желание наслаждаться изменить направление? Ответ – нет.

Мы можем делать в нашем мире много важных вещей, мы можем брать и отдавать. Но в духовном мире нечего отдавать. Наш мир – это мир вещей, их мы можем отдать. А в духовном мире мы отдаем свое отношение и, вместо желания доставлять удовольствие только себе, мы выражаем свое отношение окружению. В духовном нет никаких конкретных вещей, которые можно отдать, – только чувства и отношение. Поэтому мы сокращаем себя и причисляем свое желание окружению. Этим мы, в принципе, получаем.

Мы фактически ничего не умеем, кроме как получать наслаждения ради себя, но можем получать для других. У желания наслаждаться есть единственная функция: открыть себя и получить, или закрыть себя. Давать может только Творец, мы это сделать не в состоянии. Но благодаря нашей способности получать, Творец помогает нам закрыться для получения ради себя, а потом открыться при определенных условиях, при которых получение превращается в отдачу.

(Беседа о семинаре, 03.08.2012)

ЧТО МНЕ ДЕЛАТЬ ВО ВРЕМЯ СЕМИНАРА, ЧТОБЫ ПОБУЖДАТЬ ТОВАРИЩЕЙ ДОСТИЧЬ ЦЕЛИ?

Мы должны брать примеры из окружения, с каждого из нас, – примеры серьезного отношения, впечатлительности, чувствительности, уравновешенности, мягкости и гибкости, потому что все исходит из важности. Необходимо, чтобы каждый демонстрировал всё это перед всеми. Это должно быть важным для нас, потому что так мы можем пожелать что-то важное в своей жизни и получить это.

(Вопросы о семинаре, 18.05.2012)

СЕМИНАР – ЭТО СКОНЦЕНТРИРОВАННОЕ, СОВМЕСТНОЕ, ИНТЕГРАЛЬНОЕ УСИЛИЕ

На семинаре на нас воздействует окружение, потому что мы слушаем других, даже если не хотим их слышать. Обычно, первое, что мы делаем, – это игнорируем их: нам не важно, что они говорят, кто они и что собой представляют, нас это даже раздражает. Но через несколько минут мы начинаем думать по-другому. Это происходит просто потому, что свет влияет на нас, ведь «нет никого, кроме Него». Так постепенно меняется наше отношение, и с каждым разом нам удается быстрее войти в объединение и быть готовыми к воздействию света. На этом основан семинар.

Что такое семинар? Семинар – это наше сконцентрированное, совместное и интегральное усилие по приведению к подобию наших свойств со свойствами высшего света. Так создается объединение между нами, и оно привлекает и пробуждает влияние света на нас. Это коллективное усилие. Разумеется, каждый раз время вхождения в состояние объединения сокращается, потому что мы начинаем понимать это внутри себя. И даже если мы не можем объяснить это словами, плоть внутри это понимает, желание наслаждаться понимает, какие внутренние действия нужно совершать, чтобы начать впечатляться и испытывать волнение от объединения. Так это происходит. Семинар – это сосуд.

(Вопросы к конгрессу на севере, 02.07.2012)

БЫТЬ СВЯЗАННЫМИ

Все семинары эффективны. У нас нет более эффективного инструмента для продвижения, кроме семинара, потому что продвижение возможно посредством связи с другими, и через эту выстраиваемую нами связь мы раскрываем более высокую ступень. Семинар приводит людей к объединению. Допустим, десять человек сидят вместе на семинаре и обсуждают определенную тему, например, как им объединиться. О чем они должны говорить? О величии цели, о величии объединения, о величии единства, потому что только объединившись, можно решить проблемы.

Мы должны видеть всех, как великих поколения, а себя маленькими, готовыми учиться у больших. Только таким своим стремлением к объединению мы пробуждаем и вызываем на себя мощное воздействие высшей силы с более высокой ступени. Мы хотим уподобиться ей, и фактом своего объединения создаем самое эффективное желание (*кли*). Для этого нет необходимости в участии в обсуждении более десяти человек, но если нет выбора, может быть больше людей, обсуждающих предложенную тему.

Например, если мы будем таким образом говорить о Книге Зоар и так ее изучать, это принесет нам большую пользу, потому что в этой Книге заключена огромная сила, суть которой – объединить нас.

(Труды Бааль Сулама, «Суть науки каббала», 15.06.2012)

МЫ СТРЕМИМСЯ ДОСТИЧЬ РЕШЕНИЯ С ПОМОЩЬЮ ОБЪЕДИНЕНИЯ

Слияние, которое создается между нами на семинаре, – результат наших усилий представить себя как можно более сплоченными вместе, так, чтобы каждый потерял себя и почувствовал одно желание, одну мысль – все единое. И в этом усилии подумаем, насколько это возможно, о работе, о проблеме и решении, которые учитель ставит перед нами. Сделаем это из точки объединения, поскольку там находится решение.

Объединение побуждает нас достичь решения, а это возможно на семинаре. Каждый раз, когда мы говорим, спрашиваем и хотим найти решение, мы стремимся прийти к нему только из объединения, а не при помощи разума. В этом причина того, что мы хотим решать все проблемы на основе объединения, ведь иначе нельзя найти ответ, и нет смысла сидеть в круге.

Мы делаем это только для того, чтобы объединиться чувственно в новом качестве, и отсюда придет решение. Это возможно только на семинаре, и хотя иногда мы относимся ко всему рационально и спрашиваем, как происходят какие-то вещи, но ответ находится в совместном ощущении. Об этом ощущении можно говорить, но нельзя обсуждать личные ощущения. Вот почему семинар – это инструмент для создания общего желания и мыслей, относящихся к более высокой ступени, которой мы стремимся достичь. Если мы не находим ответа, значит нам не удалось прийти к единству.

(Труды РАБАШа, том 2, «Авраам состарился, достиг преклонных дней...», 13.07.2012)

СРЕДСТВО ДЛЯ ДИАЛОГА, ВЗАИМНОСТИ И ОБЪЕДИНЕНИЯ

Семинар – это наилучшее средство для диалога, взаимности, объединения, единства. Мы надеемся, что с помощью этого действия мы объединимся, и воодушевление от ощущения нашего единства поможет нам продвинуться еще на несколько шагов.

Поэтому так важно каждому участвовать в семинаре, ведь это возможность притянуть высший свет, который поможет нам во всех жизненных ситуациях.

(Труды РАБАШа, «Предисловие к Книге Зоар, 02.08.2012)

СЕМИНАР – ЭТО ПРОГРЕССИВНОЕ ИНТЕГРАЛЬНОЕ ВОСПИТАНИЕ

Во время обучения мы говорим о строении миров, о строении души и о том, что в нашем мире мы ощущаем тело, но хотим раскрыть душу в высшем мире. Без тренировки все это не может произойти с человеком, потому что он не может ощутить свою душу в духовном мире таким же образом, как ощущает свое тело в материальном мире. Поэтому он должен тренироваться.

Эти тренировки мы стараемся проводить на семинаре через связь между нами. В принципе, это является прогрессивным интегральным образованием. Оно предназначено для нас, но и все человечество должно пройти эти упражнения и тренировки, чтобы почувствовать, насколько сила объединения продвигает человека к более высокой ступени, к новому мышлению и новому взгляду на мир.

(Конгресс в Бразилии, урок 3, 05.05.2012)

СФОРМИРОВАТЬ НОВОЕ ОТНОШЕНИЕ

Цель семинара – сформировать новое отношение к тому, что нам уже известно. Мы должны развить более внутренний пласт. Можно уподобить это фотографиям, сделанным лазером под особым углом. Речь идет об особой технике, при которой получают фотографию в бесконечных измерениях. Это называется «голографической фотографией». Такую фотографию можно делать каждый раз по-разному и каждый раз получать новую картинку. Так мы приходим к формам, которые ничем не напоминают то, что было сфотографировано, но они все-таки состоят из тех же деталей, что и исходная картина, только в ней присутствуют новые дополнительные измерения в разных резолюциях и с разными параметрами.

Это то, что мы делаем на семинаре. Когда нам подбрасывают идеи, мы должны подойти к ним иначе, иногда даже проще, не используя известные нам из учебы высказывания, отрывки или точные определения.

Мы должны найти ответ чувственно, исходя из более свободного, независимого человеческого восприятия. Возьмем, к примеру, такие понятия, как: «любовь», «усилие» и «вознаграждение». Что они означают? Исходя из представлений нашего мира, они кажутся нам чем-то абстрактным. Поэтому не надо воспринимать все слишком глубоко. Цель – мыслить простыми категориями.

(Конгресс на севере, урок 3, 06.07.2012)

ПРИЙТИ К ЦЕНТРУ ГРУППЫ

На семинаре мы учимся, прежде всего, прийти к ядру группы, к ее центру, к объединению, и оттуда начинать говорить обо всех проблемах. Так невозможно ошибиться, поскольку в центре группы находится высшая сила, высший разум, и вместе с ним мы можем решить любую проблему. Мы должны опираться на объединение, на поручительство и, заручившись этой силой, осуществлять распространение этой идеи.

(Труды РАБАШа, 15.06.2012)

ПОЧУВСТВОВАТЬ «МЫ» ВМЕСТО «Я»

Каким образом обсуждение и выяснение вопроса, может привести нас к более высокой ступени? Существует понятие «я»: есть мое желание и стремление – и путем выяснения вопроса я хочу подняться и отстраниться от «я».

В этом цель вопросов: все выяснения должны помочь нам больше объединиться, потому что, объединяясь, мы поднимаемся над собой и отключаемся от настоящего. Каждый из нас все время теряет что-то от себя и достигает более высокого уровня объединения. Вместо «я», мы превращаемся в «мы» и даже «поднимаемся» выше. С этим чувством мы должны выйти с семинара.

(Беседа о празднике Шавуот, 25.05.2012)

ОТНОШЕНИЕ К СЕМИНАРУ

Тот, кто участвует в семинаре, должен знать, что не следует насмехаться над другими, ведь семинар – это круг, цель которого поддерживать людей. У семинара и уроков одна цель: с их помощью мы хотим привлечь свет, возвращающий к источнику. Поэтому неважно, читаем ли мы «Учение Десяти Сфирот» или статьи РАБАШа. Важно, в какой степени это способствует продвижению.

(Вопросы о семинарах, 25.05.2012)

ВЫЙТИ НА НОВЫЙ УРОВЕНЬ ПОНИМАНИЯ МИРА

Семинары нам очень важны, потому что с их помощью мы начинаем реализовывать методику на себе. Так возникает совершенно новая ступень, которая рождается в результате попытки объединиться. Это состояние – еще не единство, а только попытка устремления к нему. Так создается новая ступень понимания и мышления – над человеком. Это ощущение должно родиться внутри нас, и оно убедит других, что именно на основе этого мы можем себя изменить.

Мы можем изменить мир и выйти не только в новую плоскость существования, но и на новый уровень понимания мира и его ощущения. Мы начнем смотреть на себя над своей эгоистической природой. Если перед семинаром мы видели себя с эгоистической точки зрения, через эгоистические очки, то теперь увидим всё совершенно иначе. Это ощущение передастся миру и убедит всех.

Вот почему нам очень важны семинары. До них мы давали миру методику в очень формальной, механистической форме, говорили, что так написано в статьях, а теперь мы начинаем реализовывать это на себе, и свой опыт передаем в мир, и мир это почувствует.

(Виртуальный урок, 20.05.2012)

ЕДИНОЕ «Я»

Подготовка к семинару начинается с того, что уже перед ним подчеркивается его важность, как важная встреча или что-то, чему мы придаем большое значение и к чему надо готовиться, ведь семинар может изменить нашу жизнь. На семинаре создается бесконечный поток энергии, который мы должны ощутить путем взаимопроникновения между нами.

Нам необходимо приобрести для себя новый сосуд, чтобы чувствовать мир и понимать его. Мы обретаем новый прибор, находящийся внутри нас, с помощью которого мы сможем смотреть на мир другими глазами и чувствовать все иначе. Мы будем слушать вопросы и думать над ними по-другому, как будто с новой ступени.

Цель семинара в том, чтобы в его завершении все товарищи ощутили и получили такую возможность, чтобы это состояние сплотило их и, прежде всего, обязало к взаимному объединению. Так мы все будем обязаны находиться в общей точке взаимного поручительства и не сойдем с нее, она станет своего рода договором между нами. Это будет союз, без которого мы не сможем, потому что человек сразу же попадает под понятия нашего мира, опускается на его уровень.

Очень хочется надеяться, что все почувствуют эту точку, ухватятся за нее и будут все время укреплять ее в себе. В этом устремлении мы все больше и больше должны направлять себя к центру единства, к интеграции, к взаимопроникновению, пока каждый не лишится своего «я», а будет только «мы». И тогда вместо «мы» возникнет что-то одно, что-то новое, единое «я».

(Виртуальный урок, 20.05.2012)

ПРИЙТИ К КАЧЕСТВУ, К ОБЪЕДИНЕНИЮ

Мы должны прийти к качеству, к объединению, стать одним сердцем. Единое сердце – это не мысли или желания, ведь у всех разные желания и мысли, а благодаря объединению мы становимся единым целым.

Это как в электрическом механизме, в котором есть конденсатор, катушка, магнит, сопротивление, ни одна деталь не похожа на другую, каждая работает по-своему. Так и каждый из нас, как деталь в этой цепи. В ней течет энергия жизни, но только при условии, что мы правильно связаны.

Наше сердце, легкие, почки – это некие системы, в каждой из которых заключен очень сложный внутренний механизм, но их правильное соединение создает жизнь.

(Урок по «Учению Десяти Сфирот», 30.07.2012)

ОЧЕНЬ СИЛЬНАЯ ПОДГОТОВКА

Подготовка к семинару должна быть глубокой и комплексной, чтобы все круги были, как один. Иными словами, каждый круг из десяти человек – единое целое, и все круги вместе – также единое целое. И тогда мы почувствуем мощь объединения.

Количество людей не является определяющим, могут быть сотни, тысячи, миллионы или все человечество. Важна степень их объединения. И поскольку в конгрессе участвует множество людей, необходима тщательная подготовка. Когда группа маленькая, все уже привыкли друг к другу, а в семинаре, где много участников, все «перемешиваются» друг с другом, и важно создать позитивную связь уже в преддверии конгресса. Нам надо помнить, что иногда придется сидеть с людьми, с которыми мы едва знакомы или вообще не знакомы, поэтому очень важна подготовка. Благодаря ей мы можем достичь огромного воодушевления, так как в ней заключена огромная сила. И она требует соответствующей подготовки.

(*Урок по «Учению Десяти Сфирот», 30.07.2012*)

ВНУТРЕННЕЕ ОБЪЕДИНЕНИЕ

Когда мы себя аннулируем на семинаре, это не говорит о том, что мы должны молчать. Мы отменяем свой эгоизм, чтобы включиться в товарищей в том же подходе, в том же потоке. И так будем вести обсуждение. Нельзя сидеть и ничего не говорить. Наше соприкасание не важно, мы можем сидеть за тысячи километров друг от друга или рядом. Важно, чтобы наши действия способствовали нашему внутреннему объединению.

Мы должны представлять себе, что сидим в круге, и между нами нет миллиметра свободного пространства, настолько мы прижаты друг к другу, настолько мы связаны. Из этого ощущения к нам приходит чувство, будто нас сковали вместе одной цепью. Нам нужно вообразить себе это состояние, и это не просто: ни физически, ни душевно. Мы должны представить, что кто-то склеил нас вместе, и мы не можем сдвинуться. Только так возникнет ощущение более тесной связи. И тогда, даже если мы физически отдалимся друг от друга, мы заполним пространство между нами ощущением одного сердца, потому что, отдалившись телесно, мы поднимем нашу связь на уровень внутренней, душевной связи.

Когда мы сидим в круге, нам не нужно касаться друг друга, говорить друг с другом или видеть друг друга – все это существует только для того, чтобы установить между собой связь. Мы сидим тесно друг к другу и должны поднять эту связь на более высокие ступени. В этом цель семинара. Мы входим в него на определенном уровне связи между собой, а выходим на ее более высоком уровне. Так это работает. Кроме того, мы обретаем объединение, понимание, ощущение, взаимность, ценности и свойства. Если бы можно было измерить, это было бы просто: допустим, мы вошли с уровнем связи – 20, вышли с уровнем – 21. Продвижение достигнуто.

(Беседа о празднике Шавуот, 25.05.2012)

МЫ ГОВОРИМ С ВЫСОТЫ ЕДИНСТВА

Ведение беседы из центра группы означает, что мы перестаем ощущать «я» и начинаем чувствовать только «мы». Не только такие мысли, но и такое ощущение должно возникнуть в нас во время обсуждения. С этим чувством мы должны покинуть семинар, не отключаясь, как будто мы связаны одним телом. Такое состояние наступает, когда мы находимся в центре группы и говорим с высоты единства. Мы смотрим на все именно так, у нас нет другого взгляда на это. Так мы видим мир и себя. Так мы начинаем присоединяться к источнику и находим ответ. Это состояние называется: «вознесение молитвы».

(Виртуальный урок, 20.05.2012)

РАСКРЫТЬ ЖЕНИХА

На семинаре мы строим *келим* из наших желаний и искр и стараемся раскрыть в них единство и объединение между нами. Наше объединение и единство называются «невеста», «Шхина», «Кнессет Исраэль», и мы выстраиваем их из наших устремлений. Мы хотим раскрыть «жениха» и, если очень сильно пожелаем, раскроем там Творца. Это практическое действие, которое мы в состоянии выполнить. Постараемся это сделать с помощью присоединения к источнику, которым является Книга Зоар.

(Шавуот, «Ночь невесты», 20.05.2012)

ВСЯ ЖИЗНЬ – СЕМИНАР

Мы существуем в желании получать наслаждения и в нем ощущаем окружающую действительность. У этого желания есть много разновидностей: четыре категории, в которых мы ощущаем реальность, подразделяющуюся на неживой, растительный, животный и говорящий уровни. Мы живем в этом желании, и ощущаем все, что в нем пробуждается. Это наша жизнь, и это наш мир.

Мы не можем чувствовать, понимать, мыслить и хотеть вне желания. Все находится внутри него. Если мы формируем себя таким образом, то должны себе сказать, что вся наша жизнь – это семинар, а не только, когда мы находимся непосредственно на семинаре и обсуждаем какую-то тему.

Семинар – это концентрация посредством правильного окружения для того, чтобы достичь ощущения более правильной реальности, в которой мы почувствуем ее источник, корень, Творца, высшую силу. На семинаре мы чувствуем, что находимся среди товарищей, поэтому насколько постараемся быть связанными с правильным окружением, настолько сумеем представить себе, что все время находимся на семинаре.

Так мы должны проводить всю неделю, все время, и на работе, и дома. И тогда почувствуем разницу объединений, потому что объединение в течение недели и объединение на семинаре – разные по своей сути, они другие по качеству, по уровню подобия между нами. Желательно представить себе, что мы находимся внутри желания наслаждаться, которое рисует нам всю реальность как «этот мир», и через эту реальность нам нужно найти ее источник, который мы постигаем через центр группы.

(Беседа о семинаре, 24.05.2012)

УСТАНАВЛИВАЕМ ОБЩЕЕ МЕСТО

Семинар – это своего рода собрание товарищей. И хотя там есть учитель или распорядитель, он только следит за порядком, а не за атмосферой и процессом. На этом собрании товарищи соединяются между собой, устанавливают общее место, начинают прорываться к объединению. Поэтому нет объяснений со стороны, преподавателя или распорядителя, а все в руках группы.

Темы обсуждения также не имеют значения, важно то, как они помогают нам двигаться к объединению. Обсуждение – всего лишь средство для все более глубокого объединения. Темой обсуждения на семинаре может быть все, что угодно. Конечно, мы не будем обсуждать темы, которые мы не можем связать с собой, пока не проявится связь между нами.

Все миры, парцуфы, сфирот, ступени и решимот выясняются только в центре группы, там раскрываются все ступени духовной лестницы. Так все семинары станут архивом, из которого любой человек сможет их взять, участвовать в них и двигаться вперед. Иногда урок и семинар можно объединить, и, таким образом, соединятся наши действия по отношению к широкой публике. В итоге, весь мир должен стать одной группой, одной семьей, как говорит Бааль Сулам.

(Беседа о конгрессах, 20.05.2012)

ОБЪЕДИНЕНИЕ ДОЛЖНО РАСКРЫТЬСЯ МЕЖДУ РАЗУМОМ И ЧУВСТВОМ

Наша работа идет между разумом и чувством, и она осуществляется в средней линии. Этой средней линии нужно держаться в желаниях, в мыслях, в намерениях, в отношениях – в принципе, во всем.

Поскольку объединение раскрывается в творении, которое противоположно Творцу, оно должно раскрыться в средней линии. Уклон в какую-либо одну сторону недопустим. Вся природа, включая человека, существует только благодаря тому, что находится посередине между разными состояниями, между линиями, между абсолютными плюсом и абсолютным минусом, в равновесии. В этом причина того, что в духовном равновесие не такое, как в природе на ее неживом, растительном и животном уровнях – в равных частях от каждого.

На уровне человек баланс достигается соединением плюса и минуса. Они не уравновешивают друг друга усреднением каждого из них, а правая и левая линии соединяются посередине, и эта середина становится высшей ступенью, сочетанием между ними. В этом разница между средней линией в нашем мире и средней линией в высшем мире. Мы должны понять, что все, что мы изучаем о себе, придет в равновесие и обеспечит нам правильный подход к решению любой проблемы.

(Беседа о конгрессах, 20.05.2012)

ВЕЛИЧИЕ ГРУППЫ КАК ВЕЛИЧИЕ ТВОРЦА

Как можно в нашей внутренней работе, отстранившись от лиц товарищей, действительно, увидеть в них великих людей, а не просто провозглашать это на словах?

Мы не можем заставить себя увидеть товарищей великими, мы можем так думать, чувствовать и понимать это, исходя из их деятельности по отношению к миру. Но нам нужно дорожить товарищами, даже если мы не видим в них чего-то особенного. Они могут быть очень умными людьми, учеными, общественными деятелями, бизнесменами, но во всех них есть некая исключительность.

Творец их выбрал и привел к нам, чтобы с их помощью мы пришли к Нему. И хотя Он показывает их нам какими-то грубыми, неприятными людьми. Если все-таки, несмотря на свое сопротивление, нам удастся с ними объединиться, мы достигнем слияния с Ним.

Средство для достижения цели не менее важно, чем сама цель, ведь без него цели не достичь. Чем больше мы уважаем и ценим это средство, тем в большей мере можем приблизиться к цели.

Величие товарищей и величие группы должно быть для нас, как величие Творца, ведь в конечном постижении свет и кли равны. Поэтому нам нужно рассматривать группу как раскрытие Творца. Группа – это не лица товарищей или их внешнее проявление. Группа – это наше внутреннее объединение, которого мы хотим достичь. И потому, разумеется, мы должны видеть своих товарищей великими.

Когда мы сидим на семинаре, не так уж важно то, что мы слышим. Мы можем услышать что-то умное или глупое, или что-то эмоциональное. Но мы должны принимать это, как написано: «Каждый понимает в меру своей испорченности», – и воспринимать товарищей, как великих праведников, как учеников Рабби Шимона, которые, объединившись, что-то обсуждают, находясь на последней ступени духовной лестницы. А мы находимся у ее подножья и слушаем их, не понимая, о чем они говорят. Нам надо слушать и склонить себя перед ними бережно, с любовью и трепетом прилепиться к ним. Мы должны вести себя, как написано: «Глаза у них – да не увидят, уши у них – да не услышат».

Мы находимся в бесконечной системе, раскрывающейся нам как группа из девяти мужчин, лица которых мы привыкли видеть. Это открывается нам таким образом, потому что мы находимся у подножья духовной лестницы и даже за ее пределами. Но всё, кроме ощущения человека, – это Бесконечность.

Так нам нужно думать, и таким должно быть наше намерение. Конечно, мы потом это забудем, но именно так мы приближаемся к истине. Мы находимся в мире Бесконечности и все, что мы раскрываем, зависит от наших келим. Нам надо их изменить, и тогда, на каждой ступени, мы раскроем то, что желаем раскрыть.

(Беседа о конгрессах, 18.05.2012)

СИЛА, ПРОНИКАЮЩАЯ В НАС

Во время семинара все должны сосредоточиться и постараться почувствовать, что высшая сила, поле, которое в нас проникает, находится вокруг нас, удерживает нас и формирует.

В статье «Прямое и косвенное воздействие Творца» можно прочитать о том, что и сзади, и спереди, и со всех сторон к нам приходят мысли и желания. Куда бы мы ни повернулись, и что бы ни сделали – всё от Творца. А где же, в таком случае, «я»? В усилии раскрыть Творца.

Творец разобщил нас, тем самым предоставив нам место, свободное от Себя. Так мы можем потребовать Его раскрытия именно в пустом месте, свободном от нашего эго. Так Он раскрывается.

Если бы группа думала о том, чтобы раскрыть Творца, и старалась работать в этом направлении, ей бы удалось найти решение. Все вопросы были изначально направлены к этой точке.

(Конгресс на севере, собрание товарищей, 07.07.2012)

ВАЖНО УСИЛИЕ К ОБЪЕДИНЕНИЮ

На семинаре усилие, сплочённость, объединение, желание найти, само состояние поиска – важнее результата. Все это дополняет друг друга, и мы проходим разные внутренние состояния.

Мы не ищем недостатки – мы стремимся раскрыть совершенство. Если приложить усилия к объединению, Творец нам раскроется. Откуда приходят разные состояния? Из места, которое находится выше того, что мы обычно изучаем.

Семинар – это время для прикладывания усилий. Важно именно это. И даже если мы не нашли решения, не имеет значения. Из ответов товарищей мы понимаем, что есть какие-то вещи, о которых мы раньше не думали. Мы раскрываем, что всё взаимосвязано. Так пробуждается желание к объединению.

Пока кли не готово, оно не способно воспринимать, но, взаимодействуя на семинаре, мы себя подготавливаем.

(Урок об «Учении Десяти Сфирот», 16.07.2012)

ПРАВИЛА СЕМИНАРА

ГОВОРИМ ОТ СЕРДЦА

- Говорим от чувства, от сердца, а не от разума.
- Правильный ответ придет только из объединения.
- Избегаем руководства обсуждением на семинаре.
- Говорим кратко, чтобы дать возможность высказаться другим.
- Говорим конкретно по вопросу, а не в общем.

МОЕ ОТНОШЕНИЕ К ТОВАРИЩУ

- Самое главное – мое отношение к товарищу, поэтому сказанное им я должен уважать и считать важным.
- Мы не возражаем товарищу, не критикуем его, а лишь добавляем.
- Мы не устанавливаем, что правильно, а что – нет.

ПРОЯВЛЯЕМ ВНИМАНИЕ И НЕ ОПАЗДЫВАЕМ

- Мы приходим на семинар вовремя.
- Заботимся о включении в круг опаздывающих товарищей.
- Не упрекаем за опоздание.
- Товарищ, которому нужно выйти, должен сделать это тихо, считаясь с остальными.

РАСПОРЯДИТЕЛЬ

- Выбираем товарища, следящего за порядком.
- Роль распорядителя в том, чтобы участники не сбивались с темы, не вступали в спор друг с другом, не руководили обсуждением и не были многословными.
- Распорядитель должен следить за порядком очень деликатно, без раздражения и критики.

В КРУГЕ

- На семинаре желательно сидеть в кругах по десять человек.

- Стараться женщинам и мужчинам сидеть раздельно, в зависимости от темы семинара.
- Приготовить воду для питья для каждого круга, чтобы во время обсуждения не было помех.

Главное, как в любящей семье, соблюдать атмосферу объединения, тепла и любви.

Настоящее решение приходит не из знания и умения красиво говорить, а только из объединения.

ВНИМАНИЕ!
В семинарах, представленных в следующих главах, знак *** означает переход к обсуждению в круге. Семинар номер «5» – это тихий семинар, и там этот значок означает переход к размышлению.

СЕМИНАРЫ

СЕМИНАР 1

НОВАЯ СТУПЕНЬ ЕДИНСТВА

(КОНГРЕСС В ЛИТВЕ, 23.3.2012)

Мы должны попытаться смоделировать ту систему, которую предлагают нам каббалисты, как единственно реальную систему, по которой может измениться мир. Мы стараемся реализовать их советы как единственную возможность, позволяющую из нашего мира начать ощущать следующую ступень – ступень объединения.

Как и вся интегральная природа, мы пытаемся сейчас прийти к минимальному соединениюо, к минимальному равновесию с ней именно через наше объединение. И в мере наших усилий войти внутрь вечной глобальной природы, ощутить ее между нами и из наших стремлений начать ощущать свойство отдачи, любви – это теплое, горячее свойство, эту волну, которая окутывает нас.

Эта сила скрыта от нас, но она может раскрыться из нашего общего устремления к ней.

Если у каждого из нас существует пусть даже очень маленькая сила желания к этому (то, что нам дано), если мы соединяемся, мы должны быть уверены, что получили все условия для объединения, и только остается захотеть, пожелать с теми возможностями, которые у нас есть, достичь этого ощущения, начать видеть, ощущать ту силу, которая заполняет всё мироздание. И мы почувствуем себя внутри общего кли/сосуда, заполненного теплом, светом, свойством отдачи, как, наверное, чувствует себя зародыш внутри матери.

***

Мы сейчас с вами, как маленькие дети, собрались в кружок, чтобы поиграть во взрослых – в тот уровень, на который мы хотим взойти. Мы говорим только о нем. Мы не сравниваем и не рассказываем свои прошлые истории, мы не сравниваем нашу жизнь и духовную. Мы говорим только о том уровне, на который хотим взойти. Мы играем только в это, в высшую ступень, как ребенок играет во взрослого.

***

Мы не можем одновременно находиться в эгоистических и альтруистических намерениях, желаниях, целях. Это два противоположных свойства, взаимно уничтожающих друг друга. Поэтому если я превозношу отдачу, свет, выход из себя, подъем над собой; если я при этом чувствую, как мои товарищи поддерживают меня; если я чувствую, насколько это меня обезопасит, вдохновит, наполнит; если я ощущаю от этого наслаждение, любовь, наполнение – у меня не остается никакого места думать о себе, я просто растворяюсь в их заботе и любви.

Поэтому, когда люди играют в такое состояние, они при этом вызывают на себя окружающий свет. Он постепенно растит их, подводит к этому состоянию. И тогда у человека поневоле отмирает забота о себе. Он существует на земном уровне в той мере, в которой должен просто поддерживать свое существование, – не более того. И это условие – самое комфортное для нашего тела, для нашего эгоизма.

Тогда все усилия человека поневоле формируются и складываются только в одно намерение – на отдачу. И в нем, в этом намерении отдавать, в свете Хасадим, он начинает уже ощущать раскрытие Творца, наполнение, тепло. Он обнаруживает совершенно другие свойства, другие возможности. Они вдруг проявляются из ничего. Раньше он их просто не ощущал, а сейчас раскрывает их.

Нам надо попытаться сложить наши усилия, как дети, которые совместно играют в одну игру – не друг против друга, а вместе, и не забывать о том, что именно наши совместные впечатления, наше проникновение, соединение друг с другом обеспечивает нас силой подъема.

***

Надо помнить, что именно наши совместные впечатления, наше взаимопроникновение, соединение друг с другом обеспечивают нас силой подъема.

***

Попробуем сейчас несколько минут помолчать, чтобы каждый мог сделать для себя какие-то выводы: что он пережил, что с ним произошло, что он, может быть, выявил, к чему пришел. Выясним, в чем мы продвинулись, а в чем – нет.

***

Каждый может измерить себя, насколько он стал внутри чище, освободился от многих посторонних мыслей, научился устремлять себя в одном намерении, оторвался от помех, приподнялся над материей. Эта тренировка должна повторяться несколько раз. Обычно на второй раз появляются совершенно новые свойства и ощущения.

Человек не должен рассказывать о своих личных переживаниях, а должен говорить в общем. Потому что измерить, насколько он очистился, насколько приподнялся – это личное дело каждого. В этом он не должен давать никому отчета, кроме себя самого.

ВОПРОСЫ И ОТВЕТЫ

Вопрос: *Почему так трудно представить себе следующую ступень?*

Это не отсутствие фантазии, а с отсутствие взаимодействия между людьми. Дети, вместе играющие во дворе, очень быстро находят общий язык. Игра возникает сама по себе. Тогда как мы еще не можем собраться вместе, нам не хватает поддержки товарищей. В этом некого обвинять. Для этого мы и проводим эти тренинги. Постепенно начнет вырисовываться этот следующий уровень. Ведь он в нас не находится, и мы в этом не виноваты, нам просто надо прилагать усилия, а высший свет начнет его формировать в нас.

В сущности, он уже делает это. На это нужно время. Это происходит каждый раз, когда мы к нему стремимся, как несмышленые дети, которые играют и ошибаются. Главное, что мы хотим, и неважно, что именно мы хотим. Возможно, это вообще не то, что нужно, но эти усилия вызывают высший свет, и он постепенно формирует в нас эту следующую ступень. Сначала в воображении, затем в каких-то смутных ощущениях, затем формирует это вместе: и ощущения, и мысли и какое-то понимание того, что же должно происходить – складывается вместе то, что мы учим, ощущаем, слышим от других товарищей. Мы вдруг начинаем получать их мысли и желания. Все это складывается вместе.

Почему это так трудно? Потому что мы еще недостаточно притянули на себя высший свет, какой-то формат следующей ступени.

Вопрос: *Нужно ли нам, представляя свое будущее состояние, говорить и ощущать, будто мы уже в нем? То есть мы не говорим: «Мы будем»,- а говорим: «Мы есть». То есть мы не становимся единым целым, а мы уже единое целое.*

Да, именно таким образом. Именно вы – в нем. Мы уже находимся в этом. Человек должен представлять себе, что он уже в этом находится. Если ты себе это представляешь – это самый лучший способ притяжения высшего света. Когда человек о чем-то думает и представляет себя в этом, он практически уже там. Дай свету реализовать твое желание. Но ты уже в нем.

Вопрос: *Когда мы работаем, нам недостает ощущения величия цели, трепета перед ней и любви – того, ради чего мы проделываем всю эту работу, чтобы подняться. Эгоизм задает правомерные вопросы: «В чем эта цель? Кто он такой, этот Творец, чтобы я к Нему стремился и делал все, чтобы туда подняться? Как ощутить в сердце величие цели?*

Ощутить Творца или свойство любви к ближнему – это, практически, одно и то же. Только любовь к ближнему является как бы кли/сосудом/желанием, в соответствии с которым происходит в нем наполнение светом. Поэтому представить себе это, в общем, возможно. Мы можем приложить усилия и представить себе, что значит, отдача, любовь, взаимодействие, соединение, определять группу выше себя, а себя позиционировать как необходимую силу отдачи для нее. Все это мы можем сделать. А Творца мы, естественно, не можем никак представить.

На самом деле нет такого объекта – Творец. Творца мы создаем в себе сами!

Творец – это общее свойство отдачи и любви, которое мы постепенно развиваем в себе. Без человека нет Творца. Нет такого самого по себе существующего объекта. И свет существует только внутри желания, которое на него настраивается, а иначе его тоже нет.

Это всё написано в каббалистических книгах. Так что, мы формируем из себя такое творение, в котором раскрывается Творец. А вне нас Его невозможно обнаружить.

Вопрос: *В моей группе все хотят объединиться, все пробуют, стараются, но ни у кого ничего не получается. Это ощущение очень сильно отвлекает меня. Я не знаю, как пройти через это.*

Процесс непростой. Даже в нашем материальном мире мы тоже растем непросто. Смотрите, сколько времени проходит, пока человек вырастает, становится взрослым.

На духовном пути мы должны набрать множество определений, множество ощущений. Все наши ощущения основаны на разочарованиях и на постижениях. Мы идем одновременно на «двух ногах»: на левой и правой, на минусе и плюсе. И только, когда достигаем определенной величины, определенного значения между минусом и плюсом, тогда и выходим на эту следующую ступень.

Тренинги, которые мы сейчас начинаем, надо проводить неоднократно. Я уверен, что каждый из вас постепенно начнет ощущать возникновение общности, совместной силы, которая создается именно на наших взаимных ощущениях. И это проявится.

Просто этим надо заниматься постоянно! Это и есть методика развития в себе дополнительного сенсора – духовного органа чувств. Он развивается именно в группе!! Именно таким образом!

Мы еще будем дорабатывать эту методику, уточнять ее, усложнять. Вы будете получать другие задания. Вы будете чувствовать, как меняетесь.

Знаете, когда замешивают тесто для пирога, то очень долго его мнут. Так и вы должны будете все время себя «мять», пока у вас не получится человеческая фигура из ваших свойств.

Эта работа должна продолжаться в течение нескольких месяцев. Чем сильнее мы будем к этому стремиться, тем быстрее она даст результат. Но именно так она должна осуществляться.

Это всё описывается в наших источниках. Ничего нового я не говорю. Просто мы начинаем самое серьезное и широкое применение этой методики.

А то, что сегодня вы что-то испытываете, что-то не испытываете – очень хорошо. Не забывайте это, но и не оставайтесь в этом! Просто записывайте у себя в блокноте, в дневнике и идите дальше. И вы увидите, как постепенно, от раза к разу, у вас будут меняться состояния.

Накопление таких впечатлений, в итоге, и создаст в вас разум, ощущения, которые дадут возможность совместно выявить следующую ступень – силу Творца. Она появится.

Но всё равно, даже если вы ничего и не ощутили – того, что желали или надеялись ощутить, всё равно вы прошли через какие-то этапы, через какие-то ощущения. И это уже очень много. Надо ценить это! Главное – не пренебрегать! Необходимы любые впечатления! Человек обязан через них пройти.

Вопрос: *Если мы должны мысленно представлять себя в исправленном состоянии. Где взять уверенность, что я представляю его правильно?*

Ответ: Невозможно представить себе правильного состояния! Это представление постепенно создаст свет. Только лишь свет!

Наши попытки, как усилия ребенка, который упорно что-то делает, у него не получается, а он всё равно продолжает. Вы видели, с каким упорством ребенок играет или пытается что-то сделать. В итоге у него появляются мысли, чувства, навыки, и он становится понимающим, опытным взрослым человеком. Только таким образом!

Мы не раскрываем здесь ничего нового. Мы пользуемся тем же светом, что и раньше, в детстве, когда пытались стать взрослыми. Мы пользуемся теми же принципами, заложенными в природе. Ничего другого нет! Это один и тот же закон!

Ты делаешь попытки, строишь кубики, а они разваливаются. Пытаешься собрать лего, а оно у тебя не получается. Прыгаешь, бегаешь, что-то делаешь, как обезьянка. Но эти твои усилия вызывают высший свет – ту скрытую силу природы, которая тебя развивает.

Она развила нас на нашем животном уровне, и мы стали взрослыми людьми. И так же сейчас мы сознательно играем в следующую ступень, чтобы та же сила развила нас до ее уровня.

Во что ты играешь, тем ты и будешь! Только лишь так!

Сегодня мы играем с вами в игру «Стать подобными Творцу». И это получится, если мы будем продолжать играть! Игра – это то, что растит людей. Надо представлять себе, что ты уже там! Представлять себя взрослым – это самое главное. А что значит – быть на следующей ступени? Ведь мы этого хотим. Вот и реализуйте это ваше желание! Фантазируйте: «Что же это значит?» Играйте в это! Только вы играете уже на основании ваших знаний.

Вы читаете много статей, слышите уроки: что значит «высшая ступень», «свойство отдачи», «над эгоизмом», «экран», «решимот», «парцуфим», «свет хасадим», «свет хохма» и т.д. Что всё это значит? Как осуществляются переходы? Пытайтесь всё время представлять себе, что вы уже в этом, – и вы станете этим! Это принцип, по которому действует вся природа. Ничего нового нет по сравнению с ростом детей.

Вопрос: *Наполнение на ступени «человек» – это самая высокая ступень. Это, в принципе, значит – наполнить все желания важностью Творца и связи с Ним. Должен ли я наполнить материальные желания человека, если он, скажем, хочет смотреть футбол?*

Все ненаполненные желания нашего мира, то есть страдания, направлены только лишь на раскрытие Творца человеку. И только если мы будем двигаться к этой цели, эти желания наполнятся.

Мы видим, насколько мир полон различными возможностями, наслаждениями – чем угодно, а люди всё равно страдают.

Мы видим, что, несмотря на то, что мир полон изобилия, половина человечества голодает.

Мы видим, как далеко вперед шагнула медицина, но люди болеют не меньше, а больше.

Мы видим, что людям дана возможность красиво, нормально жить, а они разводятся, не хотят детей, растет число самоубийств и прочее, прочее.

Почему?! В чем проблема?!

Дать человеку посмотреть футбол, – ну и что?

Лучше научить его чему-то другому, от чего он действительно приблизится к источнику наполнения, поскольку любые другие наполнения, которые я ему дам, кроме необходимого для нашего животного тела, уведут его от цели, и в итоге, он будет страдать.

Ничего другого нет! Есть одна цель! К этому должно устремиться всё человечество.

Если на животном уровне мы наполнили свое тело всем необходимым для существования, то все остальные намерения, все остальные желания должны быть только для достижения цели. Иначе, если я использую их в каком-то другом направлении – не к цели, возникнет обратная связь, которая вызовет во мне страдания, чтобы я скорректировал свое направление.

Поэтому, если кроме хлеба, кроме необходимого для жизни, я даю человеку что-то другое, дополнительное: скажем, посмотреть футбол или что-то еще, я этим косвенно причиняю ему страдания. Я дам ему билет на футбол, а он из-за этого обязательно получит какой-то удар от судьбы, потому что не направлен в нужную сторону. И так всегда. Поэтому человечество по мере своего развития страдает всё больше.

И нет у нас другой возможности сделать человеку хорошее, доброе, кроме как дать ему нормальный, разумный уровень существования: пищу, дом, семью, здоровье и всё остальное – только для достижения цели. В этом заключается программа творения.

А если я его увожу с этого пути, то я виноват в том, что он не достигает этой программы творения. И ему, и мне от этого будет только плохо. Я не могу по-другому действовать.

Поэтому вся моя работа в этом мире заключается в том, чтобы помочь людям накормить и напоить себя только для того, чтобы они поняли, как действительно достичь счастья. Все остальные пути ведут только к несчастью, потому что действие света будет обратным, чтобы таким образом направить человека к себе.

Вопрос: *В процессе семинара одни товарищи старались открыться и стали более чувствительными, а другие, наоборот, остыли. Что мы делали не так?*

Важно участие в семинаре, даже если человек отключился, и у него вдруг возникли другие мысли, или он забыл. Есть люди, которым трудно быть долго сосредоточенным на одной мысли. Через две-три минут, а иногда и через полминуты, они начинают думать о чем-то другом. Поэтому не нужно никого судить.

Очень важно с помощью таких упражнений и во время занятий постепенно искать в себе ответы на вопросы: для чего я учусь, в чем цель и смысл жизни, зачем я нахожусь здесь и сейчас? Ты должен дать ответы на эти вопросы. Тренируй себя, заставляй, не отказывайся задавать себе эти вопросы. Так ты дашь возможность свету быстро сформировать тебя для следующей ступени, чтобы она становилась все ближе, и тогда она начнет раскрываться.

Это подобно ребенку, который по мере роста начинает понимать все больше и больше, что значит быть взрослым, какие отношения между взрослыми, какими свойствами и чертами они обладают. Это усилие. А то, что ты отключаешься, тут ничего не поделаешь, есть разные характеры. Все в точности рассчитано для тебя. Не волнуйся. Когда светит высший свет, он формирует тебя совершенным.

Вопрос: *На семинаре была очень интенсивная работа, но сейчас я чувствую, что потерял то ощущение, которое приобрел в течение семинара. Так нужно ли мне играть в эту игру в течение всей моей жизни?*

У вас нет другого выхода. Вы всё равно играете в эту игру! Либо вы играете в ту игру, которую вам предлагает окружающее общество, и которое само не знает, во что играет, либо – в ту реальную игру, которую вам предлагают люди, постигшие высший уровень мироздания. Для вас это игра, но игра, которая рассказывает вам, что вы можете постичь. А вы выбирайте.

Ничего другого нет – перед вами две игры.

Одна игра – в эту жизнь, в которую играют все. Они проклинают эту игру, не зная, по чьей воле в нее попали, и когда ее закончат, поскольку посреди – постоянные проигрыши.

Другая игра предлагает вам в течение вашей жизнь, даже за относительно короткую ее часть, постичь совершенно иной уровень природы, высшей, духовной материи. Нужно только попытаться устремиться к ней, изменить свои свойства на отдачу и любовь – не использовать других в своих корыстных интересах, а попытаться быть с ними в хорошей, доброй связи.

Вот и всё. Ничего другого нет! Теория – очень простая. А практика зависит от вас. Выбирайте, в какую игру играть.

Либо вы учитесь от людей, которые желают, чтобы вы творили добро и создавали мир, подобный силе отдачи и любви, либо вы будете учиться на примерах окружающего вас мира: средств массовой информации, телевидения, газет, телесериалов.

Другого не дано. Всё равно вас формирует окружающее общество: или группа, или «улица». Только лишь! В итоге выбираете **вы**.

Вопрос: *В ходе работы на семинаре было такое ощущение, что ты как «стражник» по отношению к товарищу. Есть ли место такому состоянию? Или в этом круге все на равных, и каждый имеет право следить, чтобы товарищ не отклонялся от цели и от темы семинара?*

Ты должен воспринимать группу как нечто абсолютно совершенное – вечная, бесконечная, совершенная система, в которую ты входишь как маленький в нечто огромное, что тебя формирует.

Если, находясь в группе, ты видишь или слышишь от товарищей что-то неприятное, кажущееся тебе нехорошим, несовершенным, ты должен понимать, что это потому, что ты сам такой.

Иначе говоря, Творец тебя подставляет, чтобы ты воспринял всё именно так – Он играет с тобой, потому что «нет никого кроме Него». А ты должен оправдать и сказать, что воспринимаешь все негативно вследствие своих неправильных свойств.

Если ты находишься в связи с товарищами, то не можешь видеть в них ничего отрицательного, только лишь совершенство!

Вопрос: *Во время семинара ощущалось большое усилие со стороны мужчин, их стремление объединиться, но не чувствовалась их потребность в женском желании, без которого не прийти к цели.*

Для того чтобы человек почувствовал в чем-то потребность, он должен сначала понять, что без этой потребности, без этого желания, он цели не достигнет. Значит, они еще не дошли до этого.

Допустим, я пытаюсь что-то сделать, и вижу, что у меня ничего не получается. Чего же мне не хватает? А-а, мне нужен еще какой-то инструмент. Я начинаю с ним работать и выясняется, что мне не хватает еще какого-то приспособления и т.д. То есть только в той мере, в которой я вижу, что не достигаю цели, я начинаю исследовать, как же я могу ее достичь.

Тогда я обнаруживаю, что мне не хватает поддержки – явной, сильной поддержки. Она должна быть обязательно! Об этом пишется в каббалистических источниках. И, на самом деле, мы видим, что это так.

У мужчин существует своя мужская, несколько пустая гордость. Они забывают, в силу своей природы, что зависят от женщин. Забывают. Такова их природа.

Но в итоге, когда они продвигаются вперед, начинают понимать, насколько они, в общем, слабы. И тогда действительно ощущают очень сильную потребность в женской поддержке.

Это не слабость, это просто наша природа, когда мы зависим друг от друга и только в правильном соединении между собой достигаем цели.

Кстати, я уверен, что многие мужчины это чувствуют – я это вижу по ним. Они действительно это ощущают.

Вопрос: *Во время семинара во мне постоянно возникало чувство стыда, что мы сидим и играем как дети. Но мы ведь взрослые люди. Как быть с этим?*

Игра – это самый важный и самый взрослый элемент природы. Тот, кто играет, тот и растет. А тот, кто не играет, он уже мертвый, потому что прекращает свой рост.

Вы знаете, что значит игра? Игра – это, когда я представляю следующий этап своего развития и устремляюсь к нему. То есть это – признак роста.

Точно такая же игра наблюдается в растениях и развивающихся животных клетках. В них существует тот же элемент.

Растение, чтобы вырасти, должно создать в себе соответствующие для этого предпосылки, развить в себе силы роста. Поэтому оно растет.

Один и тот же железный принцип игры работает как в духовном, так и в нашем мире – на всех уровнях миров. На всех! Поэтому игра – это самый уважаемый элемент природы.

Это не игра в футбол, а игра в следующую ступень, игра в развитие, как игра детей, а не взрослых, которые делают из себя детей. Игра – это самое уважаемое занятие человека, потому что таким образом он растет. Речь идет именно об этой игре, а не о разных спортивных играх. Поэтому нечего стыдиться!

Вопрос: *Я боялся, что возникнет вдруг нечто новое, какое-то совершенно незнакомое ощущение.*

Ты проходишь через огромную гамму состояний, ощущений. Ты должен накопить это все в себе, для того чтобы ощутить высший свет. Он находится вокруг тебя, а ты его не можешь «схватить». Тебе необходимы все эти ощущения, которые должны аккумулироваться в тебе всё больше и больше. Это будет накапливаться в тебе постепенно, собираться в один сенсор, в один детектор, в один орган чувств, и тогда ты раскроешь свет.

Это практические занятия по созданию души. Душой называется сенсор для ощущения света. С одной стороны, под воздействием твоего стремления в тебе постепенно образуется свойство отдачи и любви, а с другой стороны, соответственно твоим устремлениям высший свет воздействует на тебя и растит тебя. Так что, нечего стыдиться. Расти!

Вопрос: *Как женщина может воодушевить все человечество?*

Жена всегда влияет на мужа, и его мнение меняется. Женщина умеет это делать. Женщине специально дано так воздействовать на мужчину. Если бы не ее влияние на мужчин, они были бы просто потерянными. Это действительно так, потому что мужчина без женского желания, которое он реализует в жизни, реализовывал бы свои желания просто как ребенок. Это было бы что-то непонятное.

На самом деле мир стоит на женских желаниях: желание дома, семьи, детей, продолжение рода, всего того, что на самом деле серьезно и необходимо для нашей жизни. Кроме того, мы выполняем функцию посредников между миром и Творцом. Мы должны показать, объяснить миру нашу методику, которая приближает человека к отдаче и к любви, ставит его в соответствие с Высшим светом, с общей силой в природе.

Сегодня можем опираться на мнения тысяч ученых, которые исследуют природу и обнаруживают в ней глобальное, единое свойство, с помощью которого природа собирает, соединяет элементы, создает жизнь и движет ею.

Если мы будем это распространять и объяснять людям, то сократим миру страдания, и он устремится к добру, к связи, к жизни.

Если же не будем этого делать, то скатимся к еще большим страданиям. Нам не остается другого выхода, как распространять, насколько это возможно, методику исправления человека, человеческой природы в мире.

Если мы захотим, мы это сделаем. Надо просто придать этому важность. Думать об отдаче и любви можно только реально распространяя эту методику исправления.

Вопрос: *Когда ребенок играет, он допускает ошибки, но, в конце концов, учится на них и становится взрослым. Перед нами стоит такая большая и важная цель. Так почему я боюсь быть, как ребенок, который делает ошибки и, в конце концов, достигает желаемого результата?*

Надо работать над величием и важностью группы, – другого ничего нет. А что еще есть в твоей жизни? Лишь единственная возможность – выйти из этого мира только по этой методике, поэтому займись этим и все. Без величия Творца, цели и группы ты не будешь двигаться вперед. Это самое необходимое.

Вопрос: *У меня в голове все время «крутится» вопрос: «Когда наступит конец исправления?».*

Задержка только в вас, и ни в ком другом. Когда люди исправятся, наступит конец исправления. Нечего ждать, это не свалится на нас с неба. Должно произойти полное исправление. Когда это случится? Зависит от человечества.

Вопрос: *Мы, женщины, должны поблагодарить мужчин, за то, что они показали нам на семинаре, куда мы должны себя направить и как нам помочь им прийти к концу исправления.*

Я благодарю всех за участие в этом семинаре. Я убежден, что вы все сделали очень большой шаг вперед: получили большое впечатление, много новых внутренних ощущений, приобрели опыт. Я очень рад, что мы были вместе: женщины и мужчины.

Вы себе не представляете, насколько это важно, это практическая часть создания души, исправления. И так, раз за разом, вы почувствуете, как в вас образуется новое пространство, в котором вы начинаете ощущать новый мир.

«...вам следует умножать любовь к товарищам, а невозможно прийти к постоянной любви, иначе как

посредством слияния, т.е. чтобы соединились вы оба крепкой связью, а это может быть, только если вы попробуете снять одеяние, в котором дана внутренняя душа. Это одеяние называется любовью к себе, и только это одеяние разделяет две точки, а с другой стороны, когда идут по прямому пути, тогда из двух точек, считающихся двумя линиями, отрицающими друг друга, приходят к средней линии, которая включает две линии вместе. И когда вы почувствуете, что вы находитесь на военном сражении, тогда каждый знает и чувствует, что нуждается в помощи своего друга, а без него и его собственная сила слабеет...».

(Труды РАБАШа, письмо 5)

СЕМИНАР 2
ПОЧУВСТВОВАТЬ ВЫСШУЮ СИЛУ
(КОНГРЕСС В ЛИТВЕ, 23.3.2012)

Сейчас мы все: мужчины и женщины, каждый от себя и все вместе, на всех континентах, во всех странах, во всех группах – собрались, чтобы нашим совместным усилием, желанием раскрыть возможность ощутить Творца – единственную силу природы, внутри которой мы существуем, которая окружает, наполняет, рождает нас, движет нами, определяет все наши мысли и желания. Это – единственная существующая сила, в которой мы находимся, и перед нами стоит задача – ощутить ее, раскрыть для нас.

Это раскрытие происходит в совпадении свойств, намерений, желаний, во взаимном устремлении друг к другу между нами и Творцом. Человек один не может стремиться к Нему, потому что его свойства противоположны свойствам Творца, он эгоист и не может изменить себя инверсно. Это не в наших силах, ведь у нас только одна природа – получать. А свойство природы, высшей силы – отдавать, поэтому мы не ощущаем ее, противоположны ей.

Для того чтобы ощутить ее, нам надо стать подобными ей – отдающими.

Это возможно, если мы соберемся в группу и попытаемся приподняться над собой, соединиться с такими же устремлениями товарищей, которые тоже желают выйти из себя и стать вне себя, вне своего тела, вне своего эгоизма, вне своих желаний и мыслей только в одном едином желании – устремиться к Творцу так же, как Он устремлен к нам, над всеми нашими эгоистическими мыслями и желаниями.

Чтобы это сделать, нам надо объединиться – не только для того, чтобы у нас было одно большое устремление к Творцу, умноженное на огромное число наших товарищей в мире, а еще и потому, что когда мы соединяемся вместе, мы превращаем наше эгоистическое намерение в общее, совместное свойство, существующее между нами. И в этом совместном свойстве мы должны начать ощущать высшую силу.

***

Следующее задание – наша совместная просьба к Творцу, чтобы помог нам измениться, чтобы дал нам возможность стать подобными Ему и ощутить Его. Такая просьба к Творцу называется «молитвой», когда вся группа вместе: и мужская часть, и женская часть, думает только о том, как заставить Творца изменить нас, чтобы мы стали такими, как Он. Что значит, быть, как Он?

***

Эта просьба может исходить только от всех вместе, это «молитва многих», молитва, в которой участвуют все.

***

Мы понимаем, что без помощи свыше мы не изменимся, поэтому наша просьба, наше требование – от отчаяния, от необходимости. У нас нет другого выхода. Творец обязан нам помочь. Каждый думает о том, что он молится за других, чтобы все его товарищи заслужили раскрытия Творца, и этого ему будет достаточно.

***

Ни в коем случае не говорить об отрицательных явлениях, о помехах, о своих переживаниях.

Наоборот, мы счастливы, что удостоились возможности обратиться к высшей силе, что она дала нам такое желание, собрала всех нас вместе, подтолкнула к тому, чтобы мы собрались в одно единое желание и обратились к ней. Это всё сделал Творец. Человека здесь нет. Но мы благодарны за то, что Он это делает с нами.

Мы не говорим ни о чем отрицательном! В нас царит только благодарность, ощущение связи между нами и вместе с тем просьба, чтобы свойство отдачи и любви больше раскрылось в нас.

***

Если Творец – это единственная сила, которая всем управляет, все поддерживает и оживляет, то даже те слова, которые произносят мои уста, те мысли и желания, которые сейчас во мне возникают, всё это – тоже Он. Поэтому мне надо соединиться с тем, что сейчас проходит через меня и выходит от меня к другим – это тоже всё делает Он, это Он всё производит. Меня здесь нет. Я это только то, что осознаёт себя наполненным мощью, силой, намерением, желанием Творца, который таким образом обращается к другим.

Мне надо соединиться, слиться с тем, что сейчас происходит во мне, ощутить, что весь я наполнен Им, потому что нет никакой другой силы, кроме Него. И когда я пытаюсь уничтожить во мне свое «я», что всё это – только Он, тогда нахожу именно в этом свое новое «я», основанное на том, что «нет никого, кроме Него». То есть всё, что я думаю, это всё – Он.

***

Мы сейчас желаем только одного: чтобы всё творение, то есть мы, не представляли собой никакого препятствия для проявления высшего света, чтобы он наполнил нас без всякого сопротивления с нашей стороны. Мы хотим сделать на себя такое сокращение, чтобы предоставить ему всё место для его раскрытия. А мы не существуем, мы просто прозрачны, чтобы сквозь нас проходила одна единственная сила, наполняя нас.

Это первое условие – сокращение (Цимцум Алеф), с которого начинается наша встреча с Творцом, когда действительно впервые ощущается, что «нет никого, кроме Него». Мы прозрачны, мы не существуем, потому что аннулировали свое «я», свой эгоизм, и поэтому Творец может наполнять теперь всё.

Кому не хочется говорить – пусть не говорит, он может просто думать, как младенец, который еще не знаком с миром и счастьем, ожидающими его, когда мы достигнем связи, которая откроется между нами. Мы раньше не знали, что такое существует, просто вели себя, как дети. Теперь пришло наше время. Надо отодвинуть свое «я», дать возможность высшему свету заполнить все и раскрыться повсюду. Так мы доставляем большое наслаждение Творцу, выполняем свое предназначение и начинаем становиться равными Ему.

Мы преодолеваем свою прежнюю природу, аннулируем ее и становимся ничем. С этого начинается наше духовное развитие, как семя, которое начинает развиваться в матери. Мы должны сейчас думать о том, какое удовольствие мы доставляем Ему, чтобы мы от этого получали наслаждение, чтобы устремление порадовать Его стало нашим наполнением.

Нам надо почувствовать эту игру, в которой, с одной стороны, находится Творец, а с другой – окружение товарищей, и только через него мы можем ощутить, насколько крепка эта связь. Чем больше мы объединимся, тем сильнее будет это ощущение. И, таким образом, мы постепенно войдем в высший свет. Он пока еще едва различаем, но мы уже представляем, через какие ощущения мы пройдем по пути к нему, чтобы начать раскрывать его в действии.

Наша работа начинается с того, что мы получаем наслаждение, испытываем радость, когда даем Творцу место проявиться, раскрыться, когда можем доставить Ему удовольствие и порадовать Его. Начиная с этого момента и далее, мы уже находимся в состоянии «нет никого, кроме Него», аннулируя себя и создавая возможность только Ему наполнять все наши ощущения, все наши мысли. И, действительно, только в них Он нас наполняет.

Мы должны быть уверены, что, таким образом, благодаря этой игре, которая объединяет нас всех, мы движемся вперед. Так, мы постепенно начнем входить в еще больший контакт с Ним, мы начнем всё явнее ощущать Его, наполняющего нас. Из небытия, из скрытия все больше и больше проявятся Его свойства, Его управление нами. Мы начнем ощущать, как в нас создаются желания и мысли. И мы будем идти вместе с ними с этими желаниями и мыслями, понимая, что все исходит от Него, соглашаясь с этим. Главное – чтобы все больше и больше проявить, раскрыть в нас Творца через наше общее объединение, через всех-всех в мире. Мы постараемся подтянуть к этому состоянию весь мир. И мы уверены, что достигнем этого.

***

Мы должны понимать, что наши тренинги – это пример того, чем надо заниматься ежедневно. Для этого даже необязательно собираться в группу. Но можно провести их за 10-15 минут до занятия в качестве подготовки группы к уроку. Их можно проводить и в перерыве между занятиями, и в конце. Это можно делать в конце рабочего дня – когда угодно.

Такие постоянные тренинги должны привести нас к тому, что мы начнем ощущать в течение всей нашей жизни, что мы находимся в высшем информационном поле, которое всё создает в нас и работает через нас. А человека – нет.

Вот тогда мы и начнем ощущать, что человек – это совершенно другая конструкция, которую мы сегодня пока еще не представляем. Но уже входим, уже приближаемся к этому.

ВОПРОСЫ И ОТВЕТЫ

Вопрос: *Что нужно делать, чтобы аннулировать себя? Как практически реализовать это в десятке – группе из десяти человек?*

Для этого вместо десятки должен быть один. Вместо миллионов, миллиардов – один. То есть нужно ощущать, что мы – как один. Не аннулировав себя относительно товарищей, ты не сможешь двигаться дальше, дать свету возможность проявиться. Цимцум Алеф (Первое сокращение) – это условие, на котором действует все. После него начинается следующая часть, следующая ступень.

Вопрос: *Что я должен делать, чтобы аннулировать себя? О чем я должен думать?*

Ты должен думать о том, что ты с товарищами представляешь собой одно общее целое, о том, что ты желаешь, чтобы они достигли всего, и в этом твое счастье – больше ни в чем. Как мать думает о своем ребенке: «Чтобы у него было всё. И неважно, что будет со мной – главное, чтобы с ним всё было хорошо».

Так ты должен себе это представлять.

Вопрос: *Изначально предполагалось, что семинары будут продолжаться три часа. На конгрессе мы посвящаем им 1 час. А теперь вы говорите, что ими можно заниматься 15 минут перед занятиями. Важна ли продолжительность семинара?*

Такие занятия представляют собой настройку человека, которую он должен проводить столько раз в день, сколько ему необходимо, чтобы весь остальной день оставаться в этом духе.

Есть люди, которые в этом состоянии существуют всё время.

Есть люди, которые возвращаются в это состояние.

Есть люди, которые не могут его терпеть. Их эгоизм еще такой, что, сделав одно маленькое усилие, человек должен выйти из этого состояния – он не может в нем оставаться.

Все зависит от того, на каком уровне находится человек, как он продвигается.

Постепенно вы развиваете в себе такие возможности под воздействием на вас Высшего света. Это дает результат, ничего другого!

Когда вы устремляетесь вперед, свет воздействует на вас, он вас меняет, и в следующий раз вы уже более чутко, более легко входите в это. Вы уже очень близки к этим свойствам и мгновенно включаетесь в них. Допустим, с утра вы просыпаетесь как животное, находитесь «в отключке, но мгновенно входите в этот мир – в мир силы, которая управляет всем.

Вы начинаете совсем по-другому воспринимать ваш день, видеть происходящее везде. Получая информацию, даже просто слушая новости или что бы то ни было, вы видите, как Творец играет со своими творениями, чтобы привести их к самостоятельности и одновременно к подобию Себе.

Вопрос: *Каждый приходит в группу в разном состоянии и развивается в ней по-разному. Как группа должна решать, какой продолжительности будет следующее занятие?*

Самое лучшее предоставить это товарищам. Неважно, в какой группе сидеть. Хороший пример – Рабби Йоси Бен Кисма, великий каббалист, который был в слабой группе, вроде бы не равной ему, но он мог отменить себя перед ней, она была очень дорога ему, это была его группа.

Вопрос: *Я очень хочу почувствовать силу объединения между товарищами, но когда вдруг вмешивается ваш голос, все исчезает, и мы сидим минуту в ступоре.*

Вы правы. Но у меня нет другой возможности проводить семинар, у меня есть план, через какие состояния я должен вас провести, чтобы вы ощутили этот процесс. Я должен это делать, потому нахожусь в жестких рамках.

Вот то, что вы ощутили мое негативное влияние – это хорошо, то есть товарищи стали для вас важнее меня, а это самое главное, так как товарищи заменят вам все остальное. У вас появилась огромная возможность движения вперед.

Вопрос: *С учетом того, что все живут в разных часовых поясах и у всех разные временные возможности, можно ли организовать виртуальную площадку, на которой будут проходить семинары безостановочно, и каждый будет в него включаться, когда ему удобно. Или семинар должен начинаться и заканчиваться в конкретных рамках?*

Я думаю, что это можно делать, записывая на материальном носителе, входить через интернет и спокойно заниматься в любой форме: и одному человеку и группе. Конечно, предпочтительнее в группе. Желательно в свободном состоянии, когда вы освобождаетесь от разных помех. Но в принципе, не имеет значения. Вы постепенно входите в виртуальную силу, которую пока не ощущаете. Это психологическая работа.

Бааль Сулам пишет, что это продолжение материалистической психологии, психологии нашего следующего уровня развития, но она работает с желанием и намерением – с тем, с чем работает наша земная психология. В этом нет ничего загадочного, мистического. Мы должны развить в себе эти свойства. И не более того.

Есть множество людей в мире, допустим, бедуины в Израиле, которые прекрасно ощущают природу и по каким-то малейшим признакам, точно даже не зная, почему, могут рассказать, что происходит в данный момент за 50-100 километров от них. Они чувствуют Землю или по поведению животного могут сказать, что происходит в мире.

Это чувства, которыми некогда обладали и мы. Просто они аннулировались в нас вследствие того, что мы перестали их использовать.

А сейчас мы развиваем новые органы чувств.

Если вы поступаете в музыкальную школу, то в вас постепенно развивается слух, музыкальная память и всё прочее. Если вы этого не делаете, то остаетесь на уровне любителя. Всё можно развить.

Этот задаток, этот рудиментарный орган, в принципе, в нас существует. Мы его просто должны развивать. Наука каббала только и рассказывает о том, как нам развить ощущение высшей силы.

Пока она не была нам нужна, мы нормально развивались в нашем мире. Но сейчас мы пришли к состоянию, когда без нее мы не видим выхода. Нам необходимо раскрыть ее.

Представляете, когда вся программа природы, все знания, все свойства, всё проходит через вас, и вы всё это видите и ощущаете, – о каких проблемах, кризисах вообще может идти речь?! Вы видите это всё, не как помехи, а как помощь, как родовые схватки, в результате которых вы рождаетесь. Вас выталкивает на следующий уровень. Вот что я вижу в мире вместо кризиса.

И когда люди это увидят, они с радостью, с благодарностью пойдут вперед!

Вопрос: *Вы говорили о группе, в которой мы играем в игру. В детской игре есть определенный уровень, и когда ребенок достигает его, ему уже неинтересно играть с теми, кто уровнем ниже. Как нам к этому относиться?*

Не имеет значения. Мы все играем с одной и той же высшей силой, с тем же высшим светом, поэтому каждый воспринимает это по-своему. Я уже приводил пример с Рабби Йоси Бен Кисма. Я могу сидеть с самыми маленькими и с самыми продвинутыми – в любом случае я сижу с самим собой.

Вопрос: *То, что мы проделали на семинаре – это фактически работа против эгоизма, но со временем значимость этой работы как бы притупляется. Каким образом постоянно повышать важность этой работы в группе?*

Все наши занятия, основаны только на том, чтобы аннулировать свой земной эгоизм и начать чувствовать себя интегральными, и в этой интегральности дать возможность Творцу раскрыться, проявить свое желание к этому, радость от того, что даешь Ему эту возможность. А следующий этап – это уже слияние. Так должно заканчиваться любое наше занятие, любой семинар. Его можно развернуть на часы и вставить еще много промежуточных действий. Но, в принципе, это основной шаблон, согласно которому нам надо себя вести.

Он нужен только для того, чтобы ощутить немного выход из себя. А дальше уже идут практические занятия, когда мы начнем чувствовать все наполняющий свет, видеть и ощущать в нем всевозможные его метаморфозы. Тогда мы начнем определять его по интенсивности, по направленности, по окраске, по свойствам, чувствам. Тогда мы уже приступаем к формированию своего кли. Но это – первый этап. Что касается эгоизма, то он постоянно растет, и если потом пропадает важность работы с ним, это потому, что им не занимаются. Мы будем вместе проводить такие семинары, они станут частью нашей повседневной работы. Это время пришло.

Вопрос: *Во время семинара аннулирование своего «я» осуществляется на чувственном уровне? У меня было ощущение, что при попытке эмоционального подъема мысли мне мешали.*

Все происходит только в чувствах. Если возникают какие-то помехи в мыслях, значит, недостаточно чувств. Значит, еще необходимо движение вперед, углубление и отношение к мыслям, как к правильным помехам, то есть коррекции вашего стремления. Но вам никогда не продвинуться вперед с помощью мыслей, они существуют только для того, чтобы подправить чувство, сконцентрировать, расслабить, убрать. Но все происходит только в желаниях. Желание – это материя. Поэтому мысли существуют только для того, чтобы работать с желанием.

Вопрос: *Важно ли было озвучить наше общее требование на семинаре? Казалось, что вы даже где-то подталкиваете к тому, чтобы озвучить: «Творец, наполни нас. Мы готовы. Измени нас». Должны ли звучать эти слова? Либо только: «Я ощутил. Я почувствовал...?»*

Нет. Мы должны идти вперед по каббалистическим источникам, читать статьи, разбирать их и именно по ним проникать в мир Творца. Его можно раскрывать только по первоисточникам. Не доверять ни в коем случае своим мыслям, своим желаниям. Надо обязательно идти по тексту. Если вам не нравится этот текст, берите другой, вы можете его менять.

Я открываю, например, «Шамати» на любой странице и начинаю по ней духовно работать. И если открытая страница не совсем соответствует моему состоянию, то могу перелистать еще несколько страниц, неважно сколько, и начинаю работать. Но все равно по тому, что написано в книге. Ведь каббалист описывает последовательные, причинно-следственные действия, которые поступательно ведут тебя вперед. А если ты будешь сам выдумывать из той массы мыслей и чувств, которые в тебе поднимаются, то, неизвестно, к чему тебя это приведет. Мы, как маленькие, должны учиться у детей постарше, что делать, как и почему. И так последовательно надо учиться.

Вопрос: *Если мужчина завершает каждое действие, он его и начинает?*

Женщина сидит дома и ждет мужа, она ждет, она требует. А мужчина выходит с ее желанием, с ее напутствием реализовать то, что от него требовали. «Малхут» определяет собой все. Она должна встретиться с «Зеир Анпин» и так далее. То есть мужская часть реализует, а женская предварительно должна потребовать. Так – во всех системах управления.

Вопрос: *Во время семинара я чувствовал очень сильное давление, трудно было контролировать себя физически. Я очень боялся следующей волны. Следует ли мне ожидать этого и в дальнейшем?*

Очевидно, тебе не хватает уверенности. Если ты расслабишься и упадешь в руки товарищей, это будет для тебя самое лучшее состояние.

Вопрос: *В начале семинара происходит такая внутренняя борьба: чего слушаться чувства или разума? Непонятно, как работать.*

На это нет ответа, нет универсального рецепта для всех состояний. Вам он и не нужен, потому что вы должны сами перепробовать различные варианты и решить, что для вас лучше в каждом состоянии. Мы не можем сказать, что делать в каждом состоянии, нам нужно учиться в течение нескольких лет на примерах, постепенно проверять и взрослеть.

Вопрос: *Стоит ли пытаться повторить какие-то состояния?*

Пробуйте все, что хотите. Это всегда полезно. Но по системе и по источникам. Это может быть постоянным тренингом на несколько месяцев. Мы будем это делать вместе.

Вопрос: *На семинаре ощущалось взаимодействие мужской и женской части. И в какой-то момент очень сильное. Но нам надо усилить его в сто раз. Откуда брать эти добавки, эти усилия? Кто должен их делать на последующих семинарах?*

Семинар не должен прекращаться, он является маленькой промежуточной ступенькой к следующей ступени. Нам нельзя забывать это состояние, надо хранить его в себе.

Семинар должен проходить в спокойной обстановке, без посторонних вопросов. Это не значит, чтобы каждый замыкался в себе. Человек должен чувствовать себя свободно, понимая, что у него есть время для мыслей и чувств. Самое главное – сохранить то, что мы сейчас ощутили. К этому состоянию мы должны прийти. А помехи, которые неизбежно будут, надо присоединить к ощущению нашего сегодняшнего чувства.

Все ваши действия должны плавно переходить одно в другое. Весь конгресс – это одно единое действие с постоянным возвышением. Надо стараться не растерять то, что вы получили, собирать по крупицам, как ребенок накапливает знания, навыки и становится взрослым. Поэтому все помехи надо тут же присоединять к движению вперед. Именно благодаря им мы и продвигаемся. Об эгоизме сказано, что он «помощь против тебя». Он напротив, но он в помощь.

Вопрос*: Как себя вести на собрании товарищей?*

Собрание товарищей – это не семинар. В собрании товарищей участвуют товарищи. Рав не может в нем участвовать. Я буду наблюдать, буду с вами, это будет очень близко мне, но это ваше действие, вы сами – между собой. Самое главное продолжать в том же направлении, «нет никого, кроме Него», кроме Творца, которого мы должны раскрыть внутри нашего объединения.

СЕМИНАР 3

УЧИМСЯ ОБЪЕДИНЯТЬСЯ

(КОНГРЕСС В ЛИТВЕ, 24.3.2012)

На семинаре мы все успокаиваемся, рассаживаемся и находим друг друга. Мы сосредотачиваемся в группе, в ее центре. Создаем между нами, внутри группы общее поле. Выходим каждый из себя в других. Пытаемся быть вместе, в одном общем желании, общем намерении. Верим в то, что в общем желании нам обязательно раскроется наш следующий духовный уровень, высшая сила, взаимная отдача. А в ней проявится Творец.

Женщины поддерживают мужчин, и все мы вместе образуем одно общее кли, средство раскрытия Творца, нашего следующего уровня. С нами вместе все наши товарищи, наши группы в мире. Все вместе мы замыкаемся на одно общее целое. Вместе все – в нашем общем желании. Мы чувствуем в нем тепло.

Мы много говорили о себе, о том, чего хотим достичь, раскрыть, познать. Но мы удостоились устремления к этому, потому что мир в этом нуждается – весь мир.

Давайте немножко подумаем о мире. Каким образом мы можем ему помочь? Как вокруг нас есть пронизывающий нас высший свет, но мы пока его не ощущаем из-за нашего эгоизма, так и в мире существует изобилие всего. Только наш эгоизм не позволяет нам поделиться с другими, чтобы всем было хорошо. И поэтому страдают все.

Давайте подумаем о том, что мы можем предложить миру? Как мы представим себе исправленное общество, в котором все уже действует по законам взаимной отдачи, любви, участия, когда все понимают, что они являются связанными в одной общей системе, не может быть кому-то хорошо, а кому-то плохо.

Это настолько проявляется между нами, что мы поневоле так с вами себя ведем. Мы раскрыли себя как интегральная система, мы думаем только о взаимности. Человек, который думает о других, действительно не нуждается больше ни в чем. Все думают друг о друге. Я уверен, что товарищи думают обо мне, и поэтому я о себе могу даже не думать. И это вынуждает меня думать о других.

Творец толкает нас к такому объединению, к такому обществу, мы надеемся прийти к нему добрым путем – путем распространения, обучения, воспитания, вместо того, чтобы страдания, удары, всевозможные катаклизмы, катастрофы гнали нас к нему.

***

СЕМИНАР 4

ПРОБУДИТЬ ВЫСШИЙ СВЕТ

(КОНГРЕСС В ЛИТВЕ, 25.3.2012)

Мы должны сосредоточиться вместе и думать только о том, что нас объединяет, – о точках в сердце. **Их** мы должны объединить. Тогда у каждого из нас и у всей группы будет во много раз больше сил. Главное – эта сила будет направлена на связь с товарищами, и тогда эта точка сможет пробудить высший свет, который начнет раскрываться в этой связи. Мы должны почувствовать, что между нами проявляется общий свет.

Нам надо осознать особое свойство **нашего** эгоизма, как средства, как помощь достижения света, Творца. Поэтому правильная работа с ним является залогом нашего успеха. Он специально создан в нас для того, чтобы мы, именно с его помощью, опознали, кто такой Творец, что такое свойство отдачи и любви, которое заполняет все мироздание, окружает нас, проходит сквозь нас, пропитывает нас. Мы должны быть благодарны эгоизму за то, что он является нашим помощником. Давайте обсудим, в чем он является помощником, как отнестись к нему правильно, рационально, чтобы он приблизил нас к **своей противоположности** – к Творцу, и какой именно эгоизм мы должны использовать?

***

Несмотря на то, что **эгоизм нам кажется помехой,** со стороны Творца нет никакого различия. Есть только один существующий высший свет. Нет добра и нет зла. Есть одно абсолютное свойство отдачи и любви.

Если мы настроимся на то, что все вокруг находится во власти Творца, потому что «нет никого, кроме Него», **и это добрая власть**, **добрый свет всё заливает собой**, какие изменения в себе нам произвести, чтобы уподобиться этому свойству? Что делать тогда со своим эгоизмом?

***

Почему ощущать себя законченным грешником, испорченным, абсолютно обратным Творцу, свойству отдачи и любви, ощущать себя **полностью** противоположным этому, полезно для продвижения?

***

В человеке есть множество разных свойств: добрых и злых, хороших и плохих. Какие именно свойства из всех, что в нем есть, делают его противоположным Творцу? С ними мы и должны работать. Какие они?

***

Свет создал желание. По своей интенсивности, по своей силе это желание делится на четыре уровня: неживой, растительный, животный, человек.

Почему, исправляя именно желание «человек», мы достигаем совершенства, даже не исправляя три предыдущих уровня желания: неживой, растительный и животный? Почему, исправляя в себе ступень «человек» («Адам»), мы исправляем все ***свои*** желания?

***

Все происходящее, абсолютно все, подталкивает нас к сближению с Творцом. Сближение с Творцом означает сближение со свойством любви и отдачи, раскрытием в себе этого свойства. Это происходит тогда, когда человек начинает ощущать добро в том, что в нем образуются все б**о**льшие и б**о**льшие свойства отдачи и любви, которые он реализует в группе, использует, испытывает, проверяет на своем отношении к товарищам.

И наоборот, когда он чувствует ***отторжение, отдаление от товарищей***, он понимает, что это – индикация его связи, его отношения к Творцу, и характеризует себя как грешник или праведник, в соответствии со сближением со свойством отдачи и любви или отдалением от него.

Человек понимает, что нет случая, судьбы, рока, а есть абсолютное управление светом всеми созданными им творениями. И нет никаких промежуточных состояний, а только – либо в направлении к Творцу, либо против Него.

Как ежеминутно я могу ставить себя в состояние, когда четко реализую каждое мгновение в своем движении к цели? Меньше думайте головой, больше чувствами, и тогда у вас все получится.

***

Если мы не находим правильного ответа, значит, мы недостаточно объединены между собой. Правильный ответ находится в свете. Поэтому давайте приложим больше усилий к объединению, и тогда вы увидите, как у вас начнут появляться более правильные и краткие ответы, короткие и содержательные. Добавьте к обсуждению объединение.

***

В процессе правильного взаимодействия в группе человек ощущает себя все б**о**льшим грешником, эгоистом, ненавидящим других, со всевозможными негативными желаниями и мыслями, кознями и т.д. Он раскрывает это в себе до такой степени, что начинает кричать к Творцу, чтобы Он исправил его. Он начинает понимать, что только Творец в состоянии исправить его, поскольку ощущает, что все исходит от Творца, и не может быть никакого другого источника, из которого бы это исходило, даже из своей природы.

Он раскрывает Творца в обратном виде, как создателя чего-то плохого. Но одновременно с этим раскрывает, что Творец специально создал в нем зло, чтобы вынудить его обратиться к Себе, и тогда Творец исправляет его.

Зачем надо было идти именно таким путем: создавать **зло**, чтобы человек постепенно выявлял его в себе и обращался к Творцу с просьбой об исправлении?

***

Если кто-то указывает мне на какой-то мой мельчайший недостаток, я начинаю ненавидеть его в той мере, в которой чувствую, как он меня неприятно поражает, задевает, затрагивает, я сразу же отдаляюсь от этого человека. Мы инстинктивно убегаем от обвинений.

Что поможет мне достичь такого состояния, когда я полностью раскрываю все свое зло, радуюсь тому, что оно раскрывается во мне, и одновременно ощущаю его как огромное зло, которое необходимо вырезать *из меня*? Тогда я достигаю такого максимального ощущения зла, что из него поневоле кричу к Творцу. Что поможет **мне** держаться на всем пути и не убегать от осознания зла?

***

Женщины задаются теми же вопросами, что и мужчины, пытаются вместе с ними их пережить, тихо, внутренне участвовать в их решении и одновременно подталкивать к их решению мужчин.

Есть вопросы, которые относятся к женщинам. А есть такие, которые они не могут решить, потому что ответ находится на связи между людьми. И тогда он решается только в чувствах между мужчинами.

***

Мы провели особую работу – мы попытались выяснить, как мы приходим к ощущению Творца. Нам надо поблагодарить Его за то, что он дал нам такую возможность.

ВОПРОСЫ И ОТВЕТЫ

Вопрос: *Я счастлив от того, что могу ощутить Творца партнером.*

По правде говоря, такой тренинг нужно проводить в течение трех часов. Если бы он продолжался три часа, то наши ощущения были бы более глубокими, и мы бы достигли лучших результатов.

Вопрос: *Я не понимаю функцию разума. Как его отменить и что с ним вообще делать?*

Разум нужен только для того, чтобы правильно формулировать чувства, различные отношения, делать выводы и после этого снова включать чувства. Разум работает между чувствами: чувства – разум, чувства – разум. Разум формулирует, что я чувствую, какой вывод я должен сделать из этого и как подключиться к новым чувствам. Чередование разума и чувства происходит так же, как чередование подъемов и падений. Это управляемо, мы к этому привыкаем.

Вопрос: *Мы знаем, что разум обслуживает чувства. Как понять, что ты говоришь из разума или из чувства? В чем разница?*

Если после того, как ты испытал все чувства, тебе надо их сформулировать разумом, ты их формулируешь разумом – обобщаешь, дифференцируешь и после этого уже высказываешь оформленную мысль.

Вопрос: *Мы почувствовали в группе большое, окружающее нас женское желание. Как нам прийти к правильной молитве в группе, потому что слова ни о чем не говорят?*

Это невозможно передать словами, неспроста, в течение всех тысячелетий, каббалисты не знали, что писать, потому что все постигается из практики. Не было никаких пособий и методичек. **Только** сейчас мы начинаем их создавать, потому что огромные массы людей включаются в этот пр**о**цесс, и нам надо это делать каким-то образом на расстоянии, не в непосредственном общении. Так что надо будет учиться всему этому. Попробуем делать это виртуально каждую неделю, раз в неделю.

Нужно сделать особые занятия для женщин, больше раскрыть методику их внутренней работы. Хотя это и естественно для них, но все равно в духовной работе они должны знать, как поддерживать мужчин. Здесь это чувствовалось. Но вместе с тем, чувствовалось и незнание, неумение, отсутствие навыка, недостаток обучения.

Вопрос: *Цель нашей работы понятна: мы раскрываем друг другу свои сердца, и сближаемся, объединяемся. Но есть и другая форма работы, когда просто читается текст и не дается никаких комментариев. Когда применяется одна форма работы, а когда – другая? В чем разница?*

Очень серьезный вопрос. Раньше вы только слышали, что такое группа, а здесь, я надеюсь, начали ощущать, что в группе заложены какие-то особые свойства, которые в одиночку вы выяснить не сможете. Именно, слушая своего товарища, и неважно, что он говорит, вы услышите то, что вам надо.

Как вы вообще что-то обсуждаете между собой, когда стоите в большом круге и что-то говорите? Вы тоже говорите что-то о себе, от себя, о величии группы, величии цели, собрания. Главное не говорить о том, что находится сейчас в вашем сердце. То есть это вещи, которые должны исходить из понимания. Но прежде, чем прийти к пониманию, вы должны все прочувствовать, иначе не придете к правильно оформленной мысли. Поэтому это не затрагивает ваши личные переживания. Вы сейчас не выплескиваете, что у вас на сердце, что вы в данный момент чувствуете. Как в нашем мире, вы не желаете никому рассказывать о своих самых потаенных глубоких чувствах, личных тайнах, то же самое и здесь. То есть мы не говорим о моем отношении с Творцом – это касается только меня. Все остальное – не имеет значения.

Вопрос: *Мы впервые почувствовали, что мы – группа, что мы вместе просим Творца и пытаемся объединиться. Как назвать все это?*

Мы называем все это подготовкой вынудить высший свет подействовать и изменить нас. Если мы действительно захотим, срабатывает контакт, и он нас меняет. Мы должны подойти к пороговому значению, когда только этого желаем. Все остальное не имеет значение. И тогда свет сразу же пробивает наш эгоизм, меняет его так, инверсно, и в исправленном этом эгоизме мы начинаем ощущать следующий уровень мироздания.

Вопрос: *Все семинары проводятся по-разному. На одном семинаре мы должны были представить себе, как Творец через меня раскрывается другим, на другом – надо было обращаться к Нему с просьбой. Будет ли какой-то канонический порядок состояний на последующих семинарах и что это за порядок?*

Естественно, что все эти занятия будут проводиться по определенной системе. Но эту систему вы сейчас все равно не сможете сформулировать. Для этого надо быть уже чуть-чуть над ней. Поживем – увидим.

Вопрос: *Когда я пытался говорить от разума, вы меня остановили, сказав: «Не умничай». А если мы работаем без вас, кто меня остановит, чтобы я говорил от чувства, а не от разума?*

Поэтому я пока еще существую. А потом ты сам станешь умником. Не бойтесь ошибиться. Это совершенно неважно. В группе могут собраться новички и пытаться что-то говорить между собой. Это неважно. Они все равно будут расти, только чтобы делали то, что надо. Не требуется от человека никаких предварительных знаний. Главное – просто, простодушно, наивно действовать.

Реплика: *Я бы хотел, чтобы все меня поддерживали. И еще хотелось бы, чтобы вы как можно дольше были рядом с нами.*

Это не имеет никакого значения. Во-первых, когда люди хорошо относятся друг к другу, они думают, что хорошо, когда рядом с ними кто-то другой. Я не знаю, лучшее ли это место – быть рядом. И не надо об этом думать. Вообще этот мир – самое плохое место.

Второе. Если говорить обо мне, то учитель находится с учениками столько, сколько он им необходим. Как только пропадает необходимость, – есть еще другая работа, – переводят на другое место. Так что, ничего страшного нет. Вы должны думать только о том, что написано в наших источниках и все. Будет учитель, не будет учителя – это от нас не зависит. И главное – это то, что мы сейчас проводим. Если будут такие группы, если женщины вокруг них будут им тесно помогать, поддерживать, устремляясь к центру группы желаний для раскрытия Творца, то тогда все будет хорошо.

Не нужен никакой, на самом деле, учитель. Творец, свет будет вас учить. Это мы и пытаемся здесь поймать – методику работы со светом.

Вопрос: *Условием изучения каббалы для мужчин – быть женатым. Аналогично ли это условие и для женщин?*

Ни в коем случае. Женщина свободна от этого. Женщина может не выходить замуж, хотя у нее к этому было естественное стремление в прошлом веке. А сегодня это особенно и не наблюдается.

Для мужчины – это практически необходимо, но заставлять нельзя. Сегодня масса людей приходит изучать науку каббала, и мы стараемся не предъявлять никаких условий, хотя они должны понимать, что жениться им надо будет.

Я считаю, что надо организовать еще большую, более эффективную службу по всему миру между всеми желающими перекрыть этот порог незамужества и неженатости, чтобы мы увидели еще много возникающих семей.

Вопрос: *Вы нам постоянно повторяете, что мы должны работать со светом. Но мы, как глухие, ничего не слышим и моментально забываем об этом. Почему так происходит?*

О работе со светом написано во всех книгах. А забывается потому, что наш эгоизм, наша природа против этого. Единственное, что может нам помочь, – окружение. Но окружение должно думать об этом, а не говорить, потому что наши слова ничего не значат. Если окружение будет постоянно в этих мыслях, в поиске вокруг этого, вы не забудете.

Вопрос: *Я уже третий день на конгрессе, и у меня такое ощущение, что не хватает красок, чувств, эмоций. Не могли бы вы добавить что-либо в виде эмоций, красок?*

Это ведь зависит от человека, от обстановки, времени на адаптацию. У нас здесь катастрофически не хватало времени. Нам надо было проводить вот такие семинары три раза в день по три часа с небольшими перерывами. Вот на таких семинарах одновременно шла бы и работа, и лекция, и вопросы, и ответы, и выяснения. А так люди сидят, спят или слушают даже, но это все пустую. Это просто набор информации, которая сразу же улетучивается. А если группа прорабатывает, создается уже виртуальная среда, и она никуда не исчезает. Поэтому, в принципе, вот такая должна быть среда на наших занятиях, и всегда каббалисты учились в круге. Мы постараемся исправиться.

СЕМИНАР 5

НОВОЕ РАЗВИТИЕ

(ТИХИЙ СЕМИНАР.12.3.2012)

Тихий семинар проводится без обсуждения, выяснение в размышлении.

Во-первых, прежде чем проводить групповое занятие, надо помнить, что мы это делаем с большой группой. С нами находится много людей со всего мира, и это должно нас волновать, пробуждать в нас ощущение близости и заботы друг о друге, потому что мы ответственны за всех. Каждый не**сет ответственность за всех.**

Во-вторых, все мы, все товарищи со всего мира понимают, что невозможно достичь духовного, как только раскрыть е**го между нами. Ничего не изменяется**, никакая реальность не находится в другом месте, нет времени, движения и места – **всё это выясняется в наших новых ощущениях, которые мы раскрываем внутри себя. Подобно собственному внутреннему восприятию реальности, которое мы ощущаем в себе сейчас, мы также ощутим дополнительную реальность при условии, что приобретем новые, дополнительные свойства**, вместо свойства получения, заложенного в нас. Так что наш мир достаточно мал, ограничен и ничтожен.

Человек, приобретающий свойство отдачи, ощущает в себе дополнительную реальность новыми органами чувств, которые он приобрел. Поэтому мы не занимаемся медитацией, управлением воображения и даже психологией. Мы прилагаем усилия, чтобы раскрыть в себе свойство отдачи, и, по мере его раскрытия, ощутим внутри себя новую реальность, которая называется «Борэ (приди и узри)» – «Творец» – это просто новая реальность.

Это не какой-то образ, и невозможно представить это как силу. Это особое явление. И это явление пр**оис**ходит потому, что человек, **при помощи усилий**, чтобы **приподняться над своей природой**, открывает в себе новый орган, новое свойство и обретает новое развитие. В этом свойстве он раскрывает новое ощущение, которое называется «духовный мир», «высший мир». Здесь нет ничего фантастического, нет ни времени, ни движения, ни места, куда можно убежать или пригласить. Этого вообще не существует.

Нам нельзя забывать тему восприятия реальности. Подобно тому, как мы сейчас воспринимаем всю действительность внутри себя, когда каждый ощущает, что есть товарищи, мир, земной шар и Вселенная, – так каждый почувствует в себе, в мере своих возможностей, новую реальность. В этом наша цель. Нам должно быть ясно, что мы не фантазируем и не занимаемся медитацией, а хотим своими усилиями и при помощи природы пробудить в себе дополнительный орган ощущения – ощущения свойства отдачи.

В природе действуют две силы: сила получения и сила отдачи. Для того чтобы мы смогли пробудить в себе свойство силы отдачи, каббалисты, которые уже его раскрыли, рекомендуют нам это делать, объединившись вместе. В группе можно почувствовать отдачу и любовь с помощью совместных усилий и упражнений, которые мы проводим друг с другом. Таким образом, мы можем проверить, насколько мы способны это делать. Поэтому мы собираемся в группу и достигаем свойства отдачи через отдачу и любовь в коллективе, между товарищами.

Мы должны стараться сконцентрироваться на одной мысли, так как если мы объединим мысли, желания, склонности и стремления, мы усиливаем наше общее желание и помогаем друг другу, как написано: «Да поможет человек ближнему».

Нам надо читать обработанные статьи, их легче понять. Важно обдумывать каждое предложение и пытаться понять, как мы можем жить в нем. Мы должны представлять каждое предложение и умом и сердцем, в мыслях и желаниях. Не надо долго думать и много рассуждать, а также не следует связывать написанное каббалистами с тем, что мы слышали, или с тем, что мы помним из их трудов. Мы только должны привнести в предложение свои чувства, находиться в этом полминуты, не более. Иначе могут появиться различные помехи и мысли, а они нам пока не нужны. Это другая работа.

Мы должны помнить, что мы находимся вместе с нашими товарищами со всего мира и обдумываем то, что слышим. Мы не разговариваем, каждый старается проникнуть в предложение сердцем – как можно глубже. Когда мы закончим статью, посмотрим, что делать дальше.

МЫ СОБРАЛИСЬ, ЧТОБЫ ПРИЙТИ К СТУПЕНИ «ЧЕЛОВЕК»

- Причина творения – делать человеку добро.
- Причина того, что человек не распознает добро – в различии свойств между ним и Творцом
- Творец – отдающий, а человек – получающий.
- В этом причина того, что человек не чувствует Творца.
- И для исправления человека создано скрытие.
- И для исправления человека создано скрытие добра в отношении Творца к человеку, чтобы человек мог удержать себя от получения наслаждения, которого он желает.
- Чтобы у него были силы совладать с ним и получить его только для того, чтобы отдать Творцу.
- Чтобы человек мог удержать себя от получения удовольствия для себя, получал его только для того, чтобы насладить Творца.
- Чтобы боялся наслаждаться, потому что это отдаляет его от Творца.
- И каждый раз, когда он думает о пользе для себя, он должен отменить себя, стараясь быть прозрачным на пути света, заполняющего весь мир.
- Стараться видеть в каждой помехе помощь Творца в отмене желания для себя.
- Чтобы отдавать Творцу, надо сначала научиться отдавать человеку. Это называется «любовь к ближнему».
- Любовь к ближнему начинается с отмены себя перед группой.
- Но надо и гордиться – гордиться тем, что Творец поместил его в общество, цель которого раскрыть Творца, и достичь этого вместе.

***

Это первая обработанная статья – она нам, конечно, знакома. Она выстраивает направление размышления в определенной форме и дает определения, наиболее близкие к достижению цели.

Перейдем к следующей обработанной статье.

ЦЕЛЬ ОБЩЕСТВА – 2

- Человек создан в любви к себе. Поэтому если он не видит пользы для себя, у него нет сил сделать даже легкое движение. Но, не аннулировав любовь к себе, невозможно прийти к цели – к слиянию с Творцом.
- Цель – стать подобным Творцу – противоречит нашей природе. Поэтому нам нужно общество, чтобы вместе, в едином большом желании, потребовать аннулировать любовь к себе, которая препятствует движению к цели. Нам надо стараться почувствовать сердцем каждое предложение.
- Поэтому все должны быть в едином стремлении – достичь слияния с Творцом. Тогда все станут одной большой силой, и каждый сможет преодолеть себя для достижения цели.
- Взаимовключение друг в друга происходит за счет отмены одного перед другим, когда каждый видит положительные качества товарища, а не его недостатки.
- Мы должны пытаться чувственно воспринимать услышанное.
- Во время собрания товарищей надо быть серьезными, чтобы не выйти из намерения достичь цели.
- Надо тщательно следить за собой, чтобы не впасть в легкомыслие.

***

Это знакомые нам статьи о группе. При чтении статей «Шамати» должна быть больше внутренняя работа разумом, со связями, так, что человек как бы «пережевывает» то, что слышит. Как читая статьи о группе, так и читая статьи о внутренней работе, такие как «Шамати», нам надо проигрывать то состояние, которое описывает автор, или находиться в нем, чтобы уподобиться более высокому состоянию. Мы должны стараться, насколько возможно, понимать и ощущать это состояние. Уподобиться ему – означает находиться в нем разумом и сердцем, знать это состояние.

Перейдем к статье 41 из книги «Шамати». Давайте будем помнить, что только вместе, только, выясняя между собой, мы можем раскрыть суть этой статьи.

МАЛАЯ И БОЛЬШАЯ ВЕРА

- Тот, кто хочет отдавать Творцу, видит, что у него нет силы отдавать.
- Но окружающий свет приносит силу отдачи, и величина отдачи зависит от человека, который получает. Предназначение окружающего света – дать силу отдачи, и величина воздействия окружающего света зависит от человека.
- Если у человека есть сила отдачи, он ощущает себя находящимся перед Творцом.
- В той мере, в которой у человека есть сила отдачи, в той же мере он ощущает себя перед Творцом.
- Если он чувствует большую силу отдачи, то может раскрыть и любовь к Творцу.
- Если он видит какой-то чудесный способ достичь силы отдачи, радуется так, словно нашел большое сокровище.
- Ему нечего отдавать Творцу, как только попросить еще большую силу отдачи.
- Человеку нечего отдавать Творцу, кроме как каждый раз просить том, чтобы у него была всё большая сила отдачи.
- Человеку больше нечего отдавать Творцу, как только попросить силу, чтобы у него была сила отдачи каждый раз все больше.

***

Продолжим чтением еще одной статьи из книги «Шамати», статья 30.

ГЛАВНОЕ – ТОЛЬКО ЖЕЛАНИЕ ОТДАЧИ

- Главное желание – только отдавать, осознавая величие Творца, то есть сила отдачи заполняет мир, мир человека.

- Главное для человека – желание отдачи Творцу, той самой силе, что заполняет весь мир.
- И чтобы выйти из получения, надо идти по противоположному краю – к отдаче.
- Сила, которая обязывает человека отдавать, – это только величие Творца, только величие свойства отдачи.
- Сила, обязывающая отдавать – величие свойства отдачи.
- Раскрытие силы отдачи достаточно, чтобы работать в отдаче, чтобы чувствовать, что Творец принимает работу человека, если она относится к Творцу.
- Если работа человека относится к Творцу, и человек это ощущает, он чувствует величие Творца, и это дает ему силы для отдачи.
- А если у человека есть сомнения, это признак того, не хочет идти путем отдачи.

***

Мы прочитали две статьи РАБАШа и две статьи Бааль Сулама из книги «Шамати». Но мы не обсуждали их, а может быть, стоит это делать по-другому – путем обсуждения друг с другом. Это будет эффективно, если человек сердцем почувствует то, что там написано. Ведь когда мы обсуждаем между собой, то становимся более восприимчивыми к тем внутренним определениям, о которых говорим.

ВОПРОСЫ И ОТВЕТЫ

Вопрос: *Может ли группа, находящаяся в определенном месте, включиться в другие группы, став одним общим желанием? Могут ли слова создать в людях желание объединиться? Должны ли в этом процессе участвовать люди из разных групп? Если процесс происходит все время при участии одних и тех же людей, говорит ли это о недостатке желания, о котором вы говорите?*

Так всегда происходило в ходе истории. В течение многих лет одни и те же люди работали сами по себе в одной маленькой группе. Разве так достигают взаимовключения? В этом-то и проблема. Один говорит, что лучше не разговаривать, второй говорит, что лучше разговаривать, а третий советует говорить только одно предложение. Дело не в «да или нет», а в том, что, не включаясь в других, я задействую только свои разум и чувства, и тогда я не вбираю в себя правильные желания.

Я буду умным только в том, что чувствую сам в своем эгоизме, с точки зрения психологии. Ведь если я проверяю свое личное ощущение, то это называется психологией. Если же я хочу включиться в других, чтобы достичь свойства отдачи, которое раскроется между нами, и которое я исследую, это называется работой Творца.

Можно достигнуть взаимовключения между собой и без обсуждений. Ведь взаимовключение – это самое важное, иначе нет никакого смысла во всех этих действиях. Когда человек слышит предложение раз-другой, важно, где он его слышит: слышит ли он его внутри своего сердца, или внутри связи с другими.

Если он слышит его в связи с другими, стоит прочитать это предложение даже тысячу раз, потому что в таком случае мы все время еще и еще выясняем суть свойства отдачи, это должно хорошо уложиться в нас. А если человек слышит это предложение не в связи с другими, то жаль даже тратить время на его прочтение. Тут весь вопрос в тонкости нашей настройки, пока мы точно не раскроем место, где должны ощутить потребность объединиться и внутри него увидеть свойство отдачи, высший мир.

Эта потребность находится между нами, и поэтому возникает вопрос: говорить или не говорить, обниматься или не обниматься, петь или нет, спрашивать или нет. Я не требую этого прямо сейчас и не говорю, была ли эта попытка успешной или нет. Но после нескольких раз мы должны почувствовать, какой подход приближает нас к месту правильного недостатка. В каком месте находится та точка, в которой нам надо объединиться и привнести в нее все наши надежды и цели.

Вопрос: *Как определить, слышу ли я это в общем месте объединения товарищей?*

Ты это определяешь, если видишь, что без объединения с другими это место просто исчезает. Надо быть очень чувствительными. Если мы вошли в объединение, значит «пришли на место», и в этом месте нам надо искать: где моя отдача, где связь с товарищами, где взаимная отдача, где здесь я аннулирую себя, где я объединяюсь с другими, где совместное ощущение любви. Если мы не найдем эту потребность в объединении, тогда где Творец, который даст мне нужное свойство?

Нужно прийти к точке ощущения, которая очень скрыта, и почувствовать, что наконец, мы поймали ее. Это ощущение невозможно передать, но надо к нему готовиться и искать его «ночами». Поэтому к вопросу: говорить или нет, петь или нет, спрашивать или нет, обниматься или нет, – когда мы будем искать эту точку, то раскроем, какие внешние действия будут наиболее эффективными. Выяснение, которое мы сейчас проводим, должно быть сделано. Без этого выяснения каждый останется в своей иллюзии.

Вопрос: *До тех пор, пока мы не придем к объединению, не стоит читать ни одного предложения ни из одной статьи?*

Только в связи между нами всеми мы находим истину, цель, Творца, духовный мир, но это исчезает: вы еще не проникнетесь чувством, что именно так все должно быть и не иначе. Эгоизм огромен, и, двигаясь вперед, вы должны над этим работать.

Вопрос: *Чтобы сохранять напряжение, состояние поиска, чтобы усиливать стремление, можно делать паузы в процессе чтения, и каждый должен что-то сказать. Это будет поддерживать определенное напряжение во время чтения, поиск и, может быть, усилит наши стремления.*

У РАБАШа было принято только при чтении Книги Зоар, чтобы каждый читал отрывок. Может быть, надо разделить страницы или проецировать текст на экран, и каждый будет читать предложение. Это может что-то добавить в построение связи между нами. Но, повторюсь еще раз, все зависит от «щемления сердца». Если оно есть, то это происходит, а если нет, то – нет. Если мы обнаруживаем эту точку объединения, – через нее мы прорываемся в духовный мир, в ней мы его раскрываем, и там скрыто высшее измерение. И тогда точка объединения между нами не требуется.

ПРОДОЛЖЕНИЕ СЕМИНАРА 5

Во время чтения мы сидим тихо, не двигаясь, все движения происходят внутри. Тела не существует, оно как бы аннулируется.

РАЗЛИЧИЕ МЕЖДУ ТЕНЬЮ СВЯТОСТИ И ТЕНЬЮ НЕЧИСТЫХ СИЛ

- Скрытием называется то, что человек не ощущает доброе управление Творца в мире.
- В скрытии не происходит никакого изменения в высшем управлении, оно всегда доброе ко всем.
- В скрытии не происходит изменения в Высшем управлении, оно всегда доброе ко всем, и свет заполняет весь мир.
- Свет заполняет весь мир, и все изменения только в ощущениях человека – получающего.
- Все изменения только в человеке – получающем.
- Есть два вида ощущения скрытия:
    - ♦ не ощущает, что скрытие идет от Творца, чтобы продвинуть его вперед;
    - ♦ или ощущает, что скрытие идет от Творца, чтобы человек раскрыл просьбу к слиянию.
- Тогда человек понимает, что Творец наслаждается работой в скрытии, которая делает человека отдающим.
- Тогда человек не просит, чтобы скрытие прошло, потому что Творец этим наслаждается. И выходит, что скрытие дает человеку жизнь. И он наслаждается тем, что сможет сделать усилие выше знания, то есть выше скрытия. И наслаждается, если может сделать усилие, то есть быть в отдаче над скрытием. Это называется «выше знания».

- Потому что если не старается в скрытии просить, чтобы Творец приблизил его, тогда скрытие уходит, и человек не чувствует, что оно идет от Творца, и тогда уже не может просить.

Если человек не старается в скрытии просить Творца приблизить его, тогда скрытие уходит, и он не чувствует, что оно идет от Творца, и тогда уже не может просить.

***

У скрытия есть также четыре стадии, четыре ступени. Скажем, человек может знать своего товарища в четырех ипостасях, а может и не знать его так. Скрытие существует, когда мы его ощущаем, но скрытие может быть и таким, что мы не ощущаем, что что-то скрыто. Скрытие может нам нравиться, мы его уважаем, потому что оно помогает нам выразить себя. Но это не значит, что мы работаем за вознаграждение. А над вознаграждением мы начинаем работать со скрытием ради отдачи. И тогда над скрытием мы раскрываем «свиток Эстер», раскрываем связь с Творцом.

Если в скрытии человек не старается просить Творца, чтобы Он его приблизил, то есть, чтобы дал ему силу отдачи, тогда скрытие исчезает, и человек не чувствует, что оно идет от Творца, и тогда уже не может просить.

После этого снова обнаруживается скрытие, и человек может просить Творца до тех пор, пока Творец не приблизит его и не возвратит к источнику, и не даст ему силу отдачи. Затем снова обнаруживается скрытие, в той мере, в которой человек может просить быть отдающим до тех пор, пока Творец не приблизит его и не вернет к источнику, то есть даст ему силу отдачи.

***

Такие статьи можно читать бесконечно, потому что мы не должны проживать текст больше того времени, пока мы слушаем предложение. Каждое предложение проходит через нас, и наше сердце, наши желания, как тесто, сокращаются от этого предложения, оно работает над нами. И затем звучит следующее предложение, и снова придает сердцу другую форму. Так мы проходим разные состояния. И мы не должны ничего запоминать. Цель этих предложений – как можно больше воздействовать на желание.

ВОПРОСЫ И ОТВЕТЫ

Вопрос: *Как надо прийти на утренний урок?*

РАБАШ немного гулял, пил кофе и кушал. Он всегда ел перед утренним уроком ломтик хлеба с оливковым маслом. Очень полезно съедать простой хлеб и оливковое масло, это дает много сил. Масло, хлеб, простая еда, легкая, недорогая – это важно и очень полезно. Необходимы две вещи: физическое «горючее» и духовное «горючее».

Нельзя сразу подойти к уроку. Надо во что-то включиться: в размышления, в книгу «Шамати», во что-то небольшое. Как перед полетом, надо подготовиться. Нужно обнаружить некую точку и работать над ней так, чтобы расширить ее. В точке связи между нами сосредоточены все надежды, все желания, все стремления, все ожидания.

Мы все время приспосабливаемся к этой точке. Как пишет РАБАШ: «Пуля делает царапины в сердце товарища, пока не войдет». Эту точку надо найти. Ради этой точки я вас спрашивал: говорить или не говорить, обниматься или нет, петь или нет, задавать вопросы или нет. Неважно, сколько раз читать статью, важно то, что нам делать, чтобы правильно подойти к чтению.

Вопрос: *В семинаре тоже нет пользы, если мы не придем к нему, как «тесто»?*

Должна обнаружиться та самая точка. Она важнее всего, и за нее нам надо уцепиться. Тогда из этой точки исходит то тепло, которое мы ощущали на конгрессах, то же совместное ощущение.

Вопрос: *Обсуждение и намерение ваше и товарищей подготовили меня. Эту подготовку мы провели в течение десяти минут. Я думаю, что и перед утренним уроком можно проводить подготовку такого рода.*

Я не могу пробуждать вас своими силами. Тогда это будет моя потребность, мое горючее – это не поможет. То есть не мне надо готовиться.

Вопрос: *Можно делать подготовку в течение десяти минут?*

Даже две минуты достаточно. Но раскройте эту точку.

Вопрос: *Все, кто говорит на семинарах, говорит от сердца, меньше от разума.*

Каждое предложение надо вложить в сердце, в плоть, в желание.

Вопрос: *Когда каждый товарищ начинает говорить на семинаре, я пытаюсь войти в его струю, стараюсь услышать его, присоединиться к нему, не к словам, а к его чувствам.*

Я это понимаю, и это верно. Но, все-таки, этого недостает. Я боюсь, что если вы не будете разговаривать между собой, то останетесь индивидуалистами, и ничего из этого не выйдет. Вы должны чем-то обмениваться. Тем, кто стремится только к мудрости, к тому, чтобы понять, что происходит, тем, кто хочет думать в одиночку, – не нужно общество, они могут учиться дома. Такой человек не должен представлять себя в объединении с другими. То есть он не получит нового ощущения и не ощутит свойства отдачи. И то, что у него останется – это только психология. Он может быть знающим, большим психологом, дискутировать со всеми, но до махсома. Мы же должны раскрыть в этой точке отношения между нами и Творцом.

Вопрос: *Я думаю, что главное в семинаре – как удержать взаимовключение.*

Конечно, мы должны видеть результаты в себе. Главное не то, как я услышу слово: более красиво или менее красиво.

Вопрос: *После того, как мы прочитали обработанные статьи «Шамати», я вернулся к первоисточнику и лучше стал* *понимать его, обнаружил там большую глубину. Это вдруг помогло понять текст первоисточника.*

Это ясно, потому что это как комментарий, как объяснение. Когда ты читаешь статьи Бааль Сулама в первоисточнике, ты сразу ощущаешь, что это отзывается в твоем сердце, в твоих ощущениях.

Вопрос: *Когда читаешь Книгу Зоар или статьи Бааль Сулама, ясно, что многого не понимаешь и не пытаешься понять. Но при чтении обработанных статей твой разум в точности понимает то, о чем говорится. В таком случае у тебя нет работы.*

Работа должна быть только в сердце. Я освобождаю тебя от умственной работы, чтобы ты ею не занимался, чтобы чувствовал прямо сердцем, о чем говорится в предложении. Это то, что я хочу. В источники мы погружаемся, в основном, разумом, а здесь все раскрыто для того, чтобы сразу уловить сердцем.

СЕМИНАР 6

РОСТ СОПРОТИВЛЕНИЯ

(КОНГРЕСС В ЧИЛИ, 01.05.2012)

Наша работа делится на две части – теоретическую и практическую. И то, и другое мы изучаем в группе. Прежде всего, мы выстраиваем намерение: для чего и почему мы собираемся, как должны учиться, чтобы достичь единства. В практической части мы садимся вместе, как братья, и начинаем обсуждать проблемы, встающие перед нами на пути. Мы понимаем, что на самом деле это не проблемы, ведь нет никого кроме Творца, ведущего нас к цели.

Если мы принимаем и соглашаемся с тем, что «нет никого кроме Него», и всё происходящее с нами идет от Него, от единой высшей силы, то начинаем обсуждать между собой, как нам вместе, во взаимосвязи и растущем объединении решать каждую проблему. Мы не решаем проблему как таковую, а преодолеваем ее сверху, поднимаясь над ней.

Творец дает нам некую ступень, и мы прилагаем усилия, чтобы взойти на нее. Разумеется, здесь нужны усилия, противостоящие эгоизму каждого из нас. Эго притягивает нас к себе, как земное тяготение, а мы должны силой объединения подниматься на следующую ступень. Для этого мы вместе обсуждаем принцип «нет никого кроме Него».

Именно от Творца мы получаем все помехи и проблемы – от Него не приходит ничего другого. Он открыто говорит: «Я создал злое начало». Основным проявлением нашего злого начала являются помехи между нами в группе, в объединении. Именно это нам следует обсудить. Пусть каждый скажет одну фразу товарищам: как мы должны принимать все те силы, которые хотят разобщить нас.

Расскажите в своем круге, как вы смотрите на то, что в нас все время пробуждаются силы разъединения и берут над нами верх, что вы об этом думаете.

**

Мы получаем от Творца только помехи. Можем ли мы обращаться к Нему поодиночке? Или же, как нам объясняет каббала, Он слышит только «молитву многих», идущую от группы? И потому, если кто-то из нас в падении, если он не может присоединиться к группе, выпадает из нее – как группа должна реагировать на это? Ведь человек не может помочь сам себе. Как же мы в таком случае должны объединиться, как должны думать и молиться о нем, чтобы Творец помог ему, снова приблизив к товарищам и вернув в группу? Так мы будем беречь группу, лишь расширяя ее границы, ее величину.

**

Выходит, всё различие между простыми людьми в мире и нами в том, как мы воспринимаем жизнь. Хотим ли мы изменить всё, что к нам приходит? Молим ли Его отменить все проблемы? Так поступают все люди. И потому они не продвигаются – ведь они хотят отменить всё, что Он посылает (именно Он, потому что нет другой силы).

Мы же принимаем все эти проблемы как трамплин, позволяющий каждый раз подниматься еще и еще. Каждый раз мы падаем в состояние обычных людей, которые хотят просто отменить проблемы, и каждый раз группа должна укреплять нас, чтобы мы отнеслись к проблемам творчески – ведь именно с ними мы должны работать и именно над ними должны идти к единству и любви.

Как с помощью группы мы можем принимать каждую помеху не в качестве еще одной проблемы в жизни, а в качестве помехи, пришедшей от Творца, чтобы посредством ее мы поднялись дальше, выше?

***

Мы должны проводить обсуждения в группе минимум несколько раз в неделю, чтобы у каждого была возможность работать и одновременно объединяться, налаживать связь со всеми. Так надо делать постоянно, раз в несколько дней, пока мы не будем благодарить за всё, что приходит к нам в жизни – и хорошее, и плохое. «Возлюби ближнего как себя – великое правило Торы» – и в радости, и в горе. Нет ничего, кроме совершенного высшего света. Так мы должны ощущать его, и тогда всё зло мы увидим как добро.

СЕМИНАР 7

НЕОБХОДИМОСТЬ ГРУППЫ

(КОНГРЕСС В БРАЗИЛИИ, 05.05.2012)

Нам нужна группа, потому что без нее невозможно прийти к раскрытию высшего мира, истиной реальности, в которой мы существуем. Мы словно слепые, потому что у нас нет органов чувств, с помощью которых мы могли бы раскрыть высший мир. Мы в нем находимся, но не раскрываем его, не ощущаем, ведь наша природа – получение, противоположное свойству отдачи, свойству высшего мира, Творца.

Чтобы раскрыть дополнительный орган чувств, свойство отдачи и любви, нам необходима группа. Она является средством, с помощью которого мы можем понять, что такое свойство отдачи, прочувствовать его между нами, приложить усилия в отношениях между собой, чтобы они привели нас к новому свойству.

Давайте поговорим о важности группы, о ее необходимости, о том, почему именно в группе мы можем постичь духовный мир и достичь раскрытия Творца. Обсудите это между собой и мужчины, и женщины. Каждый из вас пусть скажет несколько предложений, а остальные включатся в него. Говорит ли он по делу, понимает больше или меньше – неважно. Я слушаю его, потому что Творец желает, чтобы именно это я услышал, почувствовал и включился в этого товарища. И какие бы чувства я при этом ни испытывал, вплоть до противоположных, я должен понять, что все это необходимо для того, чтобы я правильно настроился и направил себя на объединение. Поэтому каждый из нас включается в того, кто говорит, и так до тех пор, пока мы не почувствуем, что между нами внутри нашего круга создалось общее ощущение и понимание – нечто, не находящееся в каждом из нас, общее между нами. Пусть каждый объяснит другим: почему нам так важно соединение в группу.

***

Если мы говорим, что «нет никого кроме Него», и только Творец действует в реальности, тогда, каким я должен видеть каждого товарища? Как относиться к нему, как рассматривать его поведение, если только Творец действует в реальности?

***

Почему мое отношение к товарищу определяет мое отношение к Творцу? Что означает: от любви к товарищу приходят к любви к Творцу? Какая связь между товарищем и Творцом?

***

Чем мне помог этот семинар? Какое изменение произошло во мне вследствие этого семинара? Обсудите, выберите представителя от каждой группы, который скажет, к какому выводу пришла группа.

***

Нужно поблагодарить не только товарищей, которые здесь присутствуют, но и тысячи наших товарищей во всем мире, которые связаны с нами во время семинара. Мы почувствовали от них большую силу концентрации. Представьте себе, что это одна огромная группа людей из разных мест, и все они также проводят эти семинары вместе с нами.

Вывод простой: все начинается и заканчивается внутри группы: все проблемы, весь процесс, постижение всех ступеней, включая окончательное исправление. Поэтому, давайте договоримся, что будем продолжать обсуждения и все время проводить выяснения. Это и есть правильная форма продвижения и связи, помогающая рассеять все помехи. Тогда вы увидите, насколько быстро вам удается достичь цели.

СЕМИНАР 8
ПОМОЩЬ ОТ ОКРУЖЕНИЯ
(КОНГРЕСС В БРАЗИЛИИ, 05.05.2012)

Мы внутренне соединяемся между собой и надеемся внутри этой связи постичь скрытую между нами силу. Мы хотим, чтобы это соединение раскрылось как сила взаимной отдачи и любви, которая объединит всех нас вместе. С этого мы начинаем собрание товарищей, и, как пишет РАБАШ, прежде всего, мы должны говорить о величии группы. Человек не может управлять судьбой собственными силами, а только с помощью окружения, которое он подготавливает для себя, потому что он всего лишь желание получать наслаждение.

Какое окружение нам необходимо создать, чтобы под его влиянием мы достигли подобия с Творцом? Мы должны думать не только о нашей маленькой группе, но и обо всех группах и отдельных товарищах, которые сейчас сидят вместе с нами в разных уголках мира. Какое окружение нам необходимо, чтобы под его влиянием каждый постиг Творца – силу отдачи и любви?

***

Поскольку в человеке постоянно развиваются эгоистические информационные гены, решимот, то без помощи окружения, без группы, он не будет знать, как правильно их обработать. Как группа должна помочь каждому товарищу правильно обработать проходимые им состояния? Как группа должна относиться к каждому товарищу, как его поддерживать? Как построить такое окружение, которое все время помогало бы человеку, сопровождало и направляло его к правильной цели, чтобы под воздействием пробуждающихся в нем мыслей и желаний он не свернул в сторону? Ведь только группа может направить его из всех возможных 360 градусов прямо к цели. Как она должна практически воздействовать на человека?

***

Мы можем ощущать только согласно своим свойствам. Я могу понять человека, если во мне существуют те же свойства, что и в нем. Иногда мы не понимаем другого, а потом, изменившись, начинаем понимать. Иными словами, можно ощутить только то, что содержится в тебе. То, чего во мне нет, я не способен воспринять снаружи. Это называется законом подобия свойств.

Творец – это отдача и любовь, а мы Ему противоположны. Поэтому мы не ощущаем Его. Для того чтобы мы узнали, что такое отдача и любовь, Он дал нам возможность улучшить себя, находясь в определенной среде – в группе. Благодаря этому я могу обрести свойство отдачи и любви и тогда ощутить Его. Иными словами, группа – это прибор, позволяющий мне обрести свойства, которые помогают ощутить Творца. Как это происходит? Помогите друг другу понять то, что сейчас было сказано, а потом обсудите это.

***

Каббалисты сравнивают наше состояние с маленькой лодкой, где каждый сидит на своем месте и должен работать веслами, чтобы достичь цели. К тому же, все должны следить за тем, чтобы сквозь борт лодки не попала вода. Вода, поступающая снаружи, словно мысли и желания, чуждые цели, которые могут ввергнуть нас в пучину моря. Поэтому мы должны работать и над тем, чтобы уберечь «борт», ведь если в нем будет пробоина от мыслей, чуждых нашему соединению, то этот «борт» повредится. Ведь «борт лодки» – это мысли, соединяющие нас вместе, как в одном сосуде. И, кроме того, нам нужно «работать веслами», чтобы продвигаться к цели. Как мы должны работать в маленькой группе и во всемирной группе, чтобы наверняка достигнуть желанной цели?

***

Мы провели сейчас несколько обсуждений, касающихся положения в группе, соединения между нами, возможностей достижения цели. Какой мы можем подвести итог? Какую пользу мы ощущаем от таких обсуждений? Стоит ли проводить их в каждой группе и как часто? Чего можно этим достичь? Что мы чувствуем после таких объединений?

СЕМИНАР 9

СОЗДАНИЕ ГРУППЫ

(КОНГРЕСС В БРАЗИЛИИ, 06.05.2012)

Наша цель – соединиться в сильные региональные группы, чтобы на практике начать работать в новой форме. Сегодня мы обсудим, как нам достичь взаимной поддержки. Сказано мудрецами: «Человек, да поможет ближнему», – потому что без взаимопомощи мы не способны достичь духовного. Ни один человек не обладает силой для духовного продвижения. Он может продвигаться только за счет тех сил, которые впитывает от товарищей, от группы. Группа должна согласиться дать ему эти силы при условии, что взамен он тоже отдает ей свои силы. И это называется «человек, да поможет ближнему», потому что продвигаться человек может только за счет силы ближнего, силы группы.

Как нам обеспечить каждого силой для духовного продвижения? Начало пути знаменуется тем, что человек обнаруживает, что у него нет сил для самостоятельного продвижения. Он слаб, доведен до отчаяния, готов все бросить. Именно в этот момент он способен понять и почувствовать, что только силой группы он, все-таки, может продвигаться. Поговорите об этом.

***

Если я падаю, слабею, если ко мне приходят всевозможные мысли против цели, если я не могу встать с постели и прийти в группу, на урок, заняться распространением, это значит, что у меня исчезло желание и важность цели. И это хорошее состояние, ведь оно раскрывает мне, что у меня, действительно, нет сил, чтобы продвигаться одному.

У меня не просто нет сил, пропал интерес, отсутствует желание или есть другие важные дела. Я должен понять, что у меня нет своего собственного желания и собственных сил продвигаться к цели. Вчера у меня были желание и силы, я даже делился ими с другими, подталкивал других, воодушевлял их, а сегодня у меня их нет. Я оправдываю себя тем, что у меня есть другие заботы, дом, семья, увлечения. Но я должен знать, что все это происходит оттого, что у меня нет своих собственных сил.

И тогда наступает переломный момент, и он самый важный. Я чувствую, что нуждаюсь в силе группы, а через нее – в силе Творца. Здесь я уже, действительно, вступаю на духовный путь, поскольку в духовном человек не может продвигаться собственными силами. Если он чувствует, что силен и полон энергии, это знак того, что им движет эгоизм, и он не направлен в сторону духовности.

Поэтому сказано, что тысяча выходит в путь, но только один продолжает его и достигает цели. Кто он? Тот, кто понимает, что никто не может достичь цели собственными силами. «Герой не спасется своей силой». Напротив, герой тот, кто просит у группы, умоляет, с поклоном приходит к товарищам, чтобы они ему помогли. А через них он обращается к Творцу, поскольку то, что он получает от них, это, действительно, духовная сила, а не сила его эгоизма.

Допустим, я уже понял это и удерживаю себя в точке истины. Я почувствовал падение, увидел, что у меня нет сил, и понял, что должен прийти в группу, принизить себя и умолять, чтобы мне помогли. Какой должна быть группа, чтобы дать мне эту силу? Какую группу мы должны построить, чтобы она стала источником духовной силы для каждого из нас и удерживала во время падения? Необходимо, чтобы во время падения я мгновенно чувствовал, что это падение целенаправленное, чтобы я пришел в группу и получил от нее духовную силу, а не устремлялся за другими соблазнами.

Написано: «Не высматривайте вослед сердцу вашему», – то есть не устремляйтесь за своими сердцами и желаниями. Группа должна держать меня, и даже если я упаду, то упаду на руки товарищей. Поэтому я должен подготовить такую группу, которая примет меня во время падения и слабости, поставит меня на место, придаст мне силы, укажет направление, и тогда я достигну высшей цели. Как нам построить такую группу?

***

У вас есть возможность проводить такие обсуждения постоянно. Я только хотел показать вам, насколько это полезно, насколько лучше начинаешь узнавать товарищей, группу, чувствовать единство. Вы можете проводить такие семинары, но надо заранее определить, о чем вы будете говорить, и не отвлекаться от темы, что бы ни случилось.

Следует запомнить: ничего из происшедшего вчера не переходит на завтра. Может быть, вчера у нас был неприятный разговор, мы спорили, не соглашались в чем-то, но назавтра мы ведем себя так, будто этого не было. Это непросто, неудобно, но так мы договорились.

Все приходит свыше, Творец играет с нами, а мы должны показать Ему правильное, взрослое поведение. Мы назначаем тему семинара, все приходят. Может быть, с кем-то я не согласен, с тем поругался, а с другим вообще не могу сидеть рядом. Несмотря на это, мы садимся и хотя ничего не забываем, но не держим за пазухой камень или нож под полой. Напротив, мы понимаем, что это наша природа, а мы должны идти выше нее.

Поэтому мы выбираем для обсуждения такие темы, как соединение, продвижение, важность цели, роль группы. Все приходят и участвуют в обсуждении, невзирая на свое состояние. От таких бесед с товарищами можно много получить. Если я хочу услышать товарища, то слушаю не слова, которые он произносит – как правило, они нам кажутся пустыми, – а воспринимаю его так, будто это Творец обращается ко мне, ведь «нет никого, кроме Него». Если я так отношусь к группе, то начинаю ощущать, насколько мы меняемся, как это на нас воздействует. Поэтому такие семинары обязательны, их необходимо проводить даже ежедневно.

СЕМИНАР 10

ВЗАИМОЗАВИСИМОСТЬ

(КОНГРЕСС В БРАЗИЛИИ, 06.05.2012)

В какой мере мы зависим друг от друга: товарищ от товарища, товарищ от группы, группа от товарища, группа от группы, все товарищи во всем мире, женщины от мужчин, мужчины от женщин? До какой степени существует зависимость между нами? Обсудите эту тему в группах и представьте вывод о взаимной зависимости между всеми: насколько каждый зависит от всех?

***

К чему меня обязывает связь между нами?

***

Как группа должна заботиться о каждом товарище? В чем ее обязанность по отношению к каждому? Насколько она способна влиять на каждого? В каких рамках ей позволено воздействовать на человека: обязывать, помогать, тормошить, заниматься им? Допустим, некий человек находится в духовно бессознательном состоянии: он словно больной, у него нет сил, он утратил желание и надежду. Как группа должна беспокоиться обо всем происходящем с человеком, включая семейные и жизненные проблемы, а также проблемы со здоровьем? Насколько она может вторгаться в его личную земную жизнь, а также в его духовную жизнь?

СЕМИНАР 11
ДУХОВНЫЙ МИР МЕЖДУ НАМИ
(06.05.2012)

Духовный мир, который мы хотим почувствовать, не раскрывается в человеке, а только между людьми в мере их отдачи друг другу. Поэтому мы должны соединиться между собой, постараться, насколько возможно, учиться вместе, обучать и распространять. Мы должны поддерживать связь со всеми остальными группами в мире. Как с сегодняшнего дня и далее нам организовать связь между собой? Как нам объединиться физически, виртуально, между группами, чтобы вместе провести следующий конгресс? Подумайте, как это можно сделать. Это наша ближайшая цель. Как нам подготовиться?

***

Пришли ли вы к пониманию того, как через неделю будете участвовать в конгрессе Нью-Джерси? Выбрала ли каждая группа несколько ключевых людей, которые будут центром, основой группы? Кому можно позвонить, к кому обращаться по всем вопросам, кто будет руководить действиями группы? Надо выбрать несколько человек, которые будут ответственны за все действия. Допустим, здесь присутствует группа Сан-Пауло – 20 человек, пусть трое или даже пятеро из них будут центром, чтобы всегда было ясно, к кому обращаться. То же самое в других группах. Выбрали ли вы несколько человек, которые будут ответственными? Если нет, выбирайте.

***

После конгресса мы с вами будем встречаться каждое воскресенье во время собрания товарищей. Мы, по возможности, соберемся в каком-то месте и продолжим проводить такие же занятия, как сейчас, раз в неделю уже организованно, по плану, чтобы достичь такого соединения, в котором ощутим высшую силу, воцарившуюся среди нас.

Последний вопрос: каким образом мы сможем помочь друг другу не потерять достигнутое здесь? Мы подобны младенцу, который развивается в чреве матери. Он должен постоянно развиваться, расти, его надо все время подкармливать, подпитывать. Все товарищи должны заботиться друг о друге. Как сделать так, чтобы мы постоянно росли качественно и количественно, усиливая нашу связь и расширяя число наших товарищей? Подумайте, как вы будете поддерживать связь в ближайшие недели.

∗∗∗

Мы поняли, что означает «человек, да поможет ближнему». Нам нужно лишь поддерживать друг друга. Духовное – это легко, если не забывать главное – связь. Мы достигли соединения и нового этапа в духовном развитии.

СЕМИНАР 12

СИЛА ОБЪЕДИНЕНИЯ

(КОНГРЕСС В НЬЮ-ДЖЕРСИ, 12.05.2012)

Каббалисты обычно садятся вместе и объединяются, обсуждая темы, относящиеся к связи между ними. Объединение происходит поверх всего, что разделяет нас в этом мире: язык, характер, предыдущие знания. Существуют помехи, которые возникают у каждого во время обсуждения. Например, меня не интересует то, что говорит товарищ, или это не совпадает с моим мнением. Эти помехи хорошие, и чем больше их будет, тем лучше. Следует понять, что связь должна быть над разделяющими нас силами. Главное, что мы, 10 человек, сядем вместе, выберем тему и обсудим ее. В порядке очередности каждый из нас скажет несколько предложений. Завершив обсуждение первой темы, мы перейдем ко второй, третьей и т.д. В такой форме мы поработаем час, а затем каждый круг выберет представителя, который поделится впечатлениями от общей работы. После этого будет время для вопросов.

Мы хотим почувствовать, как между нами, в центре каждого круга, образуется новая сила – сила соединения. В ней мы раскроем высшую духовную силу, но лишь в том случае, если будем думать, что связь между нами существует. Соединение предназначено для раскрытия высшей силы, и именно наши стремления к нему, намерения и желания пробуждают скрытый свет. Он постепенно приближается и становится ощутимым. Это физическое действие происходит согласно нашей силе в соответствии с законом подобия свойств. Мы изнутри пробуждаем исправляющий свет, и он начинает раскрываться. Вместо того чтобы ощущать окружающий свет вне нас, мы почувствуем его внутри связи между нами.

Для этого нам необходима сила небольшой группы, в которой каждый из нас участвует, общие силы всех находящихся здесь групп и всех групп в мире, которые производят действие по соединению вместе с нами. Всё влияет, потому что нет времени и пространства. Мы все находимся в одном большом круге, одновременно во всех местах, и должны думать обо всех одиночках из разных точек мира, как сидящих в круге вместе с нами.

Желание отдельного человека маленькое, с таким желанием невозможно почувствовать больше, чем этот мир. Раскрытие высшего мира происходит в тех желаниях, которые мы «покупаем» у других. Мы выходим из себя и хотим почувствовать их как свои части, и они на самом деле части одного целого. В результате разбиения они отдалились друг от друга, а через объединение наших сосудов мы создаем систему, существовавшую до разбиения. Таково практическое назначение группы – попытаться объединить между собой наши желания, чтобы выявить связь.

Как с помощью группы я достигаю связи, и как в этой связи я предполагаю раскрыть высшую силу?

***

Сменим тему. Творец – сила отдачи. Как с помощью группы, через товарищей и только через них я могу достичь отдачи и тем самым стать подобным Ему?

***

Благодаря этим обсуждениям достигается общее ощущение. Люди, сидящие в круге, становятся ближе друг к другу, и я начинаю чувствовать, что они принадлежат мне, а я им. Мы постигаем духовную жизнь только с помощью группы – это самое дорогое, что у нас есть. Особая возможность, которую мы можем использовать в этой жизни для прорыва в духовную жизнь, кроется в нашей связи в группе. Если духовная жизнь находится в руках группы, что мы должны группе, и что группа должна нам? Какие правила, соединения и обязательства должны быть между нами?

***

Нам нужно поговорить о том, как мы обсуждаем и находим ответ. Мы должны прийти к правильным определениям, точным и красивым. Каждый добавляет, пробуждая товарищей, поднимая их, и, в результате, рождается нечто прекрасное. Что я должен группе, и что группа должна мне, если только с ее помощью я постигаю духовную жизнь? Как я устанавливаю взаимоотношения с группой?

***

Какие чувства, понимания и впечатления мы получили от этого обсуждения? Что я думал до начала семинара, пришел ли к какому-то убеждению? Какие изменения в чувствах и разуме я ощутил как следствие беседы в круге?

***

Это был пример принципа «Возлюби ближнего своего как самого себя – главное правило Торы». Если мы стремимся к связи и любви, то внутренняя сила, находящаяся там, выполняет все остальное. Мы тянемся к этому, как неразумные дети, у которых нет желания, но они просто это делают. Мы начинаем издалека, с самой дальней точки, соединяться все больше, постигая в круге взаимную силу объединения. Эта сила называется Творец. Поэтому нет ничего важнее собрания товарищей.

СЕМИНАР 13

ВСЕ ПРЕСТУПЛЕНИЯ ПОКРОЕТ ЛЮБОВЬ

(КОНГРЕСС В НЬЮ-ДЖЕРСИ, 12.05.2012)

Наша духовная работа построена на том, чтобы каждый раз подниматься над своим эгоизмом, который пробуждается в нас снизу через решимот. А объединение между нами происходит согласно девизу: «все прегрешения покроет любовь». Наше эго пробуждается, и над ним мы строим свою связь. И даже если между нами есть разного рода споры, неприятие, отвращение, отталкивание, какие-то старые счеты, – неважно. Все это пришло свыше намеренно, чтобы мы раскрыли и увеличили силу объединения над ненавистью и отчуждением, которые постоянно возрастают.

Это значит, что эгоистическая сила должна с каждым разом раскрываться в нас острее, потому что без этого нам не над чем будет растить силу объединения. Как мы можем продвигаться согласно сказанному: «Человек да поможет ближнему»? Как помочь друг другу победить свое эго, которое постоянно желает разъединить нас?

В обсуждении вы услышите ответы от товарищей, сидящих вокруг стола. Внезапно в их словах вы почувствуете ответы и после всего сказанного объединитесь и придете единому мнению. Как мы поможем друг другу подняться над эго? Для ответа вы можете использовать те или иные события, происходившие в группе, можете говорить о том, что практически делают в разных местах. Как бы вы это сделали?

***

Как воспользоваться помощью товарищей или группы, чтобы подняться над эгоизмом, который нас ослабляет, лишая интереса к духовному продвижению? Как с помощью товарищей или всей группы подняться над состояниями слабости и потери интереса к духовному продвижению?

***

Наша работа происходит в трех линиях. Сначала мы ощущаем усиление эго, оно в нас растет. Мы должны вытащить его в правую сторону и подняться над ним к объединению, к свету, к группе. Нам нужно протянуть свое состояние над эго и затем соединить вместе эти два состояния: и эго, и силу группы. Благодаря этому мы уже строим состояние, называемое «душа», – духовное состояние. Как нам практически это сделать? Как мы работаем в трех линиях, когда с одной стороны – эго, с другой стороны – сила группы, и нам необходимо соединить их вместе, чтобы выстроить себя в нашем новом состоянии? Начните обсуждать и увидите, что придете к правильному ответу.

***

Как именно за счет помех мы поднимаемся до самого исправленного состояния? Как посредством усиливающегося и раскрывающегося в нас зла мы поднимаемся к Творцу? Как зло помогает нам подняться к Творцу?

***

«Злом» называется то, что разделяет нас, – только это считается «злом». Как через усиливающееся разобщение мы получаем возможность приблизиться к Творцу?

***

Сейчас представитель каждого круга кратко расскажет о том, что происходит с товарищами за его столом. Каким они почувствовали это обсуждение? Им было тяжело или легко? Помогает ли это обсуждение что-то выяснить или показывает, что мы пока еще не очень владеем этим? Способствовало ли обсуждение объединению или оставило нас в растерянности?

Задание было очень трудным – будто ученикам пятого класса неожиданно дали экзамен для выпускников. Мы специально сделали задание таким, чтобы показать вам перспективу, и чтобы вы знали, что работа состоит именно в этом. Так ребенок, видя самолет, грузовик или какой-то большой предмет, понимает, что достичь их не может, но у него появляется мечта, нечто манящее вперед. Это создает особое пространство перед человеком, и он знает, что может и должен прийти к такой работе, к таким состояниям, и что ему предстоит это пройти. Он уже не остается стоять перед стеной. Поэтому мы провели это упражнение.

ВОПРОСЫ И ОТВЕТЫ

Вопрос: В нашей группе вопросы еще больше разобщили нас, и мы даже не смогли прийти к общему мнению по вопросу: «Что такое «группа?». Поэтому нам еще необходимо выяснить определение группы.

Вы начали выявлять, что основы все еще неясны. Отлично!

Вопрос: Мы обнаружили, что затрудняемся отвечать на некоторые вопросы. Но благодаря усилиям, когда каждый пытался выяснить вопросы, насколько важно быть частью группы, мы это прошли. И это – единственный способ, которым мы можем это сделать.

Вы пришли к тому, что любые выяснения раскрываются только в группе. Вся работа, соединение, Творец, душа раскрываются только в группе. Это задание призвано показать всем, что впереди у нас есть такой шаг, и мы должны к нему прийти. Нет необходимости оглядываться назад: как мы вели себя друг с другом в группе. Сейчас нам важно выяснить, как построить душу, а не как упорядочить наши отношения. Мы берем свое эго, «хватаем» его, не дожидаясь, чтобы оно схватило нас, и тащим себя вместе с ним в группу. Мы принижаем себя относительно группы, и требуем от нее, чтобы она повлияла на нас.

Когда я провожу выяснение своего эго силой объединения с группой, во мне начинает проясняться новая ступень, и, вместо темноты, появляется свет. Как только я заканчиваю эту работу, тотчас эго возвращается ко мне, и снова изо всех сил, преодолевая трудности, я должен тянуть себя в группу, включаться в нее и ждать, пока свет повлияет на меня. Я прикладываю усилия в группе, в связи с товарищами и принижаю себя перед ними. И снова мне раскрывается новая ступень, и вновь свет сменяет тьму.

Так мы поднимаемся, формируя из капли семени плод, пока не рождаемся в духовном мире. Но до рождения есть родовые схватки, то есть мощное давление, чтобы мы вышли в новый мир, подобно тому, как в этом мире рождается ребенок. Эта работа, в сущности, является основой нашего развития. Нам необходимо еще многое выяснить, но картина начинает перед нами проясняться, позволяет «запастись воздухом» для продвижения вперед, поскольку человек уже знает, к чему он идет.

Вопрос: *Получив вопросы, мы не знали, что отвечать. Но ответы пришли, и это доказательство того, что мы – единое целое. А без группы мы – ничто.*

Если мы думаем только о том, что являемся единым целым всегда и во всех состояниях, то достигаем исправления.

СЕМИНАР 14

ПОРУЧИТЕЛЬСТВО

(КОНГРЕСС В НЬЮ-ДЖЕРСИ, 12.05.2012)

В рамках семинаров не так уж важно, понимаете вы язык или нет. У нас были случаи, когда сидящие за столом люди не понимали язык, на котором разговаривали остальные. И не было перевода. Факт, что это ни в чем не понижает впечатление и восприятие, потому что воздействие происходит не через разум, а через пульсацию действующего внутри света, через чувства и вибрации, которые не входят со звуковыми волнами. Попытайтесь даже отключиться от того, что говорится. Мы должны почувствовать душу товарища, его желание, его сердце – с этим нам нужно соединиться.

Поручительство – это общий закон природы. Наша природа была «разбита» и постепенно в процессе своей эволюции приходит к единству. В течение длительного периода развитие происходит непреложным образом для неживого, растительного, животного и человеческого уровней. Но в определенное время нажим усиливается, и развитие перестает быть автоматическим – требуется согласие человека. Это выражается в том, что человек понимает процесс, и сам требует его реализации. Как мы реализуем это в группе, чтобы затем показать всему человечеству?

***

Каждая наша группа и мировая группа в целом должны, как пишет Бааль Сулам, стать для всего человечества примером поручительства и связи, которых необходимо достичь. Как же мы достигаем поручительства в группах, чтобы быть примером всему человечеству? Это очень сложная тема. Как мы создаем связь между собой, чтобы показать пример человечеству?

***

Почему от нас требуется быть во взаимном поручительстве? Почему мы должны достичь поручительства?

***

Почему достижение взаимного поручительства равнозначно достижению Творца? Почему объятие и слияние с группой равно объятию и слиянию с Творцом? Это представляется абсолютно чем-то другим. Но почему это так? Что же такое группа? (Я даю намек). Что такое понятие «группа», если, в сущности, группа или Творец – это одно и то же?

***

Когда мы говорим между собой в круге, иногда человек видит себя ниже других, иногда выше других, а иногда равным. Какой взгляд верный: когда они выше, когда я выше, когда мы равны или всё вместе? Как это может быть? Я не могу связаться с тем, кто выше, и с тем, кто ниже – только с тем, кто равен мне. Но существуют разные состояния: от того, кто выше, я могу получить, тому, кто ниже, могу дать. Мы ни в чем не равны. Как нам относиться друг к другу, чтобы достичь поручительства?

***

Если один выше, а другой ниже, между ними может быть связь, потому что тот, кто выше, передает тому, кто ниже, от группы к человеку и от человека к группе. Если они равны, нет между ними связи: никто не может дать другому, нечего перелить от одного к другому. Для того чтобы возникла связь, с одной стороны, должен быть плюс, а с другой – минус. Поэтому в природе нет равенства. Но благодаря тому, что в одном случае один выше другого, а в другом – наоборот, или одновременно один выше в одних свойствах, а другой – в других, происходит восполнение. Для того чтобы возникла жизнь, для того чтобы происходили процессы поглощения и исторжения, – между ними должно быть потенциальное различие. Что же тогда называется равенством?

***

Если вопросы кажутся трудными, вы их забыли или запутались – попытайтесь взяться за руки, обняться. Я не предлагаю делать это просто так, а только в случае, если вы чувствуете, что находитесь в тупике. Попытайтесь это сделать, потому что внешнее действие пробуждает свет, возвращающий к источнику, и что-нибудь благодаря этому прояснится.

Написано в науке каббала, что если два явления подобны друг другу, то становятся одним – не может быть двух. В чем-то между ними должно быть различие. Почему же нам необходимо достичь равенства, и в чем выражается равенство в группе? Ясно, что все должны оставаться разными, а в чем мы будем равны?

***

При каком условии и в какой форме мы можем потребовать, притянуть, раскрыть силу, которая называется окружающим светом – светом, возвращающим к источнику, чтобы объединила нас в поручительстве? Тогда мы раскроем Творца, духовный мир. Как потребовать эту силу, которая нас исправит? Как добиться, чтобы она на нас подействовала? Что для этого необходимо? Каково условие привлечения окружающего света?

***

Верно: молитва многих! Нужно, чтобы у каждого было величие цели, разочарование в своих силах и связь с другими. Тогда вместе мы приходим к ощущению, которое называется «молитва многих». Мы испробовали все, чтобы объединиться между собой, а нисходящий свет «возвращает к источнику». Что такое источник? – Истинный крик!

Окружающий свет дает нам настоящую просьбу. Поэтому, как мы учим из науки каббала, есть свет проясняющий, который называется «свет АБ-САГ», и свет исправляющий. И здесь мы проходим два этапа. Первый: различные действия, объединение, конгрессы. Второй: работа в группе, в связи. Попытаемся больше объединиться. Каждый раз мы вызываем проясняющий свет. Что он проясняет? – Дает нам величие цели! Цель высокая, а мы, находясь внизу, не можем ни шагу сделать ей навстречу.

Эти две точки – величие цели и наше отчаяние – полярны. Мы этого не знаем, но между ними уже есть 10 сфирот. Это состояние – разность потенциалов между ними – приводит в действие исправляющий свет.

Такое состояние называется «молитва», потому что молитва образуется из двух точек: величия цели и ощущения своей низменности. Этот внутренний крик притягивает к нам исправляющий свет. Он соединяет эти две точки через 10 сфирот и дает нам полное кли.

Творец создал два начала: доброе и злое. Написано: «Я создал злое начало». А когда Он даст нам доброе начало? Откуда приходит к нам доброе начало?

***

Действительно, нет доброго начала – существует только злое начало, которое изначально создал Творец. Поэтому Он в этом признается и сообщает нам, что создал злое начало. Но с помощью Торы мы его исправляем и превращаем в доброе начало. Начало (ецер) – это желание (рацон): желание остается желанием. Злым оно называется потому, что я постоянно хочу ради себя. И тогда это зло для меня, потому что я закрываю себя в себе: живу как маленькое животное несколько лет и все. Это самая несчастная жизнь, какая только может быть в реальности.

А доброе желание состоит в том, что мы в процессе объединения в группе – насколько способны его достичь – видим, что не способны, и начинаем поднимать молитву многих. Поскольку эта молитва об объединении, то является молитвой многих. Тогда поступает свет, возвращающий к Источнику, и реализует объединение между нами. В объединении раскрывается намерение ради отдачи, свет, и тогда вместо злого начала у нас будет доброе начало: то же самое желание с намерением соединиться с ближним.

СЕМИНАР 15

ВЕЛИЧИЕ ТОВАРИЩЕЙ

(КОНГРЕСС В НЬЮ-ДЖЕРСИ, 13.05.2012)

Чтобы сохранять связь, мы должны постоянно следить за тем, что делает группа – таким образом, я отменяю свой эгоизм. Они сидят – я сижу, они занимаются чем-то – я тоже, как маленький ребенок, который подражает взрослым, не раздумывая. В таком случае мы достигнем успеха.

Бааль Сулам пишет: «Я рад, что родился в таком поколении, когда уже можно разглашать науку каббала», с помощью которой можно достичь конца исправления. Если она обнародована, значит, у каждого есть возможность достичь окончательного исправления своей души, войти в вечный и совершенный мир. Именно это мы с вами хотим сделать.

Давайте поговорим о том огромном подарке, который мы получили свыше. Мы избраны из всего человечества, нам дана возможность приблизиться к Творцу, который выбрал каждого из нас, чтобы помочь всему человечеству достичь Его. Давайте обсудим величие этого состояния, чтобы это общее ощущение выросло между нами. Бааль Сулам пишет: «Я рад, что родился в таком поколении, когда уже можно разглашать науку каббала». Это знак того, что все могут достичь Конца Исправления, и мы получили побуждение к этому! До какой степени мы должны быть благодарны Творцу и горды тем, что удостоились этой возможности?

***

Величие цели указывает на величие людей, которые избраны для ее достижения. Каждый из нас выбран из многих миллионов людей. Мы должны этим гордиться, благодарить Творца, осознавать важность товарищей и подруг, ведь все они избраны из всего человечества! Нам дали возможность приблизиться к Творцу, который желает, чтобы именно мы достигли Его, Он хочет раскрыться нам. Это великое дело, которое должно наполнить нас радостью и важностью.

Среди наследия РАБАШа есть статья «Порядок собрания товарищей», в которой говорится о величии цели, о важности группы, о величии товарищей. Об этом мы должны говорить, это дает нам силы для продвижения, важность и ценность каждого из нас в глазах других людей. Тогда каждый, глядя на товарища, увидит в нем особенного человека, желанного Творцу.

***

Творец дал нам возможность раскрыть Его. Реализовать эту возможность можно только соединением в группу. Как с этого момента и далее мы собираемся это выполнить?

Повторяю: Творец выбрал нас, каждого из сотен тысяч наших товарищей, которые находятся вместе с нами во всем мире. Этим Он дал нам возможность раскрыть Его, приблизиться к Нему, слиться с Ним, чтобы позволить Ему наполнить нас. Реализация – в связи между нами. Как с этого момента и далее я собираюсь это выполнять? Посоветуйте себе и своим товарищам – «человек, да поможет ближнему», – как продвигаться к соединению между нами, чтобы в связи раскрыть Творца и реализовать возможность, которую Он нам предоставил.

***

Без группы невозможно достичь цели. Она достигается в связи между нами в центре группы. Творец раскрывается в нашем исправленном желании отдавать, которое называется душой. Если все это я постигаю только в группе, как я собираюсь практически продолжать дальше свой путь с сегодняшнего дня и до конца исправления? Найдите решение этого вопроса для себя и своих товарищей. Как я продолжаю путь к исправлению, которого можно достичь только в группе?

ВОПРОСЫ И ОТВЕТЫ

Вопрос: *Может ли отдельный человек получить экран, или экран приходит через группу, а может быть только Творец – это единственный, кто может дать нам экран?*

Свет приходит через группу согласно моей просьбе и строит во мне экран, который помогает мне подняться над эгоизмом и соединиться с группой. Экран – это переходник между мной и группой, или мной и Творцом, что одно и то же. Он помогает мне подняться над эгоизмом и соединиться над собой со светом, с Творцом, с сутью группы, которая раскрывается в ее центре. Поэтому кроме экрана нам ничего не нужно. Есть мое желание, группа, внутри которой находится свет и Творец, и экран, который помогает мне соединиться с ними. И так я вхожу в духовный мир – в центре группы.

От начала пути и до конца все происходит в соединении в группе. Сама группа указывает направление связи между товарищами, она ведет, придает силы, поднимает после падения, напоминает о цели, возвышает ее, помогает усмирить эгоизм. В группе мы измеряем свои действия, определяем, как продвигаться в правой, левой или средней линии – все это происходит в практической работе в группе. Поэтому если я хочу решить любой вопрос, любую проблему, личную, частную или общую, если я хочу управлять своей судьбой, только в группе могу проверить это, реализовать, повлиять и действительно продвинуться. На конгрессе мы начали понимать это удивительное, прекрасное средство, которым мы обладаем. Мы не сможем достичь единства в группе, если не будем заниматься распространением вне группы, не забывайте об этом! Присоединяйтесь к нашим отделам, действуйте правильно, организованно, под руководством центра и будете хорошо и правильно продвигаться.

СЕМИНАР 16

ЦЕНТР ГРУППЫ

(20.05.2012)

Мы достигли особенного этапа. Почему мы не проводили семинары раньше? Потому что только сейчас поколение развилось и обязывает нас. Ситуация в стране вывела нас за привычные рамки, ведь раньше нам лишь иногда приходилось выходить на улицы. Это говорит о том, что дух времени обязывает нас и является самым надежным и верным знаком. В результате мы начали проводить «круглые столы», смешиваться с общественностью и рассказывать о поручительстве и единстве.

В конечном счете, требование пришло к нам от народа, и это самый верный и естественный путь, когда движение от основы идет вверх. Ситуация обязывает нас сейчас приступить к воплощению поручительства на практике, поскольку это исходит из требований мира, достигшего нынешнего уровня развития.

Несомненно, мы этого достигнем, ведь мы и сами желаем продвигаться так, чтобы увлечь за собой весь мир и реализовать свое объединение. Обретя силу связи, силу единства, мы сможем передать ее всему миру. И так взаимно – как мы между собой и миром, так и мир по отношению к нам, – мы будем работать вплоть до раскрытия Творца, чтобы доставить Ему наслаждение.

Поэтому мы должны осознать, насколько важно то, в какое время мы живем, какой процесс проходим, какое задание выполняем. Наши товарищи в мире нас поддерживают, и нам необходимо все время думать о том, в какой мере мы передаем им силу важности самого действия. Мы находимся в мыслях вместе со всеми группами и товарищами, стараясь следовать советам Бааль Сулама и РАБАШа. Начиная собрание товарищей, мы в первую очередь должны поговорить о величии группы. А величие группы – это величие всех товарищей и каждого из них в отдельности.

Мы хотим достичь силы отдачи, но для этого у нас очень мало сил. Как нам реализовать свое маленькое влечение, точку в сердце, полученную от Творца благодаря Его особому отношению? Меня окружают товарищи, получившие такое же пробуждение. Они являются носителями такого же духовного потенциала, как и я. Если мы объединимся и соединимся, то сможем работать над тем, чтобы каждый отменил себя и возвысил остальных, потому что они избраны высшей силой.

Мы находимся в особом положении, и если за счет взаимной помощи, поддержки, поручительства и ответственности постараемся повысить важность объединения, то, несомненно, преуспеем, как и в течение всего длинного пути, растянувшегося на долгие годы. Сейчас мы подошли к этапу практической каббалы, этапу исправления нашего эго, чтобы оно смогло поддерживать нас, как верный помощник, ведь все приходит из одного источника.

Мы сможем задействовать все свои силы и желания, если определим к ним правильное отношение. «Подавлять» свое эго означает не «уничтожать» его, а возвышать наше объединение над разобщением, поддержку над равнодушием, помощь и все, что может нас продвинуть в достижении цели, достижении центра группы в каждой группе, а затем объединения всех центров вместе. Понятие «центр» подразумевает создание особого места, а «местом» в каббале называется желание. Это особое общее желание, в котором мы ощутим не каждый самого себя, а всех вместе. Эта реальность поможет нам раскрыть Творца.

Сегодня мы обсудим несколько тем. Отведем примерно 50 минут для выяснений, а затем выслушаем мнения представителей от наших кругов и товарищей из-за рубежа. Мы не раз читали статьи РАБАШа о важности группы, объединения и связи между нами, о роли собрания товарищей. Мы говорили о том, как возвысить группу, товарищей и объединение, как отменить себя относительно товарищей, ведь мы уже находимся в этом состоянии.

Давайте выясним, что такое «центр группы», в котором по нашему желанию родится нечто общее. Что собой представляет это «общее», и почему по-другому невозможно прийти к духовности, раскрыть Творца? В какой последовательности мы должны раскрыть новые свойства в центре группы, и какие именно свойства раскроются?

***

Попробуем немного уточнить. Мы говорим о центре группы. Что это? Сумма наших усилий или наша общая сила? Или же это дополнительная сила, которую мы раскрываем? Может быть, это кли или новое свойство? Если мы достигнем центра группы, то уже будем исправлены? Центр группы – это чувство и разум? Что это такое? Какова суть той точки, которую мы называем «центром»? Почему она так называется?

Когда вы начнете чувствовать, что между вами есть нечто общее, и вы приходите к какому-то общему мнению, держитесь его, не оставляйте, не отрывайтесь от него. Если кому-то неясно, я могу повторить. «Центр группы» – это наши усилия или наша общая сила? Может быть, это новая сила или наши новые чувства и разум? Возможно, это новое свойство, корень, из которого мы вышли, и тогда центр группы находится над той ступенью, к которой мы пришли? Что это за точка? Что она включает в себя? Как мы приходим к ней, как ее удерживаем – каждый в отдельности или все вместе?

***

Понятие «центр группы» существует само по себе или мы его строим? Что мы чувствуем, когда приходим к этой точке, состоянию, ощущению, к этой силе или кли? Что мы обнаруживаем? Что нам там раскрывается? Давайте это себе представим.

***

Что мы чувствуем в центре группы – каждый в отдельности и все вместе? Что можем раскрыть там? Поговорите немного об ощущениях, а не о том, как туда прийти. Представьте, будто вы уже находитесь там, и расскажите, что вы чувствуете. Как мы там существуем? Подумайте! Это – молитва, и об этом полезно рассуждать.

***

Каковы свойства центра группы? Что мы чувствуем, находясь в центре группы? Говорите только о своих ощущениях: что я чувствую, находясь там?

***

Какие усилия мне необходимо приложить, чтобы никогда не отключаться от центра группы?

***

Дорогие друзья, наше обсуждение завершается. И я прошу вас обменяться мнениями по последнему вопросу. Сегодня темой обсуждения был центр группы. Что это, как мы его строим? Это разум, чувство, сила или свойство? Существует он или не существует вне нас? Как мы достигаем его? Как держимся за него, чтобы не разъединиться?

Как вы считаете, в обсуждении этой темы преобладали чувства или рассудок? Была ли она трудной для вас? Была ли она для вас полезной? Проанализируйте свое состояние в течение последнего часа. Пожалуйста, обсудите между собой и подведите итоги несколькими понятными предложениями, как прошло обсуждение с точки зрения темы и результата.

***

Кто считает, что эта тема была трудна для обсуждения? А остальные согласны с тем, что тема была нам по силам? Обсуждение затрагивало больше чувства или разум? Кто нашел или считает, что нашел, что такое «центр группы»? Кому было трудно давать определения? Кто никак не мог уловить точное определение, от кого все время убегало понимание этого? Многим было трудно, – прекрасно. Кто считает, что ему и сейчас еще тяжело ухватиться за понятие «центр группы»?

Центра группы не существует – мы его строим. Его не было до разбиения келим, поскольку тогда не было трех линий. Центр группы мы строим тем, что желаем быть равными, ведь только при условии равенства мы находимся в центре. Чем сильнее мы удерживаем себя над своим эго и помехами, тем больше возвышаем этот центр. Он строится из того, что мы отдаляемся от мыслей о себе и желаем соединить только наши точки в сердце. В совокупности точек, в их объединении мы находим этот центр, и там раскрываем духовный мир и нашу высшую ступень. Самая важная точка – это Малхут мира Ацилут, Кнессет Исраэль, Шхина, где раскрывается Шохен. Это и есть центр группы.

Продолжим думать об этом, потому что мы должны раскрыть это свойство, ухватиться за него и не оставлять. С этими мыслями мы пойдем спать и проснемся завтра утром с настойчивым стремлением раскрыть понятие «центр группы» и постоянно быть в этой точке. Это центральная тема, к которой присоединяются все остальные. Нет смысла говорить о важности группы, важности товарищей или отмене себя, – об этом мы говорили много раз. А когда мы прикладываем усилие, чтобы раскрыть это понятие, то должны соединить все его составляющие – это для нас важно. По сути, нет ничего важнее, чем раскрыть духовный центр группы, наш корень.

СЕМИНАР 17

ОБЩЕЕ ЖЕЛАНИЕ

(25.05.2012)

Я должен смотреть на своих товарищей, как на великих людей поколения, благодаря чему мне раскроется величие цели, а мой эгоизм почувствует себя низким, ничтожным, достойным сокращения. С помощью группы мы хотим получить силы и ценности, и тогда Творец, которого мы пока не чувствуем, предстанет перед нами настолько великим и важным, что мы захотим насладить Его. То есть мы хотим, чтобы Он раскрылся в нас, но не ради самонаслаждения.

Все эти мысли должны выстроиться в нас в единое ощущение того, что нам нужна взаимная помощь, поддержка, взаимное поручительство, когда каждый поможет другим, и все вместе мы почувствуем подъем, возвысимся над собой к одному желанию, к соединению, в котором ощутим понятие «Мы». А над всем этим пусть возникнет общее кли, в которое все мы включены, и где каждый утрачивает осознание своего «Я». Этим мы достигнем такого единства, в котором нам раскроется Творец.

Мы хотим быть в одном желании, без всяких отличий. Нужно постараться все время находиться в этом состоянии, никому не мешать, сосредоточиться на том, чтобы создать это общее желание. Ни у кого из нас нет ничего, что он мог бы взять в духовный мир, в высшее измерение, кроме своего маленького желания. Этим мы отличаемся, этим Творец отметил каждого из нас. Только эти желания мы должны собрать вместе, только с их помощью мы хотим подняться. Все остальное, кроме стремления вверх, мы считаем менее важным.

Мы все хотим почувствовать единство между нами и через этот сосуд, через свойство, которое возникнет между нами, увидеть высшую ступень, соединиться в ней и там существовать. Мы надеемся, что благодаря стремлению к свойству отдачи мы притянем силу, которая соединит и сформирует нас как Малхут, Шхину, невесту, кнессет Исраэль, и в ней мы ощутим раскрытие Творца творениям, которое нам обещает наука каббала. Послушаем, что написано в Книге Зоар, и обсудим это, но не из разума, а из сердца, через общее желание. В процессе обсуждения мы захотим соединиться – это главное.

«Рабби Шимон сидел и занимался Торой в ночь, в которую невеста, Малхут, соединяется со своим мужем, с З"А. И все друзья, находящиеся в свадебном зале невесты в эту ночь, следующую за праздником Шавуот, обязаны вместе с женихом стоять под хупой... А назавтра, в день праздника Шавуот, она является к хупе толь-

ко вместе с ними. А эти ее друзья, занятые всю ночь Торой, называются сыновьями хупы. А когда она является к хупе, Творец спрашивает о них, благословляет их и украшает их украшениями невесты. Счастливы удостоившиеся этого!»

(Предисловие Зоар, Ночь невесты, 125)

Почему Зоар называет «сыновей хупы» товарищами? Почему они товарищи, а не просто «сыновья хупы», не просто люди? Почему важно, что они товарищи? Какова связь между понятиями «хупа», «невеста», «малхут», «товарищи»?

***

Что такое «хупа»? Из чего она строится? Как мы ее строим? Из чего она складывается?

***

Когда я возвышаю над собой своих товарищей, их желания, их мысли, стремления, они становятся относительно меня хупой – свадебным навесом. Если это делает каждый, это значит, что мы строим хупу. Соответственно нашим усилиям к нам приходит высший свет. И мы все время говорим только о единстве, о том, что между нами общего. Сказано: «Все дни изгнания называются ночь, потому что это время скрытия лица Творца от сынов Израиля...» Почему Творец скрывается именно от сынов Израиля, а не от других? Кто называется «сынами Израиля», и почему отношение Творца к ним выражается в сокрытии? С помощью чего Он ожидает, что мы раскроем Его?

***

«Все дни изгнания называются ночь, потому что это время скрытия лица Творца от сынов Израиля».
Почему Творец скрыт именно от сынов Израиля, а не от всех?
«и тогда властвуют нечистые силы, отделяющие тех, кто работает на Творца от Него».

Почему нечистые силы властвуют именно над теми, кто работает на Творца?

«Но именно в это время соединяется невеста со своим мужем благодаря Торе и заповедям праведников, называемых в это время "поддерживающими Тору".

Почему именно ночью они «поддерживают Тору», и невеста соединяется с мужем?

«А все высокие ступени, называемые "тайны Торы", раскрываются именно благодаря им, потому что они называются делающими, будто делают саму Тору».

Что значит «делать Тору»? Речь идет о работе людей, которые соединяются между собой. Согласно своему устремлению они называются праведниками, потому что желают оправдать Творца. Именно ночами они делают эту работу и в этих условиях раскрывают соединение между «женихом» и «невестой». Что означает, что они «поддерживают Тору», «делают Тору»? Почему они называются праведниками?

В процессе выяснений мы создаем общее кли (желание). Нет ничего, кроме одной души, одного желания. Если что-то и существует, то только одно желание. Как с точки зрения праведников мы его строим ночью?

***

Сказано, что все находится внутри человека, а вне человека ничего нет. В человеке есть его эгоистическое желание, духовная искра и ощущение ближнего – три компонента. Как из этих трех составляющих построить высший мир, чтобы мы ощущали его так же, как сейчас ощущаем этот мир? Желание, свет, Творец, творение – ничего не существует, кроме человека, в том числе и Творец. Есть три составляющих: мой эгоизм, духовная искра и ближний – так я ощущаю свою нынешнюю реальность. Как, изменив соотношение между ними, я строю другой мир?

***

Не надо упоминать такие понятия как Творец, творение, отраженный свет. Ничего не существует, кроме желания, искры и ближнего. Ближний – это вся природа и вообще все, что я ощущаю. Кроме этого ничего не существует! Как через изменение системы приоритетов и ценностей, мы можем построить высший мир? Нет Творца, нет окружающего света, нет ничего. Того, что мы не чувствуем, не существует.

***

Можем ли мы достичь такого состояния, когда все наши круги придут к одному и тому же выводу? Как из этих трех параметров построить духовный мир? Если все мы, включая наших товарищей из мирового кли, правильно соединимся между собой, у нас это получится. Давайте постараемся соединиться и из этого состояния попробуем понять, как создать высший мир из того, что у нас есть, без всяких посторонних сил. Все находится в нас за счет соединения.

***

Возможно, стоит выстроить эту тему с конца, а не с начала? Творец (Борэ) означает «приди (бо) и увидь (рэ)». Человек строит, создает, составляет эти определения. Может быть, начать это построение с высшей ступени? Попробуйте.

***

Творец (Борэ) означает «приди и увидь», то есть человек строит эту реальность и называет ее Борэ. Он раскрывает ее в своем желании, в своем ощущении, и это является окончанием его развития. Как мы приходим к тому, что раскрываем понятие, называемое Борэ, из трех параметров: эгоизм, искра, ближний?

***

Успешный семинар дает много определений. Трудное начало – это хорошо. И в середине было трудно связать разные вещи, но главное, что мы выяснили такие понятия, как «невеста», «хупа», «жених», «слияние», «ночь», «день».

Все это, по сути, делаем и строим мы. Все складывается из наших желаний, намерений, стремлений и экранов, которые мы строим. Я строю свой экран с помощью того, что получаю от окружения силу, чтобы подавить свой эгоизм и возвысить свойство отдачи над свойством получения. И так – каждый из нас.

А когда эти силы соединяются, они строят «хупу» и «невесту» – общее желание отдачи. Во взаимной отдаче достигается «возвращение из трепета», а затем, в дни праздника Шавуот, мы приходим к «возвращению от любви». От любви к творениям к любви к Творцу – так мы продвигаемся. Статья «Ночь невесты» стала нам более понятна, и мы будем выяснять это еще.

Последнее упражнение нам стоит углублять и тренировать, пока нам не станет ясно, что мы владеем им. Благодаря этому мы сможем реально улучшить отношения между нами, отношение каждого к ближнему, почувствовать в своих руках средства для построения высшего мира.

СЕМИНАР 18

ЧЕРЕЗ СОЕДИНЕНИЕ И ЧЕРЕЗ СЕРДЦЕ

(25.05.2012)

В каждом круге выберете модератора, ответственного за порядок. Модератор может остановить того, кто говорит слишком много, не давая высказаться другим, чрезмерно увлечен или наоборот. Модератор отвечает за то, чтобы все участвовали в равной мере и соблюдали очередность.

Мы должны приступить к объединению, поскольку оно дает нам несколько преимуществ. С помощью объединения мы получаем дополнительные желания и мысли, которых нам не хватает для достижения духовного мира. Каждый получил искру и стремление, но не может это стремление оформить, направить, придать ему силу. Это похоже на лодку без управления: ее мотор работает, но она не знает, в каком направлении двигаться.

Мы должны выяснить это через группу, через совместное участие. Как нам определить правильное направление? Что у нас есть в группе, чтобы с ее помощью каждый получил и силу, и правильное направление к цели творения?

***

Мы строим группу или она существует изначально, а мы своими усилиями только раскрываем ее? Мы уже прошли через условия, о которых говорит РАБАШ: группа, отмена себя и т.д. Нам следует продвинуться глубже. Существует ли группа изначально, а мы лишь ее обнаруживаем? Или же мы ее реально строим своими усилиями?

***

Допустим, группа уже существует в духовном измерении, исправленная во всем своем величии и великолепии. Через нее действует высший свет, Творец, своим управлением и заботой влияя на нас, чтобы мы от существующего состояния пришли к желаемому. Почему же наша исправленная форма скрыта от нас? В чем причина того, что наше исправленное состояние скрыто от нас? Мы должны отвечать на вопросы через объединение, через чувство, и меньше через разум. Если группа существует как более высокая ступень и воздействует на нас, почему она скрыта?

***

Соединение и любовь – это одно и то же. Мы учим, что есть разные уровни любви: 1,2,3,4. Почему любовь невозможно раскрыть иначе, как во тьме? Речь не идет о нашем мире, а о любви в духовном. Почему любовь можно раскрыть только во тьме? Мы должны отставить разум и говорить только от сердца. Не повторять определения или то, что написано, а говорить только через объединение и через сердце. Нам нужно расширить келим – желания. Почему невозможно прийти к любви иначе, как из тьмы?

***

Если свет и тьма – относительные явления, существующие только по отношению к нам, то в одних свойствах, мыслях и намерениях я почувствую тьму, а в других, вместо этого, почувствую свет. Тогда, возможно, необходимо беречь тьму, чтобы раскрыть любовь?

Являются ли свет и тьма относительными? Существуют ли они сами по себе или только по отношению ко мне? Определяю ли я, на материальном уровне и на духовном, что есть тьма, а что есть свет? Если это так, если любовь раскрывается именно во тьме, должен ли я беречь тьму в будущем, чтобы раскрыть любовь? Прежде стоит определить, что такое свет и что такое тьма, конечно, когда говорим о них относительно человека.

***

Мы стремимся к духовному миру, потому что у нас есть точка в сердце и свобода выбора, которую мы стараемся реализовать. У нас есть тяга к духовности, а у остального человечества ее нет. Но поскольку мы находимся с ними вместе как партнеры на ступени, называемой «этот мир», если мы объединимся, в нас будет духовная сила, и остальные люди почувствуют к ней влечение.

Иными словами, поскольку все находятся в материальном мире в одной плоскости, то если точка в сердце будет нам ясна и будет устремлять нас вверх, тогда она станет источником, к которому потянется все человечество. Мы будем для них тем, чем духовное является для нас, для нашей точки в сердце. Поэтому нам необходимо быстрее обрести духовную силу, силу связи. Подумаем и поговорим об этом. Из точки в сердце мы устремляемся к духовности, то есть, к источнику света. Если в нас будет источник света и связь, то все человечество потянется к нам. Они почувствуют, что мы – центр, поставщик силы, обладатели методики.

***

Что мы должны сделать, чтобы семинар продолжился также и завтра, во время утреннего урока? Что нужно сделать, чтобы остаться в духе семинара?

СЕМИНАР 19

ОБЩЕЕ ЧУВСТВО

(ЛЕКЦИЯ В АШДОДЕ 29.05.2012)

Существует несколько правил, исходящих из связи, к которой мы хотим прийти. Первое правило: у нас нет споров. Мы опустили свое эго и хотим подняться над ним на уровень согласия. Каждый должен постараться поддержать товарища и помочь ему. Мы поддерживаем высказывания друг друга по любой теме. Благодаря согласию в круге начнет создаваться нечто теплое, совместное. Затем это общее чувство будет нас удерживать, придавая силу, новые мысли и ощущения. Цель состоит в том, чтобы в процессе упражнений люди начали чувствовать в общем ощущении, которое мы строим между собой, возможность решить любую проблему в группе или в мире. Это состояние относится уже к интегральному уровню, соответствует природе, и мы получаем оттуда силу и поддержку.

Мы не спорим, а поочередно добавляем к обсуждению несколько предложений. Сначала мы должны говорить об эгоизме. Наше эго – наш враг, поскольку толкает нас в разные стороны, отдаляет друг от друга и даже в семье не позволяет объединиться, как мы объединялись в прошлом. Мы ничего не можем с ним поделать, оно заставляет нас быть плохими и отдаляться друг от друга. Поэтому день ото дня растет насилие, постоянно возникают проблемы – в государстве, в семье, в школах и других связях. Сколько бы мы ни старались достичь связи и дружелюбия – ничего не получается. Мы должны подняться над эгоизмом, и тогда сможем соединиться друг с другом. Давайте поговорим о том, насколько эгоизм является злом, фактором разъединения.

***

Продвинемся на шаг вперед. Мы говорили о нашем естестве, об эгоизме. Теперь поговорим о следующем этапе. Если мы поднимемся над эго, то сможем почувствовать, что связь между нами является добром, и с помощью возникшей новой силы сможем решать возникающие проблемы. Всем ясно, что нигде и ни в чем мы не способны справиться с проблемами и соединиться – ни в семье, ни на работе, потому что эго нас разъединяет. Давайте подумаем об идеальной семье, в которой связи напоминают круг. Такова форма, когда все живут в гармонии, взаимной помощи и единстве, в полном ощущении друг друга.

Как нам подняться над эгоизмом и начать объединяться, чтобы почувствовать между собой гармонию и связь? Тогда проблемы и беды, исходящие из наших свойств и несогласий, останутся внизу, а мы ухватимся за то, что является между нами общим, и начнем эти проблемы решать. Этот подход довольно простой, хотя противоречит разуму.

Мы должны оставить эго внизу и соединиться между собой. Создав единое целое, мы поймем, что только со ступени «Мы», из связи между нами, сможем приступить к решению любого вопроса – если возникнет такая необходимость. Возможно, нам не придется вникать во все трудности и проблемы, во все личные свойства каждого. Мы просто будем жить в ощущении семьи и поднимемся настолько, что почувствуем объединение наших желаний, сердец и мыслей.

ВОПРОСЫ И ОТВЕТЫ

Вопрос: *Люди склонны говорить лозунгами, думая, что так они меняются, хотя не всегда знают, о чем говорят. Можно ли повлиять на эту тенденцию с помощью примеров?*

Все учатся на примерах. Мы постоянно смотрим на других людей и копируем их с рождения до зрелости. Из этого практически состоит человек. Человек является продуктом окружения, он постоянно перенимает от него формы поведения и привычки. Мы же говорим о другом этапе, потому что нам не с кого брать пример. Когда мы начнем подниматься над своим эгоизмом и постараемся оставить его внизу, то обнаружим нечто новое – свое истинное «Я». Ни в каком другом месте мы не можем получить пример и скопировать его. Поэтому выполняемые нами упражнения очень полезны, так как позволяют нам почувствовать, что можно подняться над своим естеством и достичь высшей природы. Это первая проба, и лишь в мере наших возможностей.

СЕМИНАР 20
ПОДГОТОВКА К СВЕТУ

(03.06.2012)

Все наши действия состоят из двух частей: первую половину выполняет человек, а вторую – свет. Человек – это желание получать. Он должен приблизить это желание к свету, показать свою готовность, стремление. Его стремление называется «подъемом МАН», потребностью, проявлением желания. Соответственно этому стремлению, даже если он не знает, чего хочет, к нему поступает высший свет, упорядочивает его желание и исправляет его. В этом исправленном желании раскрывается свет. Есть свет, который исправляет сосуды, и есть свет, который их наполняет, дает понимание и новое ощущение.

Если мы хотим изменить свое состояние, то наше продвижение зависит от нашего старания что-нибудь сделать, быть большими. Так растут дети – это та же игра, тот же процесс, который происходит в нашем мире. Каждый, кто хочет вырасти, показывает свою готовность к продвинутому состоянию и его важность. А вторую часть выполняет свет. Поэтому вся наша жизнь – и физическая, и духовная – зависит от наших усилий реализовать себя относительно состояний, которые мы считаем желательными, продвинутыми. Подготовка к воздействию света – это усилие, которое необходимо приложить, действие, которое мы должны выполнить. Это действие требует от нас большого напряжения, потому что нам каждый раз дают разбитые решимот, раскрывающие трудные и противоположные условия. А мы именно из разбитых состояний должны сформировать себя максимально подобными свету, правильному состоянию.

Когда наше состояние правильное? – Когда мы уменьшаем важность своего эгоизма. Это может быть во время нашего семинара или вообще в течение жизни, потому что вся наша жизнь – семинар. Мы должны постоянно понижать эго – это называется «склонить» себя перед товарищами, относиться к своей жизни исключительно как к необходимому условию существования. А в месте, где мы представляем себе духовное, отдачу, объединение, поручительство – там находятся условия, в которых мы можем раскрыть Творца. Их мы поднимаем над собой, придавая высшую ценность.

Хотя у каждого есть лишь небольшая искорка, полученная как подарок свыше, если мы оставляем эго внизу и пытаемся соединить эти искры в стремлении к духовному, то высший свет выполняет действие – «Творец завершит за тебя». Так мы продвигаемся. На самом деле свет постоянный, и в нем нет никаких изменений. Но поскольку мы все время меняемся в своем стремлении к нему, то каждый раз вызываем его воздействие на себя. Своим напряжением, желанием к связи и объединению мы предоставляем свету место, которое он может исправить, и это является нашей работой, нашим воздействием. Этим мы определяем ритм нашего продвижения и свое будущее.

В этом продвижении мы реализуем принцип «нет никого кроме Него». Свет действует, пробуждает решимот и формирует в нас начальные условия. Он целиком «Добрый и Творящий добро», и всегда раскрывает в нас продвинутые состояния. Когда нам удается объединиться и сформировать сосуд для света, свет его исправляет и наполняет. Тогда мы продвигаемся путем «ахишена» (с ускорением). Если же мы не объединяемся и не готовим кли, то постоянный свет действует на раскрывшееся относительно него желание противоположно. Тогда мы чувствуем неблагоприятные для себя состояния, которые в любом случае нас исправляют. Эти шаги называются «бэито» (в свое время).

Получается, что вся наша работа состоит в том, чтобы подготовить себя относительно света. Мы пробуждаем его тем, что тянемся к нему во время учебы, в процессе распространения и объединения. Тогда мы действуем активно относительно света, а потому наши намерения, подготовка и объединение очень важны. О важности подготовки мы должны помнить всегда, ведь в каждое мгновение мы находимся в свете, который на нас воздействует в мере нашего намерения к нему.

Когда мы объединяемся и работаем вместе в таком действии, как семинар, когда с нами вся группа, все товарищи со всего мира, то это очень большая сила, и мы должны трепетно и внимательно относиться к тому, что мы делаем, о чем думаем, как реализуем. Условий для подготовки кли к исправлению немного: нужно понизить свое эго и соединить над ним точки в сердце, наше устремление к следующему уровню, к продвижению к свету. Это происходит за счет исправления разбиения, разрыва между нами.

Мы хотим соединить свои желания, стремления и склонности, но это не получается мгновенно. В процессе обсуждения каждый понижает себя, думает о величии товарищей и соглашается с тем, что они говорят. Приняв впечатления от других, мы строим связь между нами, а свет в соответствии с этим воздействует на нас согласно нашей способности и стремлению объединиться через обсуждаемую тему. Так он реализует эту связь.

Мы должны почувствовать, что между нами возникает нечто новое и общее: желание, мысль, стремление. Из этой общности мы не хотим выходить, хотим постоянно в ней находиться. Из этого тепла и безопасности, из достигнутого нового уровня мы продолжаем обсуждение и еще больше включаемся друг в друга в следующих вопросах. После обсуждения серии тем, между нами возникает такая сильная и высокая связь, что мы начинаем ощущать в ней высший свет. Вопросы не важны, как и мнение каждого. Важно, что я аннулирую себя перед всеми и хочу, чтобы они на меня подействовали своими желаниями достичь общей силы объединения и отдачи.

Мы хотим всегда вести обсуждение, исходя из достигнутого сообща объединения, из того духовного места, которое уже начинает проявляться между нами. Оттуда мы продвигаемся к следующему обсуждению. Таким образом, мы устанавливаем между собой все более тесную и сильную связь, пока не достигнем такой ее мощи, которой будет достаточно для раскрытия высшего света, раскрытия Творца в нашем совместном желании. Это цель. При какой подготовке свет оказывает на нас наиболее полезное воздействие? Что мы должен приготовить для воздействия света?

***

Слушая товарища, мы должны в первую очередь отнестись к нему как великому в поколении. Его устами говорит Шхина, и неважно, что именно он говорит. Мы должны направить себя на каждого – эта важность строит наше духовное кли. Есть ли в нашей жизни действия, в которых мы не обязаны себя готовить, чтобы продвинуться? Если да, к каким действиям мы не должны проводить подготовку?

***

Все понимают, что подготовка должна быть в каждое мгновение, в любом действии, намерении, во всем, с чем человек сталкивается в жизни. Если он это делает, то может насладиться светом, возвращающим к источнику. Как я проверяю, что моя подготовка правильная? Была ли взаимная ненависть, которую ощущали ученики РАШБИ, правильной подготовкой к исправлению?

***

Какие духовные действия у нас есть, кроме подготовки? Мы изучаем разные действия: «слияния», «экраны», «расчеты», «подъем решимот», «выход решимот», «осветление». Что должны делать мы? Есть ли у нас какие-то другие действия, кроме подготовки, во всех этих процессах? На протяжении своего пути мы встречаем духовные действия, которые называются «соединения», «наполнения», «выяснения», состоящие из более мелких шагов. Являются ли они не только подготовкой?

***

Мы говорим, что все действия выполняет высший свет, и всё зависит от нашей подготовки. Если высший свет пребывает в абсолютном покое, Он добрый и творящий добро, постоянный и неизменный, то подготовка формирует нам каждое состояние или есть дополнительные факторы? Возможно, всё зависит только от моей подготовки, в которой я каждое мгновение строю свое следующее состояние? Если «нет никого кроме Него» и Творец «добр и творящий добро», есть ли в природе нечто, действующее и изменяющееся, кроме подготовки? Действует ли в творении что-то, кроме нашей подготовки к каждому состоянию? Кроме подготовки, есть ли дополнительный фактор, устанавливающий нам каждое состояние?

***

Как называется совместная подготовка? Через усилие в объединении можно найти ответ.

***

Есть много ответов: аннулирование, поручительство, общая потребность, молитва многих и прочее. Так что же это? Если это подготовка, хотя она все решает, является ли она единственным активным действием, существующее в реальности? Если высший свет пребывает в абсолютном покое, то в наших действиях меняемся только мы, и только мы, по сути, действуем. Правда, мы используем Его силу, приводим ее в действие. Поэтому Творец говорит: «Победили Меня сыновья Мои».

СЕМИНАР 21

ВЛИЯНИЕ ОКРУЖЕНИЯ

(ИЗ ЛЕКЦИИ В МОДИИНЕ 05.06.2012)

Важно в обсуждении создать внутреннюю теплоту, чтобы мы смогли почувствовать, как она формируется между нами в процессе выяснения. Исходя из этого, мы почувствуем, насколько начинаем обновляться с помощью окружения. Обсуждение меняет наше настроение, дает понимание, разум, вызывает новые выяснения, чувства и мысли. Давайте поговорим о том, в какой мере на нас влияет окружение. Пусть каждый расскажет о своих впечатлениях – детских и взрослых.

***

Мы говорим не об окружении для детей, а об окружении для нас, взрослых. Какие чувства вы хотели бы получить от окружения? Какие отношения вы хотели бы добавить окружению, в котором находитесь?

***

Как мы можем повлиять на окружение, чтобы оно повлияло на нас? Если мы заинтересованы в хорошем окружении, как его построить? Ведь никто не сделает этого для нас. Мы говорим о необходимости жить в хорошем окружении. Как улучшить его и выстроить так, чтобы оно улучшило нас? Человек не может изменить себя иначе, как через окружение. Как построить окружение, которое сформирует нас?

ВОПРОСЫ И ОТВЕТЫ

Вопрос: *Все хотят жить в лучшем окружении и передать это ощущение своим детям. Как включиться в окружение, которое позволит нам это реализовать?*

Если мы не забудем, что каждый является окружением для других людей, то всё будет хорошо. Мы говорили о том, что у человека нет свободного выбора, если он не реализует себя через новое окружение и не выбирает для себя каждый раз лучшее окружение. Измененное окружение меняет человека. Человек не может изменить сам себя.

Как каждый раз выбирать лучшее окружение? Мы должны построить его, никто не построит его для нас. Наша работа – так организоваться, чтобы влиять на окружение, и чтобы окружение влияло на нас. В этом вся методика. Здесь нет больших тайн. Мы должны создать для детей такое окружение и тем самым помочь друг другу. Тогда мы сможем изменить свою жизнь.

Мы говорили о человеческих отношениях. Это простая психология, а не наука каббала. Если мы хотим себя улучшить, то можем это сделать за счет воздействия на нас окружения. Нужно подчеркнуть, что окружающая среда может изменить человека, не выжимая из него силы. Он не должен прикладывать свои усилия.

Дополнительная область – связь между нами. Объединяясь в круге, мы создаем духовный сосуд и там раскрываем высшую силу, высшее измерение, ту силу, которая управляет нашей судьбой. Соединившись с ней, мы сможем изменить себя не только в человеческом обществе, но и повлиять на свою судьбу.

СЕМИНАР 22
АДАПТЕР МЕЖДУ ТВОРЦОМ И МИРОМ
(10.06.2012)

В статье «Поручительство» говорится о Рабби Шимоне и его сыне Рабби Эльазаре, следующей, более высокой ступени. Если Рабби Шимон говорит об исправлении небольшой группы, которая называется народом Израиля, то рабби Эльазар говорит об исправлении всего мира. В статье «Поручительство» Бааль Сулам пишет о взаимном поручительстве, к которому должен прийти весь мир. Как каждый из народа Израиля несет ответственность за то, чтобы исправить себя и этим склонить весь мир к исправлению, так и весь мир должен к этому прийти. Тогда сбудутся высказывания: «И станет Творец Царем Вселенной. В тот день станут Он и Имя Его едины, «...и устремятся к Нему все народы мира».

Бааль Сулам объясняет, что это исправление не может произойти сразу, в нем есть два основных этапа, каждый из которых в свою очередь делится на много промежуточных шагов. На первом этапе исправления достигает маленькая группа, и это уже было сделано в прошлом, в период Первого Храма на уровне Мохин дэ-Хая. Во время Второго Храма этот уровень снизился до Мохин дэ-Нешама, а затем произошло окончательное разбиение, после чего народ Израиля утратил свой духовный уровень, духовное ощущение, раскрытие Творца.

Сказано: «Народ Израиля вышел в изгнание лишь для того, чтобы присоединить к себе души народов мира», – то есть это присоединение и очищение, которое необходимо сделать во всем мире как подготовку к исправлению, которое начинается в нашем поколении. Суть работы народа Израиля выражена фразой: «Вы будете Мне царством священнослужителей и святым народом». Святость – это отдача, а священнослужители – группа, работающая только в отдаче. Наша отдача, принадлежность к царству священнослужителей и святому народу, объясняет Бааль Сулам, заключается в том, что мы должны быть в отдаче Творцу и в отдаче народам мира.

То есть, мы – переходное звено в процессе исторического развития и исправления, а также в самой структуре духовного мира. Нам понятно, что в духовном нет времени, но в строении между Творцом (кэтер, хохма и ГАР дэ Бина – высшие силы) и творением (ЗАТ дэ Бина, Зеир Анпин и Малхут – АХАП) мы должны быть посередине. Середина Бины – это клипат Нога: наполовину хорошая и наполовину плохая. На самом деле нет понятия «хорошее» и «плохое». Просто сверху она связана с «хорошей частью», с высшими силами, силами отдачи, с Творцом. А снизу она связана с «плохой» частью, то есть, с неисправленными желаниями. Эта связь является именно тем состоянием, в котором мы должны находиться.

Все наши группы должны объединиться таким образом, чтобы стать связующим звеном, адаптером между верхней и нижней половиной строения в этой реальности. Поэтому, чтобы выяснить, каким образом внести нашу внутреннюю силу, силу нашего объединения (Рав – группа – учеба) в распространение для широкой публики, надо принять во внимание несколько условий. Прежде всего, нам необходима внутренняя сила, которую мы, конечно, получим свыше, чтобы сначала свет исправил нас и возвратил к добру.

Это значит, что изначально мы должны позаботиться о собственном исправлении, чтобы стать сплоченными, связанными, едиными: «весь Израиль – товарищи». Тогда согласно закону подобия свойств мы будем соединены с ГЭ. То есть в первую очередь мы должны постараться объединиться и с помощью своих усилий привлечь свыше «свет, возвращающий к источнику», Окружающий свет. Пока он лишь окружающий, но в мере нашей способности стремиться к нему, желая уподобиться ему в связи между нами, он светит нам, исправляет нашу связь и становится для нас внутренним светом. Тогда мы сможем выполнить такое же действие относительно нижней части, то есть всего человечества.

Мы пробуждаем народы мира через распространение и соединение с ними, ради которого вышли в изгнание. Их пробуждение за счет нашей работы притянет внутренний свет, который для них будет окружающим светом до тех пор, пока они не соединятся между собой. Тогда этот свет войдет в них как внутренний свет, и все мы станем как одно целое.

Таков процесс, в котором мы должны пройти много этапов. Для себя нам необходимо постичь высшую часть, как сказано «Творец – их достояние», а для народов мира мы должны создать место для присоединения к нам в единой структуре. Поэтому в первую очередь нам нужна внутренняя сила, основанная на нашей связи с учителем, группой и книгами. Во время учебы мы соединяемся с авторами книг, с высшей душой, через которую соприкасаемся с Творцом.

Если мы так соединимся, у нас появится способность обратиться к большой аудитории. Воздействуя на людей согласно их уровню, мы сможем вызвать в них определенное пробуждение. С одной стороны, они пробуждаются за счет ощущения разбиения и кризиса. С другой стороны, они начинают узнавать от нас, что есть какое-то решение. Выход из состояния, в котором находится человечество, – только в соединении, другого решения нет. Но люди не могут понять, что этого можно достичь и что это является решением, поскольку в них нет духовной искры.

С такой направленностью мы должны приходить на занятия и, насколько можно, вместе удерживать ее постоянно, днем и ночью. Мы должны думать о своем предназначении относительно Творца, о том, что этим мы наслаждаем Его. Он желает раскрыться творениям, а мы занимаемся раскрытием Творца творениям – это методика каббалы. Мы хотим обрести отдающие желания и подняться только для того, чтобы исправить АХАП, а не для того, чтобы получить что-то для себя. Мы делаем эту работу и в ней всё наше наслаждение, ведь мы можем привести к Творцу все те желания, в которых Он сможет раскрыться, и этим насладить Его.

Как мы должны быть связаны между собой, чтобы передать миру высшую силу и наполнить его? Каким образом мы должны быть связаны между собой, чтобы через себя передать высший свет всему миру?

Я хочу напомнить несколько правил. Мы должны постоянно думать о связи между нами, потому что это то состояние, к которому мы стремимся. Связь устанавливается над нашими желаниями, которые мы оставляем внизу. Мы устремляемся к соединению и хотим ощутить эту связь как нечто, что мы строим. Это называется «Бэйт а-Микдаш» – Храм, дом Святости, который мы формируем из наших желаний во взаимной отдаче.

Мы хотим построить место, в котором ощутим тепло и единство, в котором все наши духовные искры, точки в сердце соединятся вместе. Только эта связь над всеми частными расчетами важна нам, на ней мы хотим сосредоточиться и работать. Из этого общего места мы хотим достичь исправления. Как мы должны быть соединены между собой, чтобы передать через себя силу исправления всему миру»?

***

Во время обсуждения мне неважно, что именно говорит мой товарищ. Я хочу соединиться с ним во всём, что он говорит. Мы существуем в особом мире, в котором между нами нет внутренней связи. Но с помощью внешней связи мы можем включиться друг в друга и этим привлечь окружающий свет. Когда я слушаю товарищей, то всем сердцем и душой вникаю в их слова и хочу, чтобы это было начертано в моем сердце. Желая соединить сердце с сердцем, я привлекаю свет, возвращающий к источнику.

Окружающий свет светит нам тогда, когда мы хотим стать «как один человек с одним сердцем». Мы на это не способны, но в мере нашего стремления нам светит окружающий свет. Постепенно он связывает нас между собой и создает из наших сердец одно сердце. Тогда он раскрывается в нас как внутренний свет. Так мы обретаем понимание и постижение силы отдачи, свойства отдачи, программы отдачи, существующей в реальности.

Когда мы обретем внутренний свет, постараемся подготовить все человечество к тому, чтобы оно захотело соединиться с нами. Люди почувствуют, что в нас что-то есть, что без нас они не могут соединиться, не могут исправить свое состояние. Если между нами возникнет хоть какая-то внутренняя близость, наш внутренний свет пройдет через нас, станет для них окружающим светом и исправит их. Это произойдет через различные связи и совместные действия. Как нам передать миру внутреннее содержание? Как мы через соединение между собой передадим миру внутреннюю суть? Как нам стать адаптером, связующим звеном, переходником от Творца ко всему миру? Как внести нашу внутреннюю силу, силу нашего объединения (учитель – группа – учеба) в распространение для широкой публики? Как передать миру методику исправления?

***

Я прошу каждого спросить себя, находится ли он сейчас в состоянии молитвы, просьбы о соединении? Коллективная молитва – это главное, что мы должны сделать во время семинара. Допустим, мы уже исправлены и обрели форму линии, трубы, канала. Как нам передать миру, который стал круглым, наше внутреннее содержание?

***

Мы говорим, что дети вынуждают родителей стать взрослыми. Так наше распространение заставляет нас продвигаться, расти по отношению к тем, кто ниже нас. А относительного высшего мы должны сохранять намерение делать все, чтобы насладить Творца, поскольку желание Творца – раскрыться низшим в соответствии с законом подобия свойств. Мы выполняем этот закон, и это называется быть связующим звеном, линией между светом и кругом. Как соединить в себе все эти намерения – и по отношению к низшим, и относительно высшего? Как они соединяются внутри нас? Попросите ответ свыше, если не знаете.

***

Вы хотите решить проблему с помощью разума, а не через соединение. Надо сосредоточиться на соединении. Давайте полминуты сосредоточимся на соединении, ведь решение находится выше нас. Если мы почувствуем единство, то в этом общем желании, в общей мысли, в сущности, где мы вместе, там и еще выше мы найдем решение. Но не через разум.

Наши связи с миром постоянны, абсолютны и существуют всегда. Через такие действия, как сейчас, мы пробуждаем в них жизненную силу. Именно тогда, когда мы не понимаем, не знаем и не можем, мы пробуждаем еще большую жизненную силу тех, кто находится на высших уровнях. Поэтому то, что мы делаем, очень важно, и мы должны как можно больше ценить форму, ступень, уровень, качество, даже минимальное, которого можем достичь. Но в духовном мире даже маленькая мера должна быть постоянной, вечной, как все духовное, иначе это не действует.

Как нам достичь такого состояния, чтобы связь между нами, стремление к объединению в центре группы подтолкнула мир к исправлению с целью насладить Творца и предоставить Ему место для раскрытия? Как сделать так, чтобы эта связь между нами была непрерывной?

***

С помощью какого принципа, какой методики, мы можем сохранять постоянство нашей связи?

***

Смогли ли мы приподняться над обычными мыслями или нет? Удалось ли нам подойти к решению через объединение? Чего мы достигли? Смогли ли мы обратиться с молитвой именно потому, что было трудно? Смогли ли мы слиться вместе в коллективной молитве в трудные моменты? Просил ли каждый, чтобы его товарищи получили понимание, просветление, связь, постижение в то время, когда он сидел с ними вместе? Что это даст нам в будущем? Как сохранить то, чего мы достигли сегодня? Мы в любом случае получили впечатления, неважно какие, но все они полезны. Как прошел семинар?

ВОПРОСЫ И ОТВЕТЫ

Вопрос: *Как использовать связь между нами, чтобы передать эту силу народам мира?*

Когда между нами будет связь, она повлияет на народы мира, ведь мы находимся в одной сети. Кроме того, мы выполняем дополнительные внутренние и внешние действия, но даже если бы их не было, соединение между нами влияет на весь мир.

Вопрос: *Как связать вместе желание низшего и высшего? Как это сделать в разуме и мыслях?*

Мы должны включать в себя два желания: желание Творца раскрыться в АХАПе, в низших, и желание низших возвыситься и присоединиться к нам. Творца, наивысшего, невозможно узнать, низшие могут знать только нас. Поэтому мы должны быть связаны с этими двумя желаниями и тогда сможем соединить их между собой. Это возможно только при условии, что у нас нет никаких собственных желаний, кроме желания быть проводником между ними. Об этом говорил Рабби Эльазар в Книге Зоар, и в этом наше предназначение. Если мы хотим быть только связующим звеном, у нас нет никакого личного достояния, то с одной стороны, мы приобретаем желание Творца, с другой стороны – желание творений, и соединяем между ними. Такова наша роль.

Вопрос: *Ощутив подъем или новую ступень, как нам углубиться в работу?*

Если мы поднимемся над своими желаниями, то захотим включиться в слова товарища. Если мы захотим всем сердцем прочувствовать то, о чем говорит товарищ, через его речь проникнуться его желанием и соединиться с его мыслями, если мы соединим все это воедино, то это единство уже будет находиться на более высокой ступени. Неважно, о чем они говорят, важно, что я хочу использовать это как средство для соединения с ними. Тогда эта общая молитва о соединении действует и приводит нас к более высокому ощущению. Хорошо, что мы ощущаем тяжесть – любое ощущение приходит свыше. Вопрос в том, формируем ли мы на фоне этого ощущения молитву? Это прекрасное место для молитвы, ведь ощущение тяжести – это тьма, а ночь – время молитвы. Делаем ли мы это достаточно? Это очень полезное ощущение, когда тебе тяжело, трудно, непонятно. Тебе закрывают путь, чтобы ты захотел, попросил!

Каждый должен подумать, как для него прошел семинар. Мы должны выйти отсюда с множеством мыслей и выяснений, с большим грузом, который заставит нас думать о том, как продолжать. Есть песня РАБАШа «Возвещать утром милосердие твое, истину Твою – в ночи». Именно во время падения, темноты, тяжести развиваются желания отдачи, «истина твоя – в ночи». Мы учили в статье «Ночь невесты», что Малхут строят ночью, изгнание называется «ночь». Поэтому ощущение тяжести – это хорошо, это место для развития «молитвы многих».

СЕМИНАР 23

ДУХОВНЫЙ СТЫД

(17.06.2012)

Главным в семинаре является не тема, не наши знания и не наши понимания. Наша неспособность найти ответ и необходимость это сделать обяжет нас теснее связаться между собой. А поскольку решение можно найти только при условии объединения между нами, это поднимет нас к духовному решению. Цель не в том, чтобы найти решение земным разумом, а в том, чтобы объединиться вместе в центре группы. Тогда мы почувствуем общее состояние, желание и разум так, что каждый ощутит свое участие, а не себя самого. Каждый включиться в общий шар, который выстроится, разогреется и проявится в его маленьком круге. Так через выяснения вопросов мы постараемся объединиться.

С одной стороны, я даю товарищам всё, что у меня есть. С другой стороны, я отменяю себя по отношению к ним. Я их слушаю, принимаю их слова, как очень важные, вижу их великими, а себя маленьким по сравнению с ними. Ведь только маленький может получить от больших. Включение в товарищей сердцем и душой – это средство объединения со всеми. Если мы взаимно объединимся, нам удастся создать общий сосуд, который, по сути, является духовным. В этом сосуде мы сможем правильно почувствовать тему обсуждения и найти решение не в обычных чувствах и разуме, а в чувствах и разуме, которые рождаются вследствие объединения.

Прежде всего, следует постоянно думать о связи, а внутри связи искать решение. Если наше обсуждение будет проходить на уровне единства, на духовном уровне, мы сможем почувствовать внутренний пласт статей Бааль Сулама, РАБАШа и других великих каббалистов.

Поговорим о стыде – понятии очень высоком и свойственном только человеку. Сколько не вызывай стыд у представителей неживой, растительной и животной природы – реакции не будет, поскольку в них не заложен этот корень. Зачатки стыда проявляются только на человеческой ступени нашего мира – да и то не у всех.

Ведь человеческая ступень подразделяется на пять уровней развития, и только на последней из них возникает желание достаточной «толщи» – большой эгоизм, позволяющий ощущать большой стыд. Что же касается предыдущих уровней, Бааль Сулам описывает их как вехи на пути. Некоторые готовы причинять другим любое зло на виду у всех и не стыдятся этого. Другие немного стесняются или опасаются и потому предпочитают вредить втайне от всех. Третьи действительно стыдятся, уже не из страха перед наказанием, однако мирятся со своим стыдом и оправдывают происходящее знакомыми всем расчетами: «Так ему и надо», «Я в своем праве», «Все так делают» и т.п.

И только люди, обладающие большим эгоистическим желанием, познавшие большой стыд, начинают работать с этим свойством. С пробуждением точки в сердце они приступают к духовной работе и приходят уже к другому стыду, который лежит не в плоскости этого мира, а на более высоком уровне. В нашем мире я стыжусь получить то, что мной не заслужено, не оплачено. С таким «благоприобретением» я не могу примириться, ведь, как правило, несложно выяснить, от кого идет благо и полагается ли оно мне.

А с духовным миром у меня проблема: я не вижу, от кого получаю дары, и потому не стыжусь. Сначала мне надо раскрыть Дающего, Корень, от которого идет всё, а это требует еще множества расчетов. Например: «Нужно ли заслужить Его благо? Ведь если Он создал меня, то, разумеется, должен и обеспечивать?» Другой вариант: «Я не заслужил помощи, но, по безвыходности, оплачу ее позже…». Короче говоря, в духовном мире, как и в нашем, мы идем ступенями стыда.

На самом деле стыд – это основа творения. Из-за него Малхут Бесконечности произвела сокращение и инициировала всё последующее развитие, чтобы в итоге сравняться с Творцом. Стыд – это источник, отправная точка, побуждающая нас прийти к подобию свойств с Творцом, рассчитаться с Ним, вернуть Ему долг и перестать получать дары, как раньше.

Бааль Сулам приводит такой пример: богач встречает на рынке приятеля-бедняка, приводит его к себе домой и обеспечивает всеми благами. Бедняк чувствует, что богач помогает ему от всего сердца, без всякого расчета для себя, наслаждаясь этой отдачей. Однако, получая изобилие напрямую, бедняк в то же время косвенно ощущает стыд, который сжигает его изнутри, становится нестерпимым. Всё дело тут в разрыве между собственным получением, с одной стороны, и отдачей богача – с другой. Таков закон: когда я чувствую себя получающим, не таким, как дающий, это вызывает во мне стыд.

Ощущение это настолько велико, что Малхут мира Бесконечности пошла на сокращение и решила, что будет получать благо от Творца только в подобии свойств, только ради отдачи. Лишь в этом случае она почувствует целесообразность получения. Причем смысл не в том, чтобы нейтрализовать свой стыд, – напротив, она начинает дорожить им. Ведь именно благодаря страданиям, которые он вызывает, она может теперь произвести другой расчет, устремленный на ответную отдачу Творцу.

Стыд не просто предотвращает получение, не просто заставляет сократить свой эгоизм и получать ради отдачи, избегая страданий, но позволяет мне прийти к подлинной отдаче. И потому я ценю стыд. Сказано, что чувство это приготовлено только для высоких душ. В духовном мире человеку хорошо и полезно испытывать его, поскольку стыд становится для него средством, помогающим осознать необходимость отдачи, потребовать раскрытия Творца. И тогда дело уже не в эгоизме и не в стыде как таковом – просто посредством его я могу действительно уподобиться Творцу и стать дающим.

Пускай во мне остаются прежние факторы: получающее желание и стыд – но лишь как необходимые условия, над которыми я могу выстраивать отношение к Творцу и идти к слиянию с Ним. В дополнение к этому можно сказать, что стыд развивается вместе с желаниями и расширяет их, обогащая множеством деталей восприятия. Мы видим это даже по нашему миру: Творец создал лишь первичную точку желания, а всё остальное развилось благодаря разверзающейся пустоте – ощущению различия между творением и Творцом.

Тора рассказывает нам, что Адам испытал всплеск эгоистического желания, описываемый как появление Евы рядом с ним. Он объединился с этим желанием, что называется, отведал от Древа познания, т.е. получил наполнение и тогда ощутил себя нагим, лишенным одеяния и устыдился этого. Творец сам показывает здесь пример тем, что создает и дает одеяния. А в дальнейшем, как следствие, все одеяния мы облекаем на себя сами.

Их корень – отраженный свет: если мы пожелаем, то можем брать с него пример и формировать свои собственные облачения. И всё это – не просто чтобы не стыдиться, а чтобы уподобляться Творцу и доставлять Ему тем самым удовольствие. Мы редко упоминаем понятие стыда. В наших первоисточниках оно встречается эпизодически. Но, в действительности, мы всегда опираемся на это ощущение разрыва между Творцом и творением. Стыд – словно «триггер», рычаг, та точка, начиная с которой творение пробуждается к подобию, к слиянию, как в примере с бедняком и богачом.

Почему мы мгновенно не получили всё изобилие, приготовленное нам Творцом? Почему от нас требуется пройти весь процесс во всей его полноте и глубине? Именно в тот момент, когда ты якобы слит с Творцом, находишься в Его руках, возникает самый большой стыд, который когда-либо может проявиться в творении. Почему это происходит? Какова необходимость в стыде, без которого цель творения не реализуется?

***

Стыд приходит с целью уменьшить желание получать, чтобы меньше его использовать, или с совершенной иной целью? Цель творения – получить всё от Творца, но по мере нашего продвижения наши сосуды расширяются, и стыд якобы действует с большей силой против использования желания получать. Призван ли стыд уменьшить желание получать? Нейтрализует ли он желание получать?

***

Стыд действует против желания получать? Он уменьшает желание? Мы видим, что это не так, ведь желания растут. Растет ли желание, созданное Творцом, за счет стыда? Как понять, что стыд расширяет сосуды? Как это происходит?

***

Мы изучаем, что Малхут – черная точка в свете Бесконечности. Точка почти ничего не может получить. Она якобы получает, но это лишь ощущение. Каким образом эта точка себя расширяет? Откуда к ней приходит огромное дополнение желания получать? Откуда она приобретает дополнительное желание – именно желание, а не только намерение?

***

Когда и в каком состоянии мы начинаем чувствовать духовный стыд? Правильный ответ вы получите только через молитву, а семинар – это место молитвы.

***

Чувство стыда приятное или не приятное? Оно жжет, вызывает бессилие и страдания или приносит радость?

***

Когда ощущается стыд? В чем различие между стадией 1 и стадией 4 в ощущении, вызывающем стыд? Какое ощущение вызывает стыд в творении?

ВОПРОСЫ И ОТВЕТЫ

Вопрос: *Можно ли сказать, что продвижение творения по ступеням лестницы связано с преодолением стыда?*

В определенном смысле, да. Но стыд помогает в продвижении, поэтому я его не преодолеваю, а использую. Стыд является положительным явлением, иначе он не был бы создан. Стыд – творение само по себе, приходящее от Творца к нам не напрямую.

Вопрос: *Стыд является производным чувства или разума?*

Стыд – это чувство. Говоря о духовном мире, мы всегда говорим о чувстве. Разум является дополнением к чувству и призван проверять, что нам делать с пробудившимися чувствами. Духовность – это только чувства, а духовные сосуды – сосуды ощущений.

Вопрос: *Что такое «творение само по себе»?*

С одной стороны, это состояние «получения изобилия» – состояние, в котором существует канал между мной и Им. С другой стороны, это состояние «ощущения стыда». В примере Бааль Сулама мы видим, что бедняк получает от богача всё изобилие и наслаждение, а практически косвенно получает от него стыд.

Вопрос: *Почему в последнем вопросе мы вернулись к поиску ответа в разуме?*

Речь не идет о разуме. В чем различие между стадией 1 и стадией 4? Какое новое ощущение заставляет Малхут вызвать в себе стыд? Что она чувствует в четвертой стадии, после того, как получила изобилие в первой стадии и обрела равенство свойств во второй стадии? Что она чувствует в таких разных действиях, как достижению равенства свойств и получение, если они оба находятся в ней?

Кроме ощущения изобилия, полученного от Творца, Малхут чувствует от Него любовь, и поскольку не может Ему ее вернуть, ощущает стыд. Поэтому ей разрешено сделать сокращение на получение и с помощью получения ради отдачи выполнить над собой различные манипуляции, чтобы ответить любовью. Именно любовь вызывает стыд. Если так, то стыд – это радость или страдания? Стыд – это радость.

Откуда творение, черная точка в мире Бесконечности, получает дополнение к желанию получать? Что расширяет ее келим в 620 раз? Чувство любви от Творца расширяет келим человека. Человек как бы получает эти келим, и чем больше способен получить любви ради отдачи, тем шире становятся его келим, увеличиваясь в 620 раз.

Вопрос: *Можно ли сказать, что стыд относится к страданиям любви?*

Да, стыд – это страдания любви.

Вопрос: *Что такое «духовный стыд»?*

«Духовный стыд» – это ощущение разрыва между любовью Творца ко мне и моим ответным отношением к Нему. Это чувство выше желания получать и изобилия – над желанием и наполнением я чувствую связь между нами, чувствую, что Он действует, исходя из любви ко мне. Наполнить творение – это одно, а дать ему любовь – нечто другое. Поэтому творение должно быть уже развитым, находиться в стадии 4, в состоянии ощущения любви.

Вопрос: *Какова связь между нашим объединением и стыдом?*

Мы должны достичь такого состояния, что группа будет как Творец. Она должна так на нас влиять, чтобы мы начали развивать относительно нее чувство стыда, выясняя, как каждый может наполнять товарищей, сколько он им должен, ведь они приносят ему жизнь, духовное существование. Как следствие разбиения сосудов, группа дана мне намеренно для тренировки.

СЕМИНАР 24

КАК УСИЛИТЬ МОЩЬ ЕДИНСТВА МЕЖДУ НАМИ?

(ИЗ УРОКА 21.06.2012)

Начнем с простой вещи: начав заниматься наукой каббала, никто из нас не думал, что нам нужно, подобно детсадовцам, играть в объединение. Но оказывается, я должен быть товарищем кому-то, а он – мне, и вместе мы должны хорошо относиться друг к другу, будто горим одним желанием. Для чего и зачем нужно это объединение?

Важно помнить: слова товарища для меня святы. Я слушаю его так, словно сейчас раскрывается Творец и говорит со мной. Говоря иначе, я всё слышу как бы над собой. Таким образом, я могу получать силы от всех и от всего сердца вносить свою лепту, когда настает мой черед говорить. И еще одно: мы хотим найти между нами нечто общее, центр группы, наше единство. Тогда, исходя из этого единства, мы поймем всё.

***

Чего мы хотим достичь посредством наших усилий по объединению? Хотим ли мы достичь единства, или через усилия к объединению можно достичь чего-то еще? То есть, эти усилия призваны не для объединения, а для того, чтобы с их помощью прийти к чему-то еще? Мы слышим, что должны объединиться, и стараемся это сделать. Какова же наша цель: чтобы из наших усилий между нами возникла сила единства, или посредством этих усилий мы хотим достичь чего-то другого? Если вы начнете сейчас думать о единстве, то найдете ответ. Постарайтесь изнутри ощутить потребность в объединении. Иначе вы не раскроете ответа на мой вопрос. Чтобы раскрыть его, в сердце надо ощущать необходимость объединиться. В единстве вы найдете ответ.

***

Каков результат хороших усилий? Вложив все силы, чтобы объединиться, – что мы тогда раскрываем?

***

Как быть в радости, несмотря на то, что нам не удается объединиться? Посредством чего мы можем удерживать себя в радости, даже при неудачах?

***

Каких двух результатов мы обязаны достичь благодаря усилиям по объединению? Мы шли и шли вперед, мы все время хотели объединиться – и должны прийти к двум явлениям. Каким?

***

Как проверить, что мы движемся к объединению?

***

Как усилить мощь единства между нами? Если до сих пор вы находили правильные ответы, то, разумеется, теперь это понятно – даже спрашивать нечего. Но я все-таки спрашиваю: как усилить мощь единства между нами?

ВОПРОСЫ И ОТВЕТЫ

Вопрос: *Отмена себя перед товарищем – это, по сути, и есть укрепление группы?*

Конечно.

Вопрос: *За счет чего мы остаемся в радости, когда обнаруживаем, что не можем объединиться?*

Хотя мы не достигаем цели, над которой работаем и которой хотим достичь, это не отключает нас от цели творения, от Творца. Я хочу достичь и раскрыть Его посредством объединения, и я могу радоваться тому, что иду к этой цели, хотя и не достиг ее. Это две разные вещи.

Мы должны привыкнуть к работе в двух плоскостях:
- в своем получающем желании;
- в желании дающем.

Если мы привыкнем к двум этим уровням, то и проблем у нас не будет. С одной стороны, я стою на уровне своего желания, которое хочу эгоистически удовлетворить. А с другой стороны, пускай даже я ничего в нем не достигаю, все равно я остаюсь с самой идеей и рад этому – возможно, еще больше. Ведь если я радуюсь своей идее, ничего не достигнув, это говорит как раз о том, что я продвигаюсь в отдаче. Пускай даже я не удовлетворяю свое желание – получающее или дающее, – я всегда могу быть в радости, потому что работаю в более высокой плоскости: я связан с самой сутью, связан с Творцом. И я не проверяю, что именно происходит внутри моих получающих сосудов.

Таким образом, группа может все время пребывать в радости, хотя она ничего не получает. В такое время все зовутся праведниками: у них ничего нет, и они рады. Почему? – Потому что они связаны с самой идеей, а не получают желаемого потому, что не заслужили. Это еще лучше. Ведь если бы я что-то получил, то сомневался бы, не вызвана ли моя радость именно этим.

Вопрос: *Когда я работаю с группой, где должно быть мое намерение? Должен ли я думать о собственном исправлении или об исправлении группы?*

Посредством собственного исправления я ничего не достигну. Такого просто не бывает. Как мы знаем, разбиение сосудов произошло именно между частями, которые должны теперь соединиться. Это и называется исправлением. Нет отдельно моего исправления – мое исправление в том, чтобы я объединился со всеми и способствовал всеобщему объединению. Ведь я представляю собой часть разбитого целого. И потому нельзя сказать: «Я исправил себя». Что это значит? Если своими усилиями я поспособствовал тому, чтобы все объединились, то действительно совершил исправление. Я, сам по себе, не разбит – разбита, разорвана моя связь со всеми.

Вопрос: *В конце семинара мы пришли к некоему ощущению. Но это заняло у нас пятьдесят минут. Как нам продвигаться быстрее?*

Можно достичь этого ощущения быстрее, если заранее об этом позаботиться. Мы приходим сюда не как на свадьбу – мы готовимся заблаговременно: думаем и тревожимся о предстоящем семинаре, переживаем за то, как нам удастся объединиться: «А может быть, как раз сегодня в нашей взаимосвязи раскроется Творец?..».

Вопрос: *Как можно помочь товарищам? Как мысленно заботиться о них, чтобы они постоянно держали верный курс на объединение?*

Мать все время думает о своем малыше, потому что он ей дорог. Если я постоянно буду связывать цель творения с необходимостью объединиться с другими ради ее достижения, тогда мне нетрудно будет заботиться о товарищах. Вся проблема в том, чтобы связать цель творения с цельным сосудом. Мы постоянно забываем об этом, и каждый думает, что способен раскрыть это сам, в одиночку.

Вопрос: *Один из товарищей в моем круге сказал, что очень трудно молиться о воображаемом товарище. Возможно, по этой причине мне легче молиться о товарищах в круге, чем обо всем внешнем мире?*

Верно, необходимо нечто более конкретное.

Вопрос: *Как нам использовать силу, полученную на семинаре?*

Мы не забываем о семинаре, продолжаем размышлять на эту тему, стараемся все время держать связь, все время вести мысленную беседу с товарищами. Для чего нам объединяться? Поскольку мы происходим от разбиения, то обязаны собрать сосуд, чтобы раскрыть Творца. Почему мы это делаем? Потому что Его желание – раскрыться творениям, а не потому, что это хорошо и желанно для нас. Чего мы хотим достичь, стараясь объединиться? Мы хотим обнаружить, что не можем объединиться без помощи Творца. Так сделано намеренно, чтобы мы вознуждались в Нем, наладили с Ним связь. А иначе мы будем пренебрегать Им, как и сейчас. Ведь мы не помним о Творце. И чтобы мы вспомнили, чтобы пожелали Его, Он подбрасывает нам различные «задачки».

В каком случае мы больше рады: когда нам удается объединиться или когда это не получается? На самом деле мы должны быть рады всегда. Я должен прийти к такому состоянию, когда мне неважно ощущение в получающих сосудах. Главное – производить усилие, чтобы оно и было наградой. К каким двум результатам мы должны прийти, прилагая усилия по объединению? С одной стороны, есть огромное эгоистическое желание объединиться, а с другой стороны, неспособность достичь желаемого. Благодаря этим противоположным силам мы обретаем требование к Творцу. И тогда начинаем понимать, что только Он может нам помочь. А до тех пор мы в Нем не нуждаемся.

СЕМИНАР 25
РАЗОРВАТЬ ПРЕГРАДУ МЕЖДУ НАМИ

(01.07.2012)

Готовясь к конгрессу на севере, мы надеемся общими усилиями сделать большой шаг вперед. Каждый раз надо видеть в этом решающий шаг, который позволит встать на духовную лестницу, ведущую нас к слиянию. Поэтому мы собираемся вместе, чтобы снова и снова прикладывать усилия. Каждый раз надо стараться изо всех сил, ничего не оставляя на потом. Другой возможности не будет – иначе это не усилия. Они должны быть сверх человеческих сил, когда мы выкладываемся, как только можно.

Итак, прежде всего, надо сосредоточиться только на нашем объединении. Неважно, о чем мы говорим, главное, что мы друг друга держим и хотим ощутить единство наших сердец с Творцом. Ведь именно с Ним мы должны соединиться. Так мы почувствуем, что сила объединения, сила группы, центр группы и Творец – одно целое, как сказано: «Исраэль, Тора и Творец едины». Вся реальность сходится в одной точке объединения, а всё остальное не существует, исчезает в этой точке. Эта точка единства называется «капля слияния», и ее мы должны достичь.

Сегодня мы обсудим несколько материалов Бааль Сулама. «Вся наша работа – пишет Бааль Сулам – заключается в отмене получающего желания перед Творцом». Почему же это трудно? Причиной является потребность в ощущении Творца, а ощущение Творца – это ощущение силы отдачи, властвующей над нами. Если бы мы почувствовали царящую в нас силу отдачи, нам не было бы трудно отменять себя. Мы знакомы с ощущениями во время подъема, когда что-то «вселяется» в нас, и мы способны пойти на всё.

«Когда человек начинает ощущать реальность Творца – продолжает Бааль Сулам – он тотчас готов отменить себя, присоединиться к Творцу и включиться в Него без всякого понимания и разумения». Ни расчеты, ни другие ощущения не важны. Так действует высшая сила – отменяет человека и предоставляет ему возможность возвышаться над всей своей природой.

Отсюда следует, что основная наша работа – прийти к ощущению реальности Творца, силы отдачи, царящей во мне, во всем мире, во всей действительности. И тогда я без всяких проблем, естественным образом отменяю себя в своих желаниях, в своем эгоизме, отказываюсь от всего и чувствую, что сила отдачи заполняет весь мир. Только этому человек должен посвящать свою работу, раскрывая силу отдачу, наполняющую мир.

Надо понимать, что «нет никого кроме Него», и мир полон славой Его. Высший свет находится в абсолютном покое и наполняет всё. А мы своими усилиями и совместной работой всего лишь хотим отменить довлеющее над нами сокрытие, наш эгоизм, скрывающий истинную реальность, Творца. И потому мы обязаны помнить, что свет неизменен, а все перемены происходят только в человеке. Лишь он должен меняться. А повышать ощущение света можно, восславляя Творца, свойство отдачи, царящее в мире, хотя и скрытое.

Творец приближает человека, даже посредством неприятных ощущений, давая почувствовать, как далек он еще от желательного состояния. И по мере осознания важности связи, растет в человеке свет, пока не останется на постоянной основе. Выходит, что цель всех наших усилий – захотеть, чтобы в нас раскрылось свойство отдачи, чтобы оно воцарилось в нас. Тогда, безусловно, мы отменим себя и включимся в него. Какие действия мы можем сделать, чтобы свойство отдачи воцарилось в нас?

***

Что именно я ожидаю получить от товарищей и от группы?

***

Если мне ясно, чего в точности я ожидаю от товарищей, тогда что я обязан отдать за это? Что группе требуется от меня?

***

Иногда я путаюсь между товарищами и группой. В чем различие и в чем связь между понятием «товарищи» и понятием «группа»? Ясно ли это различие?

***

Товарищи – значит равные. Все они равны, и поэтому непросто быть с товарищами, непросто находить такие взаимоотношения, в которых ты равен им, смотришь на них как на равных. Иногда товарищ велик, иногда мал, но мы все товарищи. Ну а группа – это наша особая интегральная сила, которая называется «Шхина». Если мы достигаем равенства между нами, единства равных, то создаем Шхину.

Бааль Сулам пишет в Послании 9: **«Свойство лени, пребывающее в этом мире, в целом, не так уж дурно и презренно. И доказательство тому – слова мудрецов: «Лучше сиди и ничего не делай». Ведь нет никакой работы в мире, кроме работы Творца».** Нет в мире ничего, никакого усилия, никакого действия, которое можно было бы приписать себе, – только работа Творца. А все остальные виды работы непригодны, поскольку, безусловно, имеют форму получения. И потому «лучше сиди и ничего не делай». Ведь действием, выходящим за рамки работы Творца, человек вредит себе и другим.

Подумаем об этом и поделимся мыслями. Любое наше действие, кроме работы Творца, т.е. кроме того, что ведет меня к отдаче через объединение, негодно, вредно. «Лучше сиди и ничего не делай».

***

Мы чувствуем давление страданий сзади и иногда – влечение спереди, когда нас пробуждают. Есть две силы, воздействующие на нас, чтобы мы двигались вперед. Но если мы сами захотим форсировать продвижение, сможем ли мы повлиять на Творца страданиями и наслаждениями, как Он на нас? Короче говоря, как я могу привлечь раскрытие Творца?

***

Чувствую ли я от семинара к семинару, что товарищи говорят всё больше правды? Или наоборот? Труднее ли мне войти в семинар или легче? Быстрее ли я воодушевляюсь от семинара? А может быть, как раз меньше? Чем разнятся семинары? Что я обретаю благодаря им?

***

Как говорит Бааль Сулам, повысить ощущение света и вывести его из сокрытия человек может посредством хвалы Творцу, который приближает его. И в радости, и в горе человек восхваляет Его за все действия, какие только будут, и принимает все их как должные, необходимые для раскрытия света. Ведь, конечно же, Творец не делает ничего такого, что не служило бы исправлению. И по мере осознания важности связи, растет в человеке свет, пока не останется на постоянной основе. Мы должны повышать важность раскрытия в нас свойства отдачи – и не более, – чтобы нам было важно, к чему мы идем. А иначе мы словно кричим без нужды. Главное – придавать важность раскрытию Творца, свойства отдачи. И тогда это произойдет.

СЕМИНАР 26

КАЖДЫЙ ВКЛЮЧАЕТ В СЕБЯ ВСЕХ

(КОНГРЕСС НА СЕВЕРЕ 05.07.2012)

Сейчас мы находимся в особом состоянии: каждый включает в себя всех и хочет аннулировать себя перед товарищами, которых видит великими в поколении. У каждого есть возможность включиться в них. Какова же цель нашего семинара? Поговорите об этом. Пусть каждый выделит цель одним предложением.

***

Между вопросами мы должны проверить, объединились ли мы вновь так, что нет тут разных людей, а мы хотим, чтобы внутри группы создалось нечто, включающее всех. В этом образовании мы хотим постичь Творца – это называется раскрытием Творца творениям.

Следующий вопрос: в чем именно я прикладываю усилие? Есть средство, а есть главное. Где же я прикладываю усилие? В какой точке?

***

Тот, кто прикладывает усилие, должен сделать расчет: для чего он это делает? Если мы не делаем расчет, то это знак, что мы не напрягаемся. Этот знак абсолютно четкий, потому что человек всегда делает расчет: стоит работать или нет, сколько платить, сколько поднять, как долго ждать. Каждое действие требует расчета, ведь если я вкладываю силы, то всегда рассчитываю: сколько и каких сил я вкладываю и что за это получаю.

Мы всегда так поступаем в эгоизме – осознанно или подсознательно. Если в своей духовной работе мы не делаем расчет относительно усилия, которое необходимо приложить, чтобы чего-то достичь, это знак, что мы не напрягаемся. Мы вообще когда-нибудь совершали духовное усилие?

Я должен выяснить, действительно ли, на протяжении всех лет своей учебы и при выполнении различных действий, я делал расчет о том, какое усилие мне нужно приложить, чтобы достичь цели? Какое вознаграждение я надеюсь получить? Не будет ли мое усилие больше вознаграждения? Оправдывает ли вознаграждение затраты? Как может быть, что я прикладываю усилие без расчета и оплаты? Мы это делали или нет? Подумайте.

Если да, то уверены ли мы, что Творец дает вознаграждение? Откуда исходит моя уверенность? А если я не уверен, то откуда возьму силы для работы? Это трудные вопросы, выясните их между собой.

***

Мы учим, что все потребности находятся в сосуде (*кли*), а все ответы – в свете. Светом называется свойство отдачи, а *кли* – это свойство получения. Чтобы получить ответ, нам нужно достичь света. Это значит, что *кли* должно обрести ту же форму, что свет. Когда мы действительно объединяемся, то вдруг обнаруживаем ответ, но не внешним разумом, а раскрываем его так, как он существует. Поэтому если вы точно не знаете, не чувствуете внутри себя ответ, то должны лучше объединиться, и тогда раскроете его в общем ощущении. Не ломайте голову – трудитесь сердцем. Почему это так? Спросите друг друга. Все наши ответы только в том, чтобы раскрыть истинное состояние внутри *кли*.

***

В нашем мире человек за определенную работу получает вознаграждение, которое использует для достижения некой цели. Иными словами, есть работа, вознаграждение и цель. Допустим, я хочу купить автомобиль. Я работаю, получаю плату за свой труд, оплачиваю автомобиль и достигаю этой цели. То есть теперь у меня есть деньги для покупки автомобиля.

Как это происходит в духовном? Как связаны вознаграждение и цель?

Постарайтесь давать чувственные ответы, а не рациональные – из ощущения, а не из разума. Какова связь между работой, вознаграждением и целью? Все ответы находятся в объединении между вами.

***

Во время обсуждения, когда говорит товарищ, я хочу включиться в него и принять его слова, как абсолютно верные. Не важно, что именно он говорит – не в том смысле, что я не слушаю, а в том, что не критикую. Я включаюсь в его слова, будто это голос свыше. Семинар для нас – это средство связи. Ведь здесь я аннулирую себя относительно мнения товарища, его ощущения, и принимаю его всего: сердце, душу и разум – без критики и анализа. Так мы должны друг друга слушать и не ждать, чтобы товарищ быстрее закончил говорить, потому что мне этот вопрос видится иначе. Я хочу включиться в каждого над всеми сомнениями!

Итак, мы говорили о работе, оплате и цели. Нужно также проверить себя после того, как я слышу товарищей, согласен ли я с ними, пришли ли мы к одному мнению. Если нет – это признак того, что между нами нет единства. Ведь если бы мы были объединены, то раскрыли бы, что все мы – «один человек с одним сердцем».

Если мы говорим о работе, оплате и цели, то возникает простой вопрос: откуда ко мне придет уверенность в том, что Творец меня вознаградит, как сказано: «Творец – это твой заказчик, который уплатит тебе вознаграждение за труды твои»? Почему я уверен, что в ответ на мое усилие придет вознаграждение, оплата, достижение цели, что я получу нечто взамен усилия? Откуда эта уверенность?

***

Как правило, если у меня есть цель в жизни, то она является стимулом к действию. Чем цель важнее, тем больше у меня сил для ее достижения. Возможно, для кого-то она совсем не важная, но мне она важна настолько, что я работаю ради нее без устали. Я готов умереть, нежели жить, не достигнув ее. То есть усилие, которое я могу приложить, и цель зависят друг от друга. Как связаться с истинной целью так, чтобы ее достичь? Как соединить цель с собой так, чтобы возникла сила для ее достижения?

***

Творец раскрывается в любви к ближнему или в силе отдачи, что одно и то же. Как прийти к любви к ближнему? Давайте выясним, обсудим, как это сделать, не приводя цитаты из книг. Можем ли мы сейчас, сидя в кругах, прийти к любви к ближнему, чтобы внутри нее раскрыть духовный мир?

Постарайтесь говорить не словами мудрецов, а от сердца. Ответ должен содержать одно слово.

***

Чем каждый из нас и мы все вместе должны гордиться?

***

СЕМИНАР 27

В ЗАБОТЕ О ЛЮБВИ

(КОНГРЕСС НА СЕВЕРЕ 05.07.2012)

Нам непонятно, что называется любовью. Как определить любовь? Когда мы ее ощущаем? В чем она проявляется? Где я могу ее ощутить? Чем отличается любовь, которую мы ощущаем в этом мире, любовь к чему-то или кому-то, от любви к товарищам, о которой мы говорим? И в чем отличие любви к товарищам от любви к Творцу?

«Любовь» – это очень широкое понятие. Оно простирается от нашего мира, от моего материального отношения к неживой, растительной, животной природе и даже к человеку в нашем мире, до любви к нашему обществу, которое является особенным и в котором развивается особый вид любви. Каббалисты говорят, что самое главное – «возлюбить ближнего, как самого себя», и все должны проникнуться этим ощущением, а следующий уровень – это любовь к Творцу, – «возлюби Творца своего» – это включает в себя все!

Что же такое любовь? Может быть, мы, в нашем мире, запутались с этим понятием?

***

В нашем мире, мы видим, что даже у животных любовь проявляется в заботе о другом. Естественная любовь матери к своему потомству развивается в инстинктивную заботу о нем.

А в духовном, наоборот, мы переходим от заботы – к любви. Изначально в нас нет даже заботы, но каждый из товарищей должен беспокоиться о группе, и тем самым он устремится к достижению любви.

Как мы должны заботиться друг о друге? О чем именно мы должны заботиться, чтобы достичь любви?

В нашем мире любовь заставляет нас заботиться о другом, поскольку он становится важен для нас. В духовном мы можем искусственно начать заботиться друг о друге и достичь любви противоположным способом. То есть в нашем мире это происходит от любви к заботе, а в духовном – от заботы к любви.

О чем именно я должен заботиться, чтобы достичь духовной любви?

***

Если любовь выражается в заботе о том, кого я люблю, на что именно должна быть направлена моя забота о товарище, о группе, обо всем человечестве, чтобы прийти к любви? Что должно быть у товарища или у всей системы, о чем я должен побеспокоиться? Что самое главное, чего я им желаю?

***

В нашем мире мы чувствуем любовь и проявляем заботу. В духовном мире мы начинаем заботиться о товарищах, о ближнем, и, как следствие, достигаем любви. Когда я начинаю нуждаться в любви Творца? Когда я развиваю в себе любовь к Творцу?

Возможно, что, чувствуя тревогу за общество, беспокоясь о товарищах и видя, что ничем не могу им помочь, кроме как возбудить общую силу отдачи, которая им поможет, я начинаю заботиться о том, чтобы в них раскрылась эта общая сила? Перехожу ли я от заботы об этой силе, о Творце к любви к Нему?

***

В духовном мы переходим от искусственной заботы к любви, а затем все больше и больше проявляем заботу. Почему? Ведь если мы вкладываем в товарищей, пусть даже искусственно, нам становится важно, что происходит с нашим вкладом. Чем больше я вкладываю в группу, в товарищей, тем больше я начинаю заботиться о них. Они становятся важными для меня, ведь я очень старался, вложил много сил, поэтому я начинаю любить их. Я беспокоюсь о том, чего им не хватает и кто может им помочь.

И тогда поневоле раскрываю, что для того, чтобы помочь им, мне нужна помощь! Высшая сила может помочь им, поэтому я обращаюсь к Творцу, чтобы Он помог им достичь того, к чему они стремятся. Они хотят раскрытия – пусть у них будет раскрытие, хотят единства – пусть у них будет единство, а я, как мать, забочусь о том, чтобы они достигли этого, и об этом прошу Творца. Я начинаю нуждаться в Нем, чтобы Он помог им.

Когда я обращаюсь к Творцу и вкладываю в Него свою молитву, чтобы он помог моим товарищам, Он постепенно, благодаря моему вкладу в Него, становится важен мне! Тогда я начинаю любить Его, ведь Он – сила, которая может помочь, а кроме Него никто помочь не может. Таким образом, я соединяю вместе себя, общество и Творца! И отсюда прихожу к состоянию, когда прошу у Творца, чтобы он помог обществу.

Но когда мы достигаем такого состояния, в котором соединяемся между собой и заботимся о том, чтобы насладить Творца? Когда вместо того, чтобы использовать Его для оказания помощи нам, мы соединяемся, чтобы насладить Его?

***

Мы начинаем с человека, переходим к группе, а затем к Творцу: «от любви к ближнему – к любви к Творцу». Все это основывается на самоотмене человека.

В цепочке человек – группа – Творец человек должен каждый раз все больше и больше отменять себя.

Чем отличается отмена себя перед группой от отмены себя перед Творцом? Какая разница между любовью к группе, к товарищам и любовью к Творцу?

***

В нашей системе душ, соединяющихся вместе в одну душу, есть исправленная часть. Каббалисты, которые уже выполнили свою работу и исправили систему, написали нам об этой системе. Они существуют в ней, как исправленные относительно нас части, готовые нам помочь.

Как обратиться к ним, чтобы они помогли нам? Они как Праотцы для нас, и не случайно именно так они и называются. С какой просьбой мы должны к ним обратиться, чтобы они нам помогли?

СЕМИНАР 28
ДУХОВНЫЕ УРОВНИ В СВЯЗИ МЕЖДУ НАМИ

(КОНГРЕСС ЕДИНСТВА НА СЕВЕРЕ, 05.07.2012)

Сосуд (*кли*) для получения наслаждения – это устремление. Мы должны раскрыть, что наше желание к духовному – это не просто потребность, а именно устремление к нему. В чем различие между потребностью и устремлением?

***

Что такое «устремление»? Как я его раскрываю, нахожу, достигаю?

***

Сосуд для наполнения называется «устремление». В чем различие между желанием, потребностью и устремлением? Где я получаю устремление? Творец создал эгоистическое желание наслаждаться – злое начало. Как мне обрести стремление к духовному? Не просто желание, а стремление, ведь если я буду стремиться к духовному, оно раскроется.

***

Какова связь между желанием, потребностью, страданиями и стремлением? Как прийти к стремлению с помощью всех этих факторов?

***

Сказано: «Приложил усилия и нашел». Это значит, что мы должны приложить усилия, а после этого раскроем духовный мир. В чем именно нужно приложить усилия? Какой величины должно быть усилие, чтобы в нем раскрылась «находка»? Как связать желание, стремление и усилие, чтобы прийти к «находке»?

***

Каббалисты пишут, что в связи между нами мы можем выяснить все духовные ступени – от той, на которой находимся сейчас, до конца исправления. И пока мы не пройдем все ступени духовной лестницы, воображаемая реальность этого мира не исчезнет из нашего сознания. Группа, товарищи, всё ощущаемое нами здесь и сейчас на поверхности Земного шара – все эти вещи мы будем чувствовать, пока не завершим все исправления на вершине духовной лестницы в мире бесконечности. Почему? Потому что все выяснения происходят только внутри группы, в отношениях между нами.

В отношениях между нами мы можем выяснить ступень «отдача ради отдачи», к которой приходим после прохождения *махсома*, а затем ступень «получение ради отдачи». «Отдача ради отдачи» – это Бина, ступень трепета, «незаконченный праведник». «Получение ради отдачи» – это Кетер, ступень «любви», «законченный праведник». Как мы выясняем эти уровни в группе? Предположим, вы уже праведники, по крайней мере, незаконченные. Как выяснить эти два уровня между нами – «отдача ради отдачи» и «получение ради отдачи»? Представьте, какая сила связи и какое кли у нас есть, если мы можем выяснить между собой все духовные ступени. Малхут мира Ацилут, Зеир Анпин мира Ацилут, «Аба ве Има» (духовные отец и мать) – везде говорится о связи между нами. Как мы это выясняем?

***

Группа является для меня шкалой измерения, я всё проверяю относительно этого статуса, этого свойства. Я не знаю, что такое группа. Это нечто туманное передо мной, и мне точно неизвестно, то ли это тела, то ли объединение между ними, то ли частички света, то ли Творец, Бесконечность? Могу ли я своим отношением к этому туманному явлению проверить и оценить, кто я и где нахожусь? Как я к ним отношусь? Пренебрегаю ими и считаю себя выше их? Или, поскольку они учатся вместе со мной, отношусь к ним милосердно, ведь они мои товарищи на данный момент? Или я понимаю, что у нас общий путь, и что мы учим нечто особенное, и начинаю относиться к ним с большей серьезностью?

Более серьезное отношение возникает между нами тогда, когда я начинаю видеть, что мое будущее зависит от них. Здесь находится точка, которую каждый должен ощутить как укол внутри: прошел я ее или нет? Зафиксировал в себе впечатление, что завишу от них, или еще нет? С момента, когда я чувствую свою зависимость от них, мое отношение к ним меняется. Постепенно во мне формируется осознание, что я зависим от них полностью. С этого момента и далее у меня начнется с ними настоящий расчет. Этот расчет таков: я желаю достичь Творца, но Он поставил передо мной группу в виде условия. Поэтому я отношусь к ним, как к средству. Группа для меня – трамплин для достижения Творца, и так я к ней отношусь.

Передо мной несколько возможностей.

А) Я стремлюсь к Творцу и достигаю Его без группы.

Б) Я связываюсь с группой не потому, что вынужден, а потому, что хочу достичь Творца именно с товарищами, с группой. Достижение Творца для меня главное, а группа – второстепенное. Мне важнее отношение к Творцу, но я чувствую, что только через группу, только вместе с товарищами, только при этом условии могу достичь Творца.

В) Я забочусь о том, чтобы не я, а мои товарищи достигли Творца. Главное, что я вкладываю в них, чтобы они это сделали.

Какие из этих состояний относятся к уровню «незаконченный праведник», к ступени Бина, а какие – к уровню «законченный праведник», к ступени Кетер? Эти высокие духовные ступени можно выяснить только соответственно своему отношению к группе.

***

Первый ответ называется «возвращение от трепета», а второй – «возвращение от любви». «Возвращение от трепета» означает, что я взращиваю любовь к товарищам, исходя из боязни. А «возвращение от любви» означает, что я действую, исходя из любви к ним. Относительно чего говорится о трепете, и относительно чего говорится о любви? Возвращение от трепета – это «отдача ради отдачи», «незаконченный праведник», «хафец хесед» (ничего не желающий для себя). Это значит, что человек развивает любовь к товарищам, исходя из страха, якобы по обязанности. Возвращение от любви – это «получение ради отдачи», «законченный праведник», который развивает любовь к товарищам, исходя из любви к ним.

Какова связь между возвращением от трепета и возвращением от любви?

***

В связи с двумя последними вопросами написано:

«Невозможно удостоиться любви к Творцу, пока ты не удостоишься любви к товарищам. Как сказал рабби Акива: «Возлюби ближнего своего, как самого себя» – это великое правило Торы. Но когда человек упражняет себя в любви к товарищам, он не рассматривает ее, как самостоятельную ценность, видя в ней лишь нечто дополнительное, необязательное.

И он выполняет эту заповедь, ибо у него нет выбора, но при этом каждую минуту он думает так: когда же я уже удостоюсь любви к Творцу и смогу освободиться от любви к товарищам, которая для меня такой тяжкий груз? Ведь так тяжело мне терпеть моих товарищей, поскольку, как я вижу, свойства каждого из них отличны от моих, и нет между нами никакого подобия. И только в силу необходимости я сижу с ними, ибо нет у меня другого выхода, поскольку сказали мне, что без любви к товарищам не смогу я достичь любви к Творцу.

Но я могу сказать сам себе, что лишь одно я имею от того, что сижу с ними вместе и терплю их речи, которые мне совсем не по духу и не по нраву – и это исправление себя с помощью страданий. И делать нечего, ибо мне говорят, что должен я терпеть страдания в этом мире, и потому я страдаю, и сижу, и жду наступления того часа, когда я смогу сбежать от них и не смотреть больше на ту низость, которую я в них вижу.

Понятно, что такой человек не берет от любви к товарищам того лекарства, которое называется «любовь к ближнему». Он действует, исходя лишь из того, что ему сказали, что у него нет выхода, ибо иначе он не сможет достичь любви к Творцу. Поэтому он выполняет заповедь любви к товарищам, исполняя все обязательства, предписываемые товарищами. Но то, чему надо научиться, проходит мимо него. То есть выйти из любви к себе, из своего эгоизма он не может, и любви к ближнему он не достигает. И заповедь эту он исполняет не из любви, а из страха, ибо нельзя достичь любви к Творцу, прежде чем достигают любви к товарищам. Потому он и боится не исполнить заповеди любви к товарищам, ибо иначе он не достигнет любви к Творцу».

(РАБАШ, Пойдем к Фараону (2))

СЕМИНАР 29

НЕТ НИЧЕГО ЦЕЛЕЕ, ЧЕМ РАЗБИТОЕ СЕРДЦЕ

(КОНГРЕСС ОБЪЕДИНЕНИЯ НА СЕВЕРЕ, 05.07.2012)

Всем известно выражение: «Нет ничего целее, чем разбитое сердце». Почему?

***

Написано: «Близок Творец к разбитым сердцам». Почему именно когда мое сердце разбито, Он ко мне близок? А если мое сердце целое, Творец далек от меня?

***

Сказано, что важная заповедь – быть в радости. Также написано: «Работайте на Творца в радости». Почему только в радости, и в какой радости мы должны работать на Творца? Ведь если не в радости, это не называется работой на Творца. Почему нельзя работать в грусти, гневе, давлении или других состояниях, в которых мы обычно находимся? И как мы достигаем радости – такой, которая называется важной заповедью? Это само действие, сопровождающее его настроение или цель? Как это – быть в заповеди, которая называется радостью?

***

По какой истинной причине я достигаю радости?

***

В духовной работе в одном явлении всегда находятся две противоположности. Как это может быть? Скажем, я чувствую страдание, боль и, вместе с этим, – радость. Причем одно не гасит другое, а именно удерживает. И это не мазохизм, а истинное совершенство в этих двух ощущениях – страдании и радости, которые являются двумя частями одного цельного явления.

***

От какого страдания мы радуемся? О каком страдании нужно просить, чтобы было, причем, как можно больше? Какое страдание не гасится радостью, а наоборот, чем больше страдание, тем больше радость?

***

С помощью какого принципа, понятия, свойства я пробуждаю и страдание, и радость, и с обоими двигаюсь вперед? Можно ли этот принцип достичь одному, или именно он достигается группой, и только он один продвигает нас к цели? Страдание и радость – как две линии, над которыми я поднимаюсь в чертог Творца. Благодаря какому принципу, используя страдание и радость вместе, я прихожу к цели?

СЕМИНАР 30

НА ПУТИ К НАШЕМУ СОЕДИНЕНИЮ

(КОНГРЕСС ОБЪЕДИНЕНИЯ НА СЕВЕРЕ, 05.07.2012)

На этом семинаре мы сосредоточимся на нашей работе в группе, потому что только в ней мы можем выяснить все проблемы и всё, что относится к объединению. Именно внутри объединения между нами мы находим Творца, там происходит раскрытие Творца творению. Правильное соединение между нами называется Шхина, и там раскрывается Шохен – Тот, Кто наполняет наше соединение. К этому мы приходим со стороны кли, раскрывая в нем жизнь, свет.

Мы говорили о том, что, работая в группе, мы выясняем всё. Мы можем выяснить весь духовный путь – 125 ступеней до Конца исправления. Всё это происходит в группе, пока группа не станет единым целым – Малхут мира Бесконечности. Все выясняется только в отношениях между товарищами. Поэтому мы никуда не должны «убегать» от соединения между нами и заботы о нем. Внутри этого соединения проявляется Творец, и наше отношение к Творцу тоже выясняется в отношениях между товарищами.

Как через работу с группой мы приходим к вере выше знания, к «лишма», «возвращению от трепета»? Каждая духовная мера, состояние, ступень представляет собой особый уровень соединения между товарищами. Скажем, сейчас я нахожусь в Хесэд дэ-Тифэрэт в мире Ецира. Это определенный уровень эгоистического желания, который исправлен отдачей и соединением между товарищами. С помощью определенных действий сюда можно подняться и привлечь свет, возвращающий к Источнику. Он воздействует на нас, и связь между нами становится крепче. Это называется, что мы поднимаемся на более высокий уровень.

Через соединение между собой мы каждый раз выясняем, что именно в нашей связи является духовностью, какие эгоистические силы и каким образом мы исправили. Некоторые желания мы просто отменяем, и это называется окончанием (*соф*) духовного парцуфа. Там свет не может распространиться. Посредством других желаний мы можем взаимно отдавать друг другу, и это называется внутренней частью (*тох*) парцуфа. Там мы получаем ради отдачи и тем самым находимся в живой связи между собой, когда каждый передает другим. Но решения исходят из головы (*рош*) парцуфа, и эти решения о том, как нам максимально объединиться.

По пути мы получаем удары, ненавидим друг друга, не можем разговаривать друг с другом, расходимся и снова соединяемся. Такие отношения между нами, когда мы не ладим между собой, не выносим друг друга, как из-за прошлого, так и в настоящем, называются либо «*здонот*» (намеренные прегрешения), либо «*шгагот*» (неумышленные ошибки, оплошности). Как различить между нами намеренные прегрешения и оплошности? Что является оплошностями и намеренными прегрешениями в группе?

***

Приведите пример, что может быть намеренным прегрешением, а что – оплошностью? В чем разница между ними? Что такое намеренные прегрешения и оплошности на пути во дворец Царя или к нашему соединению?

***

Намеренные прегрешения и оплошности являются индивидуальными или относятся ко всей группе? Сколько их всего, если их число ограничено? Сколько намеренных прегрешений и оплошностей мы должны раскрыть на 125 ступенях, и можем ли «пролететь» над ними?

***

Мы говорили об оплошностях и намеренных прегрешениях, а также об их количестве. А теперь рассмотрим их относительно Творца. Оплошность человек совершает, вроде бы, неумышленно. От Творца к нему приходит заблуждение, и он его реализует, потому что оно исходит от Высшего Управления. Поскольку человеку это дается без расчета, то называется оплошностью. Эгоизм, властвуя в человеке, поражает его разум, и человек совершает действие невольно.

Может быть, он совершил ужасный поступок, но был под таким давлением, что не мог осознать, что делает. Скажем, если он на кого-то злится и буквально хочет его убить, потому что в этот момент не способен мыслить трезво, является ли это оплошностью? А если его ум ясен, и он тщательно планирует, как будет убивать, называется ли это намеренным прегрешением? Это со стороны человека. А как это выглядит со стороны Творца, ведь мы учим, что «нет никого кроме Него»?

Получается, что в намеренном прегрешении мы причиняем зло, используя чувства и разум, а оплошность совершаем неумышленно. Неумышленно – это хуже или «облегчает вину»? Следует ли думать, что оплошности приходят от Творца, а намеренные прегрешения – от человека? Нужно искать ответ в соединении, ведь, очевидно, оплошности и намеренные прегрешения относятся только к соединению.

***

Раскрываются ли оплошности и намеренные прегрешения только в группе, либо также индивидуально и относятся к исправлению? Является ли исправление личным, или же оно общее для всей группы?

***

Как исправить намеренные прегрешения и оплошности? Человек делает это сам или в соединении с группой? Что именно он исправляет?

***

Весь наш путь состоит в том, чтобы раскрыть, что, кроме Творца, нет иной силы, действующей во всем мироздании. Все оплошности и намеренные прегрешения состоят лишь в том, что мы ошибаемся относительно единственности Творца, ведь «нет никого кроме Него», и Он стоит за всеми нашими оплошностями и намеренными прегрешениями. Значит, я совершаю оплошность или намеренное прегрешение потому, что не представляю Его. Как нам помочь друг другу в том, чтобы все время раскрывать Творца? В этом раскрытии мы должны оправдать Его за все оплошности и намеренные прегрешения, которые, безусловно, приходят от Него. И тогда сообразно своим возможностям, мы будем называться незаконченными или законченными праведниками, – в соответствии с тем, насколько способны оправдать управление и надзор над нами со стороны Творца во всех Его деяниях.

Как нам помочь друг другу достичь ступени «законченный праведник» или «нет никого, кроме Него», чтобы все оплошности и намеренные прегрешения соединились в одно большое единство?

***

СЕМИНАР 31

АКТИВНОСТЬ ГРУППЫ

(08.07.2012)

Существует множество советов, в которых мы запутываемся, будто блуждаем по лесу. Но среди них есть такие, которые точным и кратким путем направляют нас к цели. Выражение «Исраэль, Тора и Творец – единое целое» говорит о направлении моего продвижения: от меня → через группу → к Творцу. В чем состоит эта направленность? – От любви к творениям – к любви к Творцу. То есть это направление развития любви.

Как мы продвигаемся? – «Как младенец, как ребенок», – объясняют нам каббалисты. Желая расти, он учится у взрослых, глядя на то, что они делают. Он смотрит чисто внешне, не понимая и не постигая, но поскольку что-то видит, то подражает взрослым и тем самым, из внешнего действия, постигает его смысл и связанные с ним ощущения.

Иными словами, для того чтобы достичь более высокой ступени, я должен попытаться сделать что-то, будто бы находясь на ней. И тогда с этой ступени на меня воздействует сила, которая называется Окружающим светом, светом, возвращающим к источнику, и поднимает меня. То есть для того чтобы взойти на следующую ступень, мне нужно приложить усилие – стать подобным ей. Тогда Окружающий свет поможет мне подняться.

Мы знаем, да и читали в статьях РАБАШа о том, что в людях, которых мы любим, мы видим только достоинства, а недостатки совершенно не замечаем. И наоборот, в том, кого мы не любим, видим только изъяны. Если я желаю взойти на следующую ступень, то есть достичь любви к товарищам, чтобы прийти к любви к Творцу, то должен хорошо говорить о товарищах и о Творце, и тогда это принесет мне любовь к ним.

Получается, что если бы я любил товарищей и любил Творца, то говорил бы о них и видел в них только хорошее. Сейчас во мне этого нет, но если я постараюсь видеть в них только хорошее, то это приведет меня к любви к ним. Это называется: «приложил усилия и нашел». Я прилагаю усилия и стараюсь думать и говорить о них хорошо, хотя ничего подобного по отношению к ним не испытываю. Я делаю над собой усилие, идя верой выше знания, но сам этого не хочу, не думаю так, – это называется, что я в это играю. Тем самым я пробуждаю свет, возвращающий к источнику, и он приносит мне любовь. И тогда на этой ступени, из любви к ним, говорю о них хорошо.

А что происходит на более высокой ступени? То же самое. Я уже не говорю о них хорошо, а потому вновь прикладываю усилие, соответствующее более высокой ступени. Так мы продвигаемся. Как мы можем подниматься со ступени на ступень в соответствии с правилом, о котором сейчас говорили?

***

В статье «Чего требовать от собрания товарищей?» РАБАШ пишет:

...Каждый должен стараться внести в группу приподнятое настроение и надежду, придать энергию группе, чтобы каждый ее член мог сказать себе, что сейчас начинает новую страницу в работе. То есть, что до прихода в группу он был разочарован своим продвижением в духовной работе. А сейчас товарищи дали ему дух жизни, полный надежды, что достигнет с их помощью уверенность и силы преодоления. Ведь сейчас

он чувствует, что может достичь совершенства. И все, что было важно, что стояло против него как огромная гора, и он думал, что не способен ее покорить, и это действительно сильные помехи, сейчас он думает, что это просто ноль. И все получил от силы группы, потому что каждый постарался привнести дух одобрения и свежую атмосферу в группу….

Мы не должны забывать об одном важном принципе, который помогает нам сэкономить много времени и усилий. Нам кажется, будто мы продвигаемся, но все это впустую. То, что мы получаем от группы, называется духовным. А то, что мы учим, делаем, постигаем в одиночку, – все это приходит нам от эго. Очень просто. То, что мы получаем от группы, – это духовное. Это – духовное кли, духовные свойства. А всё исходящее из любого другого источника относится только к нашему эго. Как же нам начать новую страницу в работе? Что является тем главным, что нам необходимо сделать, чтобы завтра «была открыта» новая страница в нашей работе? Что каждый из вас думает по поводу того, что нужно изменить?

***

СЕМИНАР 32

В ДОБРЫХ РУКАХ ГРУППЫ

(13.07.2012)

Мы идем по пути духовного продвижения согласно тому, как нам велят Бааль Сулам и РАБАШ, а не так, как нам этого хочется. И продвигаемся мы в соответствии с тем, что в меру своего понимания черпаем из их учения – статей, писем и всего изучаемого материала. Разумеется, с каждым разом мы понимаем больше и благодаря этому начинаем глубже осознавать наш путь и требования для продвижения.

Как рассказывают нам каббалисты, наука каббала – это «порядок раскрытия Творца творениям». Раскрытие это происходит не мгновенно, а по мере подъема по 125 духовным ступеням. И мы желаем достичь первой, самой маленькой из них. Но чтобы достичь ее, нам необходимо быть в состоянии минимального подобия Творцу. Оно называется «будущий человек» – как капля семени. Мы можем также назвать его «рождением» или началом создания человека, Адама – «подобного Творцу». Это первая ступень, и мы находимся перед ней.

Чтобы стать подобными Творцу, нам нужно достичь такой же, как у Него, отдачи и любви в размере 1/125 части. Но нам неизвестно, какова зависимость между ступенями, какой формулой она выражается. Возможно, это геометрическая, а не линейная зависимость, а может быть, логарифмическая. Каббалисты говорят, что высшая ступень по отношению к низшей – все равно, что Бесконечность в сравнении с песчинкой. Соблюдается именно такая зависимость между ступенями. Так что мы вообще не понимаем, о чем говорится на 125 ступенях, но, допустим, говорим о первой из них.

Чтобы достичь свойства отдачи, Творца, нам необходимо увидеть, почувствовать, понять Его, определить условия. Мы также должны знать, продвигаемся мы или нет, в какую сторону отклонились, чтобы исправить себя и продвигаться дальше. Но это невозможно сделать, если наши свойства противоположны Его свойствам.

Сказано: «Душа человека учит его». Однако видеть процесс своего продвижения и согласно этому определять нужные исправления, ты сможешь после того, как обретешь в какой-то мере подобие свойств. И тогда в дальнейшем, поднимаясь от достигнутого подобия к большему его уровню, ты узнаешь, как продвигаться, поскольку у тебя появится критерий для сравнения нынешнего состояния с будущим состоянием. Так ты продвинешься.

Пока что у тебя этого нет, а есть только окружение, которое тебе приготовили точно на таких же условиях, как с Творцом. Тебе нужно только знать, что ты находишься с товарищами в таких же условиях, как с Творцом. Здесь нет нейтрального состояния, и оно не может быть меньше или больше наполовину или на четверть, – только если ты сможешь измерить эти условия независимо и объективно.

Поэтому мы как бы покидаем Творца, Он остается, но где-то на горизонте, и стараемся правильно работать с группой, прийти к взаимному соединению с товарищами. О товарищах мне говорят: «Они раскроются тебе еще более далекими и ненавистными. Ты проявишь по отношению к ним усилие и, пройдя 125 ступеней, достигнешь того же, что и они». Ты всегда работаешь с ними, чтобы раскрыть в них Творца. И так у тебя всегда будет лабораторный стол, за которым ты в любое время сможешь работать. Вот почему этот мир так устроен и ты – в том числе. Иначе говоря, перед тобой все человечество, и все это, как сказано: «помощь против него».

Как мы строим группу, с помощью которой сможем проверить и оценить, в каком состоянии находимся? Какого состояния необходимо достичь, чтобы стать подобными Творцу? Как мне направить себя с помощью группы, чтобы сделать этот маленький, краткий, возможно, единственный шаг и достичь, наконец, подобия свойств с Творцом? Какую связь мне нужно создать? Какие условия? Какую группу построить? И самое главное: как нам измерить, насколько мы подобны Творцу?

***

Иными словами, Творец – это цель, а группа для меня, как автомобиль или нечто подобное, которое я могу направлять, чтобы достичь Творца. Какое окружение, какая система, какой автомобиль мне нужен, чтобы наверняка привел меня к Творцу? Какие отношения между нами должны быть, и как нам их построить?

Я прошу вас, не говорить лозунгами, а давать практические советы: как достичь Творца с помощью группы? Что ежедневно нам нужно делать в группе, чтобы прийти к Творцу? Мне необходимо мерило, показывающее, что с каждым днем я продвигаюсь.

***

Из статей РАБАШа мы видим, что взаимопомощь, которую мы можем реально и открыто оказывать, как сказано: «Да поможет человек ближнему своему», – это важность цели. То есть, очевидно, нам необходимо говорить о ее важности, чтобы товарищ почувствовал, что цель важна. Нужно также говорить о необходимости пробуждения в нашей повседневной работе, чтобы достичь цели. Нам нужно пробуждать в других радость, приподнятое настроение. Мы должны побуждать товарищей к учебе, к распространению и беспокоиться, чтобы в группе был высокий и проникновенный жизненный дух, направленный на цель.

Через какие системы мы сможем это сделать? Ведь я могу не только думать об этом или держать внутри намерение. Это можно делать открыто: проявлением радости, побуждением, подъемом на уроки, внешним распространением, помощью во время падений и подъемов и т.п. Мы способны выполнять это реально. Существуют ли у нас такие системы? Возможно, нам необходимо создавать их, чтобы продвигаться? Что конкретно можно сделать сейчас, чтобы каждый, кто не достиг вершины своего продвижения, его максимальной эффективности, тотчас почувствовал поддержку группы и перешел на «самые высокие обороты» своих усилий?

***

Пусть каждый из вас даст практический совет, что необходимо предпринять, чтобы каждый товарищ находился в максимальном побуждении к цели вместе с остальными. Совет должен быть практичным, т.е. не просто «было бы хорошо сделать». Предложите, посредством каких систем или повседневных дел, которые нам следует выполнять с этой минуты и далее, можно этого достичь. Что каждый из вас посоветует?

***

Нам необходимо представить себе, что означает «быть подобными Творцу», чтобы это состояние, свойство, закон, положение, было для нас чем-то очень желанным. Как мы это себе представляем? Как мы стараемся в группе постоянно помнить о цели? Какая система нам в этом помогает? Возможно, нам нужны взаимные обязательства или ответственные за это? Ведь понятно, что нам все время нужно стараться быть в состоянии, как сказано: «Я всегда представляю перед собой Творца».

***

Исправленная система называется «лодка». Каковы законы «лодки»? Ее нужно рассматривать как «десять сфирот», как «один парцуф». Каковы законы «судна» или «лодки», в которой мы находимся, как соединенные части? Как нам установить, продвигается ли наша «лодка» в бушующем море, укрепляется ли она вследствие бури на море, чтобы достичь цели? Как укрепиться в ней, чтобы прийти к цели сплоченными? Как правильно воспользоваться ситуацией с бурей на море? Каковы законы «лодки»? Не сверлить дыру в «лодке», а только укреплять ее борта, пробуждать остальных товарищей.

Как нам конкретно построить в группе это состояние, чтобы почувствовать, будто мы находимся в море в одной лодке? Как нам довести его до нашего постоянного внутреннего ощущения? Я прошу давать только практические советы, которые можно начать осуществлять, начиная с сегодняшнего дня и далее.

***

Если мы подведем итоги, то увидим, что продвигаемся посредством двух сил: подталкивающей и притягивающей. Подталкивающая сила – это и «точка в сердце», пробуждающаяся и вопрошающая: «В чем смысл жизни?», и разные беды и проблемы. Нужна ли нам еще и подталкивающая сила группы? Подталкивающая сила – отрицательная. Возможно, нам необходима только положительная сила, исходящая от группы, которая притягивает, и этого достаточно?

Если говорить лишь о притягивающей силе, то каббалисты пишут в своих статьях, что когда товарищи заботятся о человеке, то тем самым они отменяют его беспокойство о себе и помогают ему подняться из своего желания получать, освободиться от него, и тогда ему намного легче достичь отдачи.

Как нам построить такую систему, которая даст каждому из нас ощущение, что он находится «в хороших руках» группы, и ему не нужно ни о чем беспокоиться? Мы нейтрализуем в нем все тревоги, – и ему остается лишь думать о нас. И таким путем мы достигнем единства. Какой механизм нам нужно создать, чтобы привести человека к такому ощущению, когда взрослый человек почувствовал бы себя, как младенец в руках матери, что ему не нужно заботиться ни о чем, – она о нем позаботится? Как нам это сделать?

***

СЕМИНАР 33
МЕТОДИКА ОБЪЕДИНЕНИЯ
(15.07.2012)

Мы учим, что существует только мир Бесконечности, и кроме него ничего нет: «Я Своего имени не менял», «Высший свет находится в абсолютном покое» и т.д. Кроме этого состояния нет ничего, а все остальное, как говорит Бааль Сулам, исходит из него: «и тогда распространились миры, ступень за ступенью, пока не достигли этого мира». На этой самой нижней ступени возникает разделение между телом и душой.

Мы учим, что есть 5 миров, в каждом из них – 5 парцуфим из 5 сфирот, которые делятся на различные частные состояния. Эти 125 ступеней составляют Бесконечность, которая всегда остается Бесконечностью. Но относительно тех, кто получает, она постепенно мутнеет, уменьшается и портится. Так им видится согласно правилу: «каждый обвиняющий обвиняет своим изъяном». Соответственно месту, в котором находится наблюдатель, он раскрывает мир в меру своей исправности или испорченности. Сообразно этому он видит в реальности исправление или порчу. Такое относительное состояние по сравнению с Бесконечностью называется ступенью.

Когда желание получать, созданное в мире Бесконечности, начало распространяться сверху вниз, проявилось различие между его частями и экраном. Это различие показывает, в какой мере мы можем использовать желание получать с помощью экрана в намерении ради отдачи. Если такие связи существуют между частями, то через взаимную отдачу они удерживают себя в раскрытии этих связей. В системе, которую они создают между собой, раскрывается свет согласно закону подобию свойств. Этот свет называется «свет жизни» или «Творец». Так происходит раскрытие Творца творению.

После этого сверху вниз была проведена подготовка в виде разбиения. Это означает, что связь между частями испортилась, и высший свет, раскрытие Творца, исчез из ощущения творений. Связь, в принципе, существует, но с эгоистическим намерением получать ради себя. Постепенно она еще больше ухудшается, пока части полностью не отрываются друг от друга, утратив ощущение связи между собой. Наоборот, в отношениях друг с другом они чувствуют, что каждый хочет использовать другого ради своей выгоды. При такой форме связи творения теряют ощущение духовного мира, свойства отдачи между собой.

В процессе развития их эгоистическое желание растет, и на каком-то этапе они начинают осознавать, что должны быть в хороших отношениях между собой, а не в плохих. К этому их толкает или точка в сердце – тогда они приходят к методике объединения, которая называется наука каббала, – или ощущение, что им плохо в этом мире. Плохо до такой степени, что нужно что-то изменить, предпринять в этой жизни. И тогда они находят методику исправления, которая называется интегральным воспитанием.

Оба состояния – и тех, у кого есть точка в сердце, и тех, у кого ее нет, – приближают к осознанию зла, ведь злом является то, что нас разделяет. Постепенно люди начинают узнавать – и те, которые изучают науку каббала, и те, которые просто живут в мире и познают его под давлением страданий, – что их связи мешает эгоизм. Из-за него они не способны относиться друг к другу так, чтобы все жили в безопасности, благополучии, во взаимной отдаче, взаимопонимании и единстве.

Все понимают, что это было бы хорошо. Проблема в том, что никто не знает, как это сделать, потому что мы располагаем только эгоистической силой. Но когда мы начинаем осознавать, что духовное постижение достигается особой силой, которую необходимо пробудить связью между нами – она называется «свет, возвращающий к Источнику», «окружающий свет», – то возникает потребность в таких упражнениях, которые мы сейчас проводим на семинаре.

Только если мы вопреки силе отторжения стараемся соединиться и используем силу группы, чтобы аннулировать себя перед товарищами, то каждый обретает силы других. Тогда он в 10, в 100 или даже в 1000 раз умножает свою первоначальную силу в зависимости от того, насколько ценит товарищей. Постепенно между ними образуется добрая, крепкая, надежная система связи, приводящая к состоянию по имени «*сэа*».

В этой системе связи между ними, там, где есть давление, желание, потребность и большое усилие, раскрывается живительная сила, сила жизни, которую они чувствуют как высший свет, раскрытие Творца. По мере того как товарищи пытаются укрепить связь и приблизиться друг к другу вопреки раскрытию зла, их эгоистическое желание растет больше. Они его исправляют тем, что объединяются еще крепче и поднимаются на более высокую ступень.

В каждом раскрывается эго, но вопреки ему они работают вместе над общим желанием, которое тянет к разъединению, и просят свет, возвращающий к Источнику, их исправить. Усиливая объединение, они переходят со ступени на ступень, пока не завершат всю работу. По спускам и подъемам можно посчитать и измерить все ступени. Когда рабби Шимон упал настолько глубоко, что почувствовал себя торговцем с рынка, ему стало ясно, что при подъеме он достигнет Конца Исправления. Мы тоже так поднимаемся.

Бесконечность существует всегда. Если связь между творениями ослабевает, они видят, что отдалены от нее до этого мира. А если сила соединения между ними становится мощнее, они видят, что приближаются к Бесконечности, пока в нее не войдут. Получается, что говорить о связи между товарищами или говорить об исправлении душ – это то же самое. А поскольку в нашем состоянии, на нашем уровне, Творец скрыт, мы обязаны работать друг с другом вместо того, чтобы работать с Творцом.

В своем нынешнем состоянии мы видим в товарищах людей нежелательных, чужих, отталкивающих, не равных. Так их видит мое эго. С Творцом я так не могу. Если бы Творец был раскрыт, я всегда был бы Его рабом, без свободы выбора. А в отношениях с товарищами у меня есть свободный выбор объединиться с ними, укрепить связь и выстроить себя как душу, которая находится в духовном мире, или ждать, пока, возможно, страдания обяжут меня к этому.

Мы находимся в духовном мире, но он представляется нам миром материальным, и это для нас спасение. Благодаря скрытию мы можем объединяться не по необходимости, а потому, что к этому нас вынуждают страдания. Так мы выбираем духовное свободным выбором. Чем больше мы приближаемся к нежелательному окружению, чем сильнее объединяемся с товарищами, с которыми не хотим объединяться, тем больше у нас возможности работать над своим эго. Нас ничего к этому не обязывает, кроме силы, которую мы раскрываем в нашей связи с окружением. Принижая себя перед окружением, мы получаем от него осознание величия цели и важности товарищей. Это в нас работает, служа силой, влекущей вперед.

В духовном мире связь между нами определяет высоту ступени, на которой мы находимся, поэтому, укрепляя эту связь, мы восходим по ступеням. Мы всегда остаемся творениями, но поднимаемся со ступени на ступень до достижения своего корня. На каждом уровне, в каждом состоянии, в каждом мире есть те же ступени.

Наша работа состоит также в том, чтобы понять, как мы говорим о духовных мирах языком каббалы, и как мы говорим о нашем состоянии, в котором мы хотим объединения, – языком этого мира. Между ними нет различия, кроме языка.

О человеке, постигающем духовный мир, сказано, что «душа человека учит его». Он видит, что через укрепление связи раскрывается ненависть, как у учеников рабби Шимона, а затем любовь. В нашем мире у человека есть выбор. Бааль Сулам пишет в Предисловии к Учению Десяти Сфирот, что основной выбор происходит в этом мире, когда мы пребываем в скрытии. Тут мы, действительно, должны приложить усилие, чтобы получить от общества побуждение, толчок, желание к исправлению.

Как же соединить язык нашей работы и язык каббалы? Многих товарищей это путает: или мы изучаем нечто возвышенное, или говорим о том, что находится на земле. Они не могут соединить эти вещи вместе, потому что не понимают, что это одно и то же, и все зависит от человека, который получает. Духовный мир – это всегда Бесконечность, а человек получает эту Бесконечность на том уровне духовной лестницы, на котором находится. На данный момент наша ступень самая низкая, но если мы примем веру мудрецов, принизим себя перед товарищами и сделаем то, что от нас требуется, то наверняка сможем взойти хотя бы на первый уровень раскрытия духовного мира. Тогда не будет путаницы между языками, и мы увидим все в святости.

Насколько скрытие Творца и присутствие группы помогает мне в исправлении души?

***

Ответ таков: Творец скрыт, чтобы желание получать не стремилось к Нему, чтобы вор не бежал впереди, крича, хватайте вора! Как раскрытие высшего мира зависит от меры связи между нами? Каково соотношение между ними или, возможно, формула?

***

Мера связи между нами определяет меру свойства отдачи, а согласно мере отдачи раскрывается высший мир. Из этого вытекает следующий вопрос: какие силы мы должны вложить в связь между нами, чтобы каждый раз подниматься на более высокую ступень? Каково соотношение между моим усилием и подъемом?

Иначе говоря, что нас разделяет? – Эгоизм! Эгоизм каждого находится в разбиении. У нас есть 613, или 620, или даже 625 желаний со всеми включениями. А ступеней 125. Получается, что если мы должны приблизиться друг к другу в своем полностью разбитом эгоизме, то для того, чтобы совладать со своим эго, нам нужно выполнить 613, 620 или 625 исправлений. Вдобавок, человек должен преодолеть эго товарища, чтобы добраться до его сердца. Если он это делает, то достигает объединения и поднимается на 1/125 ступени.

Отсюда мы можем сделать расчет о своем положении. Бааль Сулам приводит различные расчеты, гораздо более сложные. То есть, существует прямая связь, прямая зависимость между мерой нашего сближения – сердце к сердцу и мерой нашего подъема. Если духовный подъем настолько зависит от усиления связи между нами, как мы можем сосредоточить мысль и желание только на этом? Что может нам помочь?

***

Быть связанными с целью так, чтобы не отпускать ее, мы можем только и исключительно с помощью нашей совместной силы, общего желания, как написано: «человек да поможет ближнему».

Мы учим, что в духовном мире связь с Творцом, с высшим светом, что одно и то же, происходит через *зивуг дэ-акаа* – ударное взаимодействие между высшим светом и экраном, покрывающим *авиют*. Через образование связи между Прямым светом, экраном и авиютом, творению раскрывается высший свет, Творец. Как это состояние проявляется между человеком и его товарищем? Когда это может произойти? Мы говорим, что от любви к творениям мы приходим к любви к Творцу, что те же законы, согласно которым я работаю с товарищами, я соблюдаю относительно Творца. В чем сопоставимы состояния с товарищами и состояния с Творцом в *зивуге дэ-акаа*?

***

Мы учим, что группа и товарищи даны нам для того, чтобы мы приложили усилия и от любви к товарищам пришли к любви к Творцу. Но это не значит, что по достижению связи с Творцом отпадает необходимость в товарищах. Мы видим, что ученики рабби Шимона, которые достигли высоких духовных ступеней, измеряют свой уровень мерой связи между собой, мерой ненависти и любви друг к другу. Сам рабби Шимон перед Концом Исправления вдруг почувствовал себя торговцем с рынка. Иными словами, этот мир не исчезает до Конца Исправления, и в нем мы оцениваем и готовим себя к каждому шагу в духовном мире.

Когда Творец раскрывается в первый раз, я не стараюсь «проглотить» его ради получения. Я удерживаю себя и хочу отдавать, действовать в отдаче Ему. Это происходит мгновенно, как всё в духовном мире. Как через связь с товарищами и группой я готовлю себя к тому, что если Творец раскроется, я буду защищен? К какому состоянию с товарищами я должен прийти, чтобы быть защищенным при встрече с Творцом?

***

Мы должны постараться представить связи между нами соответственно духовному миру. Ведь все миры, все ступени параллельны, и все детали на каждой ступени идентичны. Все зависит только от силы ощущения, которая в них существует, и формы нашего принятия их в получении или отдаче. Этот семинар был важен тем, что мы начали связывать наше развитие в группе и силу нашей взаимосвязи с раскрытием в ней Творца. Только внутри правильной системы между нами мы раскрываем духовный мир и оживляющую его силу – Творца.

СЕМИНАР 34

РАСКРЫВАЕМ СВОБОДНЫЙ ВЫБОР

(27.07.2012)

Сказано «Я – первый, Я – последний», то есть всё устанавливает Творец. Обо всём, что было до сих пор в прошлом до данного мгновения, я должен думать, что всё должно было произойти именно так. В каких бы формах это не происходило, в самых плохих или в самых хороших, всё было предопределено заранее и так «докатилось» до меня. Иными словами, до сих пор у меня не было свободы выбора.

А в чем заключается моя свобода выбора? – В том, что я говорю: «Творец добр и Творящий добро во всем, что было!» Он является корнем всего: самых плохих и скверных событий, абсолютного отсутствия справедливости в тех или иных случаях и т.д. Когда я смотрю на свою жизнь, на то, что причинил другим людям, и что они причиняют друг другу, народам и странам, я должен сказать: «Есть у них глаза, но не видят», ведь всё приходит от «Доброго и Творящего добро».

Где же моя свобода выбора, если мне диктуют, как я должен реагировать? О прошлом я говорю, что так должно было быть, и всё, что кажется мне плохим, я должен считать хорошим и добрым. Если я прихожу к такому решению, это значит, что я реализовал свою свободу выбора в том, что «Я – первый». Но в чем состоит свобода выбора? Как прийти к такому решению? Начните обсуждать, как мы относимся к прошлому и настоящему, почему Творец запутал нас и дал нам такое восприятие прошлого. Почему я должен оправдать прошлое, и с помощью чего могу это сделать?

***

Чтобы оправдать Творца в прошлом, я должен выполнить определенные действия в группе, чтобы согласиться с тем, что «нет никого кроме Него «, всё исходит от «Доброго и Творящего добро» и вызвано милосердием. Так я исправляю прошлое, поэтому обязан сказать, что «Добрый и Творящий добро» – это прошлое. А как я должен относиться к будущему? Это уже более проблематично, потому что будущее зависит от меня. Но при этом сказано: «Я – последний». Здесь наш свободный выбор усложняется. Прошлое уже прошло, и мы ничего не можем в нем изменить. Но как я могу участвовать в формировании будущего и в его результатах, если сказано «Я – последний», т.е. только Творец подводит итог, и этот итог известен заранее? Какими средствами я могу реализовать свою свободу выбора по отношению к будущему? Как стабилизировать себя относительно будущего, не забывая, что «Я – последний»?

Постарайтесь услышать в высказываниях товарищей ответ, о котором они сами не подозревают. Это приходит от Творца! Постарайтесь это услышать. Неважно, какие слова они произносят, распознайте их внутренний смысл.

***

Мы учим, что ощущаем прошлое, настоящее и будущее в настоящем, ведь всё это существует только в нашем восприятии. В механизме нашего внутреннего восприятия существует разделение на такие понятия, как «вчера», «минуту назад», «через минуту» или «в настоящий момент», а также «тысячу лет назад», «через тысячу лет» или «в этом году». Все это определяется нашим восприятием реальности. Но на самом деле мы находимся в одном и том же состоянии, которое кажется нам меняющимся вследствие наших внутренних изменений. Изменяются наши внутренние свойства, и тогда нам кажется, что изменяется мир.

В таком случае, как нам выстроить правильное отношение к прошлому, настоящему и будущему? Такими высказываниями, как «Сзади и спереди Ты объемлешь меня», «Я – Первый, Я – Последний», каббалисты, или Творец через них, хотят передать нам, что все существует внутри человека и зависит только от восприятия реальности самим человеком. Как правильно определить свое отношение к времени или состояниям, если «сзади и спереди Ты объемлешь меня» (т.е. в скрытии и в раскрытии)? Где здесь проявляется наша свобода воли? Где у нас остается возможность свободного выбора в прошлом, настоящем или будущем, если «сзади и спереди Ты объемлешь меня», «Я – Первый, Я – Последний», «нет никого кроме Него»? Где у нас остается возможность действовать самостоятельно?

Постарайтесь меньше думать и больше говорить, ведь ваши размышления – это философия, а общая беседа принесет гораздо больше пользы. Один произносит слово, другой произносит слово – это не слова, а особая энергия, которая циркулирует между нами. С ее помощью мы начнем чувствовать реальность и ответ. Ищите ответ в единстве.

**

Если все фокусируется в точке настоящего времени и нет прошлого, настоящего и будущего, и это лишь иллюзия нашего восприятия реальности, если понятие «Я – Первый, Я – Последний» мы чувствуем и определяем в настоящем, то наше состояние более понятно. Вроде бы я не должен работать ни над прошлым, ни над будущим, я отрезаю их – это иллюзия. Все решается в настоящем, и если я определяю свое правильное отношение к реальности, к Творцу в настоящем, этим я изменяю свое прошлое и будущее.

И действительно, если меняется восприятие действительности, то прошлое и будущее в моих глазах преображаются. Выходит, что назначение свободного выбора – правильно сконцентрировать и сформировать нас из множества определений, параметров и проблем, понятий времени-движения-пространства и их изменений, чтобы мы приблизились к одной силе, к Творцу. Как это реализовать? Как очистить и извлечь из всего того, что от нас не зависит, только то, что от нас зависит?

Каждый человек хотел бы знать, может ли он что-нибудь изменить в жизни, и как найти ту кнопку, на которую можно нажать – и все устроится. Вместо этого мы жмем на тысячу кнопок, но ничего не происходит. Становится только хуже, потому что мы не реализуем себя правильно! Как проверить, как разобраться, как среди всего того, что не относится к нам, найти эту единственную правильную кнопку? Время, движение, пространство, окружение, «я» – где я должен сфокусировать эту точку, в которой, как в центре паутины, сходятся вместе все нити?

В этой точке я должен постоянно находиться и управлять оттуда своим миром и своим продвижением путем «ахишена» – ускоряя время. Как мне очистить себя от всех существующих «помех», оставив только правильную кнопку, ведь на все остальные кнопки нажимать бессмысленно, хотя мне и кажется, что они готовы к действию? Как найти эту единственную кнопку, с помощью чего?

***

Передо мной 1000 кнопок и только одна из них правильная. Если я действую, как весь мир, нажимая на каждую из тысячи кнопок, это называется путь «бэито» (в свое время). Это длинный путь страданий и всевозможных проблем: я нажимаю на кнопку и жду, а вдруг что-нибудь получится…. Мы видим, что из этого получается. Так я продвигаюсь, проверяя тысячу кнопок. Но как выбрать правильную кнопку, не касаясь остальных? Мне уже надоело, я уже ошибался, проверив несколько сотен из них. Сейчас, когда у меня есть выбор, как мне выбрать? Как мне отличить эту кнопку от всех остальных? По какому признаку? И где мне взять силы, чтобы запустить ее? Тогда я начну продвигаться путем «ахишена», т.е. с ускорением. Давайте поищем правильную кнопку, вместо того, чтобы искать все новые и новые кнопки, потакая своему желанию.

***

Постарайтесь услышать в словах товарищей скрытый посыл, который на самом деле послан вам свыше. Это называется «у всех учеников своих я учился». Вам кажется, что в их словах ничего нет, но они говорят такие вещи, которые являются просто раскрытием Творца для того, кто их хочет услышать. Но для этого надо немного отменить себя по отношению к тому, что они говорят.

Если есть тысяча кнопок и одна из них верная, для чего мне нужна эта тысяча? Зачем мне нужен миллион кнопок, если только одна правильная и ее нужно отыскать? Я должен перепробовать весь миллион? Чем мне поможет множество других кнопок? Когда я все-таки использую их, ведь все что создано, создано ради исправления? Для чего нужны эти тысячи кнопок, то есть разные состояния, возможности, неурядицы, проблемы, всё, с чем мы сталкиваемся, чем можем увлечься, всевозможные формы развития? Для чего всё это, если есть только одна кнопка?

***

Мы хотим найти правильную кнопку самым кратким путем, может быть немедленно, и это называется путем Торы, путем «ахишена», сокращая путь. А если не сократить, то все бедствия и проблемы, от которых страдает человечество, мы переживем на своем духовном пути. Конечно, это неправильно. Данная нам Тора, наука каббала, которую мы учим, должны помочь нам выбрать правильную кнопку во всех состояниях, в которых мы оказываемся. А все остальные кнопки существуют лишь для того, чтобы запутать нас и помочь обнаружить нужную кнопку.

Мы не должны пробовать остальные кнопки, ведь это путь страданий, очень длинный путь. Нельзя просто так давить на них – выяснение должно происходить до нажатия! Мы уже поняли, что все эти кнопки нам необходимы, потому что во всевозможных комбинациях между собой они зажигаются, как лампочки. Каждый раз загорается та или иная группа лампочек, в разных сочетаниях между собой, и через эту путаницу я выясняю правильную кнопку в каждом состоянии.

Одни кнопки или загорающиеся лампочки влияют положительно, другие – отрицательно, вблизи или издалека. Из всего этого я должен каждый раз выбрать точку правильного пути, нажать на нее и так продвигаться. Иными словами, мы должны использовать остальные кнопки противоположно: не нажимать на них, а с их помощью обнаружить нужную кнопку. Как это сделать?

***

Наша работа заключается в том, чтобы перейти из состояния 1 в состояние 3 через состояние 2 или «сзади» (в скрытии), или «спереди» (в раскрытии), чтобы наполнить всё раскрытием Творца. «Я – Первый, Я – Последний», а между ними мы раскрываем Его через приближение с помощью понятий Рав-группа-книги; Исраэль, Тора и Творец – едины. Так между прошлым и будущим мы заполняем пространство, которое является настоящим, главным, единственно существующим. Мы приводим Творца в наш мир, постигая, что **«нет никого кроме Него»**, **«Творец един»**.

Для этого нам дано единственное средство – относиться ко всей реальности, как к проявлению Творца. Все существующее – это одеяния Творца, одеяния более близкие и более далекие. Какое одеяние, раскрывающее Творца, нам ближе всего? Какое одеяние второе, третье и так далее? Как расположить по порядку средства, которые находятся в нашем распоряжении?

***

Почему раскрыть единственность Творца (а это то, что мы должны раскрыть и в это облачиться), можно только благодаря свободному выбору или тому средству, которое нам предоставлено? Почему именно в такой форме, от совершенного к несовершенному, это проявляется свыше, и мы можем раскрыть Творца в противоположном движении? Почему «Нет никого, кроме Него» мы раскрываем именно с помощью свободного выбора, который предстает перед нами, как выбор?

***

СЕМИНАР 35
ПОТЕРЯ СВЯЗИ МЕЖДУ НАМИ
(29.07.2012)

Тема семинара – разбиения святости, и то, как осознание и ощущение разбиения помогает нам достичь духовного. Сказано: «Я создал злое начало и создал Тору для его исправления». Из этого следует, что невозможно достичь средства, которое называется свет Торы и является инструментом нашего исправления, без ощущения зла. Мы также не можем продвигаться без левой линии, без зла, потому что именно сила зла пробуждает нас и продвигает к добру. Поскольку мы существуем в мире, то есть в своем желании получать наслаждения, то измеряем и взвешиваем добро и зло только в рамках этого желания.

Пора начинать оценивать свое состояние не по желанию получать, а по отсутствию связи между нами, отсутствию силы отдачи и любви, которая, как мы учим, должна царить между нами и наполнять нас. Поэтому наша работа, прежде всего, заключается в том, чтобы почувствовать изгнание. Именно этого чувства нам не хватает. Нам не хватает любви, связи, взаимной отдачи, поручительства, состояния «как один человек с одним сердцем». Если мы в это включимся, для нас это будет освобождением. Почему? Потому что силой отдачи и любви, которую мы обретем в связи между нами, мы сможем раскрыть Творца, общую силу, которая наполняет и поддерживает всю реальность.

Различие между словами «изгнание» (галут) и «освобождение» (геула) состоит в букве алеф, которая символизирует высшую силу. Это значит, что не хватает только силы отдачи. Поэтому без ощущения изгнания невозможно удостоиться освобождения, а пока вся наша работа состоит в понимании того, что даже если бы мы абсолютно наполнили свое желание получать наслаждения, но если нет у нас нет силы отдачи, – это зло, изгнание, низменное состояние.

Только обретение силы отдачи будет для нас освобождением, возвышением, самым большим добром. Мы готовы отдать всё, чтобы обрести эту силу. Понятно, что это состояние неестественное, нереальное. В нашем положении, в нашем мире и в наших желаниях это выглядит как сон, сказка, неправда. Но действиями, которым нас учат каббалисты, и которые мы способны выполнить, мы вводим себя под влияние особой высшей силы. Под ее воздействием постепенно в нас меняется отношение к получению и отдаче, к ненависти и личному успеху по сравнению со связью между всеми, общему успеху и объединению.

Это существенное изменение производит в человеке исправляющий свет. Ни в нас, ни в нашем мире нет средства, которое способно произвести такое изменение – только если мы выполняем советы каббалистов, называемые «приложил усилие и нашел». Прикладывая усилия, мы не знаем в точности, что именно делаем. Но чтение первоисточников, учеба и проходимые нами состояния воздействуют на нас, продвигают и изменяют.

И тогда мы приходим к состоянию «Я создал злое начало», к осознанию зла. Каждое наше желание эгоистично, а потому, в конечном итоге, доставляет нам зло. Мы видим это во всем мире. Ощущение разбиения, в котором мы находимся, постоянно усиливается и в мире, и в нас. Но если во всем мире разбиение проявляется в невозможности наполнить желание получать, то мы видим зло в том, что у нас все еще нет силы отдачи.

Осознав и раскрыв это зло, мы начинаем ощущать потребность в исправляющей силе Торы, нуждаемся в ней. Теперь свет поступает не для того, чтобы показать нам наше зло. Мы уже не вызываем свет, проверяющий желания, а вызываем свет, который их исправляет, превращая злое начало в доброе. Наше злое сердце становится добрым, «каменное сердце» превращается в живое. Мы просим, молимся и удостаиваемся этого.

Таков проходимый нами процесс. Он возможен только благодаря нашему объединению. Если мы представляем себя едиными, хотя реально еще не объединены, это называется, что мы прилагаем усилия. Мы соединяемся друг с другом, любим друг друга, ценим каждого товарища как великого в поколении, думаем только о связи через центр группы, где соединяем все свои желания, стремления и мысли. И тогда в этих усилиях вдруг появляется нечто, что называется «нашел». Мы не знаем заранее, что это такое, но находка происходит.

Так между собой мы обретаем свойство отдачи, и свет его в нас упорядочивает. Свойство отдачи, проявившееся между нами, называется Шхина или Малхут, которую мы подняли из пепла, с земли, и превратили в сосуд для раскрытия Творца. В процессе усилий мы чувствуем, что хотим укрепить свою связь согласно глубине желания, над которым поднимаемся: нулевой, первый, второй, третий и четвертый уровни. Так мы раскрываем свет НАРАНХАЙ (нефеш, руах, нешама, хая, ехида), пока не получим в исправленный сосуд весь свет Бесконечности.

Конечно, мы не можем перейти к концу действия, хотя всё время к нему стремимся, а начинаем с мысли о нем, с действия «приложил усилие и нашел». Поэтому без ощущения изгнания, без сожаления, что мы пребываем в изгнании – не в изгнании внутри желания получать, а в изгнании от Творца, от свойства отдачи и любви, – невозможно достичь освобождения. Освобождение – это именно то свойство отдачи и любви, которое раскрывается только в результате огромной потребности в нем.

Нехватка свойства отдачи не может быть индивидуальной, а только общей. Поскольку мы частично удостоились ощущения изгнания по сравнению с другими людьми, наша молитва об освобождении должна включать весь мир. Мир страдает, не зная, откуда приходят страдания, и какова их причина. Мир также не знает, каким должно быть хорошее состояние, потому что не может его себе представить. Люди чувствуют себя бессильными, и только мы знаем, как сделать следующие «шаги» вперед, чтобы на самом деле прийти к молитве многих обо всем человечестве, обо всем мире.

Мы получили желание, потому что обязаны реализовать его именно в просьбе за весь мир, чтобы мир превратился в Малхут мира Бесконечности, в святую Шхину. Тогда Творец раскроется между нами, и мы придем к созданию Храма, как сказано: «дом Мой домом молитвы назовется для всех народов». Так мы достигнем полного освобождения.

Такова тема семинара. Есть большое различие между тем, что мы читаем об этом в первоисточниках, и тем, что слушаем высказывания товарищей, представляя, что через них говорит Творец. Неважно, что именно говорит товарищ – я возвышаю его, как великого в поколении, потому что его устами якобы говорит Шхина. Так я отношусь ко всем, исходя из желания соединиться с их словами.

И хотя, с одной стороны, со стороны моего эгоизма «каждый отвергающий отвергает своими изъянами», и мне кажется, что иногда товарищи говорят не по существу, я все-таки принимаю их так, будто они достигли полного исправления, и я должен в них включиться. С другой стороны, я добавляю свою часть, передаю ее в объединение всем сердцем и душой, желая помочь всем укрепить связь. Я забочусь о том, чтобы сейчас все мои товарищи здесь и во всем мире были связаны с нами.

Мы обязаны сожалеть о разрушении связи между нами и желать отдачи, хотя далеки от этого и погружены в любовь к себе. Даже наукой каббала мы занимаемся, чтобы хоть чем-нибудь наполнить свое желание получать. Нужно почувствовать свою низменность, пробудить боль от разрушения любви, которая когда-то была между нами, и надеяться, что каждый сожалеющий удостоится исправления, света. Итак, первый этап – осознание изгнания.

**

Как мы добиваемся осознания изгнания? Как нам настолько его почувствовать, чтобы вскричать о помощи, прийти к состоянию «и застонали сыновья Израиля от работы», быть готовыми убежать без каких-либо условий? Что нужно для этого сделать? Если написано, что «приложил усилие и нашел», в чем же состоит усилие, которое необходимо приложить, чтобы почувствовать себя в изгнании?

**

Мы сможем почувствовать изгнание только при условии, что будем пытаться достичь освобождения и, как маленькие дети, представим себя большими, объединенными, действующими так, будто уже находимся в духовном мире. Иными словами, мы должны установить такие отношения между собой, будто уже находимся в духовном, и играть в это. Через игру, с помощью желания и усилия мы притянем исправляющий свет, который даст нам ощущение, что на самом деле мы не находимся в духовном. Одновременно он вызовет в нас сожаление по этому поводу, и это уже будет ощущением изгнания. С этого момента мы начнем продвигаться.

Мы также можем почувствовать изгнание, представляя объединение и любовь между нами, как написано в текстах каббалистов. Они пишут, что в духовном мы всегда используем две силы. В нашем мире есть только одна сила – сила получения, а в духовном мире есть две силы – получение и отдача, как сказано: «одно против другого создал Творец». Мы можем выяснить каждую из них только с помощью другой, а потому стремление к освобождению является инструментом раскрытия изгнания.

Мы раскрываем изгнание с помощью усилий, а также распространения всему миру. Например, когда мы проводим круглые столы, то в каждом таком действии даем миру почувствовать, что в объединении есть нечто особое. После такого действия им становится жаль, что в обычной жизни нет объединения. Тем самым они больше чувствуют свою причастность к изгнанию – к изгнанию от отдачи и любви.

Поэтому каждое такое действие приближает общество к ощущению изгнания и готовности выйти из него. И чем шире будут такие действия, тем эта готовность будет больше. Из рассказа об исходе из Египта мы можем понять, почему мир не чувствует, что пребывает в изгнании – и светские люди, и религиозные. Они не совершают действий по объединению, против которых ощущается отсутствие связи, отдачи и любви.

«Известно, что Малхут называется «Иерусалим», поэтому, когда мы говорим: «Разрушен Иерусалим», то подразумевается под этим Храм, который был разрушен. То есть, то, что называется «Шхина во прахе» или «Шхина в Изгнании». И должен человек принять на себя Высшее Управление и верить, что Творец управляет миром, неся ему лишь добро и благо, хоть это и скрыто от человека»...

(«Каждый скорбящий о Иерусалиме, удостаивается увидеть радость его», РАБАШ, «Шлавей а-Сулам»)

***

Малхут называется Кнессет Исраэль – это всё желание, созданное Творцом, общая душа, внутри которой мы находимся как частные души. Разбиение Малхут означает, что ее части разделены между собой, а потому свет из них исчез. Находясь в подобии свету, Малхут передает изобилие всем своим частям, но в состоянии разбиения ей нечего дать. Она не подобна свету и не раскрывает свет в нас, если мы не связаны. Поскольку Малхут не может нам ничего дать, и хотя в этом виноваты мы, нам трудно принять на себя свойство отдачи, ведь мы не хотим связи с ближним.

Если человек прикладывает усилия и обретает свойство отдачи вопреки своему желанию получать, то, даже не видя в этом особой важности, он сожалеет о том, что значимость Малхут скрыта от него, т.е. истинная Малхут, Шхина, находится в изгнании. Он молится об отсутствии у него важности Малхут, и просит у Творца поднять ее из пепла, из изгнания. В мере сожаления о разбиении человек удостоится того, что Творец услышит его молитву. Тогда он увидит Малхут в радости, а она наполнит добром его и весь мир. Чтобы увидеть, что от Творца никогда не исходит зло, а только добро, мы должны исправить свои келим. Что означает, что Малхут находится в разбиении, и за счет чего мы увидим ее в радости?

***

Если мы хотим понять Малхут, то должны объединиться, потому что она не существует без нашего единства. Если нет связи между всеми, то нет Малхут – только черная точка. В мере образования связи Малхут существует и называется сосудом, кли для раскрытия света. Тогда она может передать нам свет от Творца, от Зеир Анпина. Поэтому важно, чтобы мы видели себя материалом в руках Создателя и всё время просили исправления светом. В результате этих исправлений против силы зла проявится сила добра. Свет даст нам такое ощущение изгнания, что мы вскричим и захотим выйти из него. Без этой истиной потребности к освобождению мы не сможем выйти из изгнания.

Человек должен молиться и сожалеть об отсутствии отдачи и любви, пока видит связь и любовь в разбиении, в низменности. Мы не обращаем внимания на то, что сила отдачи должна поднять нас из низменности, потому что каждый думает лишь о собственной пользе, о том, что для него важно, ради чего стоит работать. А отдача ему не важна, и это называется, что она находится в разбиении.

Для выхода из изгнания есть особая молитва. Поскольку Малхут называется «личной молитвой», то не стоит просить Творца приблизить кого-то конкретно, будто он важнее других, а молиться за все души, за собрание Израиля, называемое Шхина. Исправляющий свет поднимет важность свойства отдачи и автоматически всех объединит. Когда все поднимутся, то и тот человек, который просит, поднимется вместе со всеми и в этой связи почувствует свой духовный мир. И не может быть, чтобы он поднялся один, потому что тогда не существует Малхут как системы связи между нами. Поэтому не может быть иной просьбы или молитвы, кроме просьбы за всех. Даже если я лично хочу выйти из изгнания и достичь духовного мира, я не могу этого сделать прежде, чем подготовлю группу, внутри которой, как в сети, раскрою духовное. Неспособность просить за всех означает, что вы не объединены.

***

Все уже понимают, что главный фактор – это окружение. Есть еще одна вещь, которую необходимо учитывать в нашем намерении. Когда человек молится об изгнании из духовного, то должен сожалеть не о самом себе, а о том, что во всем мире духовность, отдача и любовь находятся в изгнании. Поскольку мир этого не чувствует и не стремится выйти из этого состояния, человек обязан просить за всех. Если он получил желание к выходу из изгнания и потребность к духовности, то может просить освобождения и должен делать это для всех. Ему предоставили возможность, и он чувствует потребность, чтобы удостоить всех. Ведь те, которые не чувствуют изгнания, не могут просить выхода из него. Поэтому тот, кто чувствует изгнание, обязан просить наполнение для всех. Мы обязаны взять ответственность за весь мир.

***

Написано, что все буквы слова геула есть в слове галут, кроме буквы алеф. Алеф указывает на Творца, создателя мира, который присутствует в освобождении и отсутствует в изгнании. Иными словами, геула, освобождение, означает раскрытие Творца, как написано, что «Все узнают Меня от мала до велика» и «дом Мой домом молитвы назовется для всех народов». Малхут, место проявления Творца, раскроется всем, и Творец раскроется в связи между нами.

А изгнание – это исчезновение Творца, отсутствие буквы алеф в слове галут. Отсутствие Творца является той силой, которая побуждает нас выйти из изгнания и достичь освобождения. Мы изначально должны направиться к верной цели: Исраэль, Тора и Творец – одно целое. Эта цель должна быть у нас на прицеле с самого начала процесса, с начала поиска изгнания, находимся мы в нем или нет. Мы должны соединиться с Малхут, с группой, с миром и Творцом и представить всё это как одно целое. Только тогда, как говорит Бааль Сулам, мы шагаем правильно прямо в чертоги Творца. Все это происходит в нашей внутренней работе.

Как правило, человеку кажется, что всё в его жизни в порядке, но вдруг ему попадается книга, из которой он понимает, что когда-то жил совсем в другом месте. Тогда он начинает чувствовать, что находится в изгнании из того прекрасного места, где когда-то был. Книга учит его, как освободиться из изгнания. Мы должны напомнить себе, товарищам и всему миру, что это прекрасное место является нашей целью. В чем различие между изгнанием и освобождением относительно нашей обязанности перед всем миром?

**

СЕМИНАР 36

ДОБРО И ЗЛО СТАНОВЯТСЯ КАК ОДНО

(03.08.2012)

Мы изучаем в науке каббала, что Творец «Добрый и Творящий добро», сила отдачи и любви, и ничего кроме этого у Него нет. Поэтому из природы Доброго и Творящего добро Он создал творения, чтобы их насладить. Мы не очень понимаем, что означает выражение «из природы Доброго и Творящего добро создал творения, чтобы их насладить». Нам ближе другой вопрос: зачем Ему понадобилось создавать зло, как сказано, что «Я создал злое начало», чтобы от него прийти к свойству отдачи и любви, свойству «Добрый и Творящий добро»? Как это помогает нам, существующим в противоположных свойствах? Почему должно быть сначала 9 Ава, а потом 15 Ава, то есть сначала день Ненависти, а потом День Любви? Почему должно быть именно так, что через ненависть мы приходим к любви? Прислушайтесь к тому, что говорят товарищи.

***

Из Книги Зоар мы учим, что любви предшествует период ненависти и трепета. Наш путь делится на две части: ненависть и любовь. Человек должен сначала поднять себя на уровень трепета, ступень Бины, отдачи, отключиться от своего эгоизма и быть над ним. Мы не отменяем эгоизм, он постоянно растет, а над ним растем мы. Прежде должна быть ступень трепета, как написано в «Предисловии Книги Зоар», а затем ступень любви. Мы достигаем уровня Бины, отдачи ради отдачи, ничего не желая для себя, и продолжаем развиваться в намерении получать ради отдачи. Тогда мы поднимаемся на уровень любви. Наша работа – подняться над желанием получать, а затем проверить, можем ли мы уже различить между добром и злом. Написано, что человек должен благодарить за зло, как за добро, потому что зло и добро, ненависть и любовь, становятся как одно. Как это может быть?

***

Как и в каких единицах мы измеряем ненависть и любовь: в килограммах, метрах, секундах? Я могу измерить меру своей любви или ненависти к каждому, причем сделать это прямо сейчас. Неважно, что мы сейчас думаем о любви и ненависти, потому что пока это представления материальные, а не духовные. Это не такие чувства, как у учеников рабби Шимона, которые испытывали друг к другу жгучую ненависть, и не такие, как Рабби Акивы, который сказал: «Возлюби ближнего своего как самого себя». Но даже в нашем состоянии, как мы измеряем любовь и ненависть? Попытайтесь ответить на вопрос из объединения. Разумеется, нам легче измерить ненависть, чем любовь. Попытайтесь ответить хотя бы на эту часть: чем измеряется ненависть?

***

У нас есть 613 желаний. Я измеряю любовь и ненависть мерой своей противоположности желаниям ближнего или согласия с ними. Если меня спрашивают, почему я этого человека ненавижу, я начинаю перечислять: «У него неприятное лицо, он плохо себя ведет, у него вредные привычки» и прочее. У нас есть перечень свойств, согласно которым мы ненавидим или любим.

В духовном мире речь идет о перечне желаний. Какими действиями я могу аннулировать эгоизм товарища, сделать так, что у него не будет эгоизма? Это называется «человек да поможет ближнему». Как мы облачаемся на товарища и аннулируем его эгоизм? В какой форме?

***

Если товарищ погружен в тревоги и заботы, если у него возникают проблемы и страхи, как я могу их аннулировать? Аннулируя его эгоизм, я как бы аннулирую его желание получать, ведь все заботы находятся внутри желания насладиться. Как мы это делаем простым и намеренным действием, без слов и эмоций?

***

Вроде бы все понимают, что можно аннулировать беспокойство товарища тем, что мы начнем беспокоиться вместо него. Как можно снизить его эгоизм, желание получать? Если мы покажем ему, что стоим на страже, говоря: «Не беспокойся, мы всё берем на себя», – то тем самым уменьшим его беспокойство. Таким способом можно буквально управлять его эгоизмом, его желанием. В случаях, когда мы берем на себя его заботы, мы можем определять, каких желаний и мыслей у него будет больше, а каких меньше.

Когда окружение показывает человеку, что оно обеспокоено его проблемами, желание получать человека и беспокойство аннулируется, потому что он видит, что о нем заботятся другие люди. Можем ли мы в такой форме подойти к обществу, в котором сейчас растет беспокойство и тревога, чтобы заняться этими тревогами и объяснить людям, что если они с нашей помощью соберутся в группу, то все проблемы и тревоги исчезнут? Можно ли использовать такой подход в распространении?

***

Мы изучаем, что через подарки можно обрести любовь товарищей. В нашем мире я дарю подарок, чтобы меня любили. А тут я даю подарок, чтобы обрести любовь к тому товарищу, которому делаю подарок. Почему я начинаю любить того, кому делаю подарки? В нашем мире, если я хочу, чтобы кто-то меня любил, я постоянно ему что-то приношу, хвалю его, пока не начинаю получать от него хорошее отношение. Здесь всё наоборот. Нам говорят, что за счет многочисленных подарков, которые ты постоянно делаешь товарищу, ты начинаешь его любить. Почему так происходит, какой закон здесь действует?

С какими подарками мы достигнем Творца? Какое удовольствие я ему доставляю, что это за подарки? Достаточно ли, что я даю подарок товарищу и обретаю любовь к нему, а с Творцом всё уладится само собой? Или же я должен реально принести Ему подарок? Сказано: «От любви к творениям приходят к любви к Творцу». Должен ли я прежде сделать подарки всем творениям и только затем Творцу? Иными словами, если мы покупаем любовь ближнего и любовь товарищей через подарки, то почему это помогает достичь любви к Творцу?

***

ВОПРОСЫ И ОТВЕТЫ

Вопрос: *Мы начали семинар с того, что Творец Добрый и Творящий добро. Почему же Он создал зло? И что нам дает работа с двумя противоположными свойствами? Почему так устроено, что через ненависть мы приходим к любви?*

«Преимущество света из тьмы». Как творения, мы не можем чувствовать одно явление, а только одно против другого: плюс и минус, свет и тьма, север и юг, тепло и холод. Чтобы мы ощутили какое-то явление, должно быть нечто противоположное ему. Поэтому свет раскрывается внутри тьмы. Прежде мы должны обнаружить ненависть, внутри которой раскрыть, что «все преступления покроет любовь». Ненависть остается, ведь если ее нет, то и любви нет, и мы ничего не чувствуем. Согласно науке каббала, мы обязаны сохранять желание получать, не уничтожать его, а строить над ним противоположное свойство.

Вопрос: *Наша работа – подняться над желанием получать. Поднимаясь над желанием, мы проверяем себя, можем ли уже различить между добром и злом, ведь написано, что человек должен благодарить за зло, как за добро. Как может быть, что зло и добро, ненависть и любовь, становятся как одно?*

Дело в том, что я не могу чувствовать зло без добра, а добро без зла. Когда я чувствую зло? Когда высший свет мне светит, я ощущаю свои эгоистические свойства как зло. Когда я достигаю любви? Когда я получаю силу от высшего свечения, делаю сокращение, экран и отраженный свет, и превращаю зло в добро? Нет добра, добро приходит от света, а я не свет. Я достигаю добра за счет использования зла. Добро строится во мне только благодаря исправлению зла. Я обязан изменить зло, чтобы превратить его в добро.

Что делает высший свет, когда воздействует на меня? Прежде всего, он дает «осознание зла», и тогда я не хочу его использовать в таком виде. После этого он дает мне понимание, что такое отдача, и что это добро. Он также вызывает во мне потребность, и затем просьбу и требование, чтобы высший свет подействовал на меня и дал силу отдачи. Что такое сила отдачи, которую дает свет? Это сокращение и экран. Свет не дает мне силу отдачи, – он дает способность работать внутри свойства получения, внутри ненависти, в отдаче и любви. Это называется, что «ангел смерти становится святым ангелом».

А если уничтожить мою основу – ненависть и эгоизм, как я построю отдачу? Я строю отдачу из противоположного состояния, из ненависти. Нет отдачи, если она не придет из глубины желания получать, ведь я – желание получать. Свет только помогает мне построить над желанием получать противоположное явление, свойство отдачи. Он дает силы изменить качество действия, но действует желание получать.

Чем я люблю? Тем же желанием насладиться, которое изменилось. Откуда мы можем взять нечто новое? Творец дает нам лишь силу правильно с собой работать. Это называется «экран и отраженный свет». Это как раз просто. Ты здесь не должен строить «пузыри». У тебя есть только желание получать, ты должен работать с ним или относительно себя, или относительно ближнего. Ближний включает в себя также и Творца. За счет чего ты изменишь направление? За счет получения силы свыше. Что означает, что «я меняю направление»? Может ли желание получать действовать в противоположном направлении? Нет, не может.

В нашем мире я могу взять у товарища и дать ему. В духовном мире мне нечего дать. Ведь наш мир – это мир вещей, которые мы даем, а в духовном мире я даю свое отношение: вместо желания насладить себя, даю свое отношение. Кроме чувства, отношения, мне ничего дать. Я делаю на себя сокращение, а затем экран. Тем самым все свое желание я отношу тебе. Что же я делаю? Я получаю.

Я ничего не могу сделать, кроме как получить при условии, что получаю для тебя. У желания получать есть только одна функция: открыть себя или закрыть. Дать может только

Творец, мы на это не способны. Но через нашу способность получать Он помогает нам сначала себя закрыть, а потом открыть в тех случаях, когда получение превращается в отдачу.

Вопрос: *Какими мерами мы измеряем ненависть и любовь?*

В нас есть много желаний, но пока что я хочу насладиться тобой в такой форме: «принеси мне чашку кофе, обслужи меня, помоги мне, подвези домой, напомни, разбуди» и т.д. Я хочу, чтобы ты всё это для меня сделал, и тогда вижу, насколько использую тебя. Использование ближнего называется ненавистью. А что такое любовь? Она тоже проявляется согласно моим желаниям: я хочу тебе помочь, приготовить чашку кофе, разбудить, подвезти – я учитываю всё, что ты хочешь и любишь. Согласно этому я измеряю любовь.

Вопрос: *В чем состоит моя забота о ближнем? Должен ли я заботиться о том, чтобы он продвигался в правильном направлении?*

Нет, ты не должен беспокоиться ни о его праведности, ни о его святости. Ты просто заботишься о нем, а он о тебе. Этой простой взаимной заботой вы строите Божественное. Затем ты вдруг обнаружишь, что у вас появились заботы более высокого уровня.

«Когда человек начинает чувствовать любовь своего товарища, в нем сразу же пробуждается радость, и он испытывает наслаждение. Потому что есть правило: всё новое привлекает. Ведь для него ново то, что его товарищ его любит, потому что он всегда знал, что только он один заботится о благополучии своего товарища. Но в ту секунду, когда ему открывается, что его товарищ заботится о нем, это вызывает в нем такую радость, которую невозможно представить. И тогда уже он не может беспокоиться о себе, потому что человек способен приложить усилие только там, где предвкушает наслаждение. А поскольку он начинает испытывать наслаждение от того, что беспо-

коится о товарище, он уже не в состоянии думать о личном».

(РАБАШ, письмо 40)

Вопрос: *Правильно ли сказать, что есть знание, и есть вера? Если я беспокоюсь о себе, то нахожусь в знании. И только если товарищ будет обо мне заботиться, появится возможность находиться вере?*

Верно. Забота товарища – это не просто забота. Через нее я получаю исправляющий свет, знание и даже веру. Всё приходит вместе в зависимости от того, что во мне строится.

СЕМИНАР 37

ПОЛЕ, НАХОДЯЩЕЕСЯ МЕЖДУ НАМИ

(ВЕЧЕР ЕДИНСТВА 05.08.2012)

Семинар – это особое действие, с помощью которого мы можем почувствовать, что такое объединение. Мы сидим вместе и слушаем слова товарищей так, будто получаем их буквально с небес. Нам предоставляется возможность аннулировать себя и начать соединяться с другими. Я должен достичь такого состояния, что начинаю чувствовать поток общего чувства между десятью товарищами, сидящими в круге, находящееся между нами поле. В этом поле я начинаю испытывать новые чувства, свойства, волнения. К этому мы должны прийти. Вы поспорьте, что это возможно. Речь идет об упражнении, которое зависит только и исключительно от моего усилия. Неважно, с кем я сижу, большие мои товарищи или маленькие, начинающие или опытные – нет никакого различия. Есть только мое желание, и оно является определяющим. Всё остальное Творец дает мне в форме, наиболее подходящей к объединению.

Почему именно объединением мы можем «прогнать» все проблемы и достичь добра? Что есть в объединении, что превращает плохую жизнь в хорошую?

***

Почему добро достигается с помощью объединения? Ответ один: потому что объединением мы привлекаем исправляющий свет. Никаким другим действием мы не можем притянуть высшую силу, которая оживляет творение, создавшую нас природу. В ней существует программа, согласно которой мы развиваемся в процессе эволюции. Только в мере объединения с другими людьми эта сила пробуждается и действует в нас изнутри. Она постепенно проявляется из скрытия, и тогда мы начинаем чувствовать, что наши состояния меняются к лучшему. Объединение способствует проявлению доброй, оживляющей силы, которая называется «свет, возвращающий к Источнику». Этот свет ведет нас к добру. Поэтому действие объединения является единственным действием, доставляющим нам добро.

Что такое любовь, и почему именно она является целью Творения? Почему от нас требуют любви, почему мы должны ее достичь?

***

Мы измеряем свое существование наслаждениями или страданиями. Исходя из этого, мы должны отвечать на все вопросы, потому что чувствуем только наслаждение или страдание, наполнение или опустошение. Это мы изучаем в науке каббала согласно соотношению света и желания, наполнения и кли. Что же такое духовная любовь, о которой мы говорим? Это наслаждение, но не от получения, а от отдачи. В нашем мире мы называем любовью наслаждение от получения – это так называемая «любовь к рыбе». В духовном мире любовью называется наслаждение от отдачи – это духовная любовь. Поэтому любовь зависит и проявляется в мере моего включения в ближнего. Когда я принимаю желания ближнего, его стремления, потребности и мысли и стараюсь их наполнить всем, чем могу, это называется, что я его люблю.

Если наполнение ближнего – это действие, а раскрытие в нем наслаждения называется ощущением любви, как мы можем измерить меру любви? Согласно чему я измеряю свою любовь?

***

Как же измеряют любовь: сильная она или слабая, достаточная или недостаточная? Это происходит, как в механике, согласно величине груза, который я могу поднять, т.е. согласно силе сопротивления – 10 кг, 20 кг, 30 кг – сколько я могу поднять? Объединение вызывает во мне сопротивление. Согласно силе сопротивления, которую я преодолеваю, чтобы объединиться, измеряют любовь. Любовь, саму по себе, невозможно измерить, только поверх сопротивления – как в электричестве, в электронике, в механике, так и в отношениях между нами.

Написано: «Герой тот, кто умеет своего врага превратить в друга». Именно из ненависти он достигает любви. Любовь измеряется согласно мере, в которой мы развили силу объединения наперекор сопротивлению и помехам. Почему мы проводим упражнения по объединению именно в семье и в группе, а не в другой форме? Я связан семейными узами с людьми, к которым испытываю естественную любовь, и товарищей в группе я хорошо знаю. Почему именно в этих двух местах, в семье и группе, я должен раскрыть любовь? Казалось бы, я должен раскрыть любовь с чужими людьми, с которыми у меня нет никаких связей.

***

Некоторые люди думают, что можно раскрыть любовь в семье или в группе, потому что там возможно сотрудничество. Но если нет сотрудничества, или я не чувствую отклика от товарищей, могу ли я продолжать относиться к ним с любовью и развивать ее? Завишу я от взаимности или нет? Ответ: нет. Мне не нужны напарники. Если я хочу достичь любви к Творцу, то должен пройти через любовь к творениям, а не ждать, что они полюбят меня и будут со мной работать. Достаточно, что я работаю с ними. Мы должны развивать такие отношения в семье или в группе, потому что там можно увидеть любовь. Ее невозможно увидеть ни в каком другом месте.

Вопрос в том, почему все прегрешения покрывает любовь? Неужели невозможно обойтись без прегрешений? Почему любовь может быть только там, где есть прегрешения, обиды, отдаления, ненависть – гора Синай? Почему именно тогда нам заповедано достичь любви? Почему мы не можем достичь любви добрыми, хорошими отношениями? Например, отношения юноши и девушки – почему это не называются любовью? Это любовь в обычном понимании, но почему ее развитие не может привести нас к духовному подъему? Почему она должна быть именно с прегрешениями, с ненавистью и болью?

***

В нашем мире мы привыкли чувствовать только одно свойство из двух, а потому различие между ними небольшое. Любовь и ненависть не могут существовать вместе, поэтому мы все время их теряем. Если сохраним эти два свойства вместе, как две вожжи, правую и левую линии, доброе и злое начало, ненависть и любовь, и обретем полную власть над обоими, то достигнем ощущения вечности, а эти состояния будут только расти и улучшаться. Это возможно только с помощью методики, представляемой наукой каббала.

Она учит нас не аннулировать зло, а поверх него строить добро: «все преступления покроет любовь». В нашем мире мы не понимаем, как это состояние возможно, ведь я могу или любить, или ненавидеть. В науке каббала это не так. Я люблю обиды, преступления, ненависть, все отрицательные вещи, которые проявляются. Я их люблю, потому что они поступают от Творца, от природы – это злое начало. Творец сказал: «Я создал злое начало». Именно с его помощью я раскрываю вторую природу.

Почему народ Израиля должен раскрыть связь и любовь, а затем передать любовь дальше, народам мира, быть «светом народам»? Или наоборот, почему объединение является условием существования народа Израиля, а без объединения он не существует?

***

Ответ исходит из природы народа Израиля, ведь в нас проявляется искра. Тот, в ком проявляется искра, называется «исра – эль» (прямо к Творцу). Поэтому он обязан достичь объединения и показать этот путь всем остальным людям, в которых эта искра пока скрыта. Мы должны притянуть их через внешние действия, чтобы и в них пробудилась искра. Тот, кто занимается объединением, называется Исраэль. В конечном счете, весь мир должен достичь объединения, как написано, что «все познают Меня от мала до велика» и «дом Мой домом молитвы назовется для всех народов». В наше время этот процесс буквально реализуется на практике.

СЕМИНАР 38
РЕШЕНИЕ В ОБЪЕДИНЕНИИ
(10.08.2012)

Почему через объединение мы можем найти верное решение проблемы, у которой практически нет решения? Например, экономический кризис, общемировой кризис во всех областях жизни человека, угроза возникновения нацистских режимов во всем мире, экономические проблемы, о которых мы с каждым днем слышим всё больше и больше. Почему именно в объединении народа кроется выход из критического состояния во всех областях, на всех уровнях?

***

Если объединение – это выход, если мы можем найти решение в объединении именно потому, что там различные мнения сталкиваются друг с другом и одновременно объединяются, – тогда как организовать связь между нами так, чтобы сохранить индивидуальность каждого, а также объединение между нами, и в результате этого действия найти решение? Как через сохранение двух противоположностей, двух вещей, которые отрицают друг друга, можно прийти к решению? С одной стороны, огромное отдаление вплоть до ненависти, с другой стороны, объединение, к которому мы стремимся?

***

Изначально Творец объединил нас в один сосуд, одно кли, а затем разбил, чтобы мы стали разными, противоположными вплоть до ненависти. Почему Он так нас создал? В объединении между собой мы сохраняем индивидуальность каждого, а также скрепляем взаимную связь каждого со всеми. Так мы достигаем исправления. Допустим, мы достигли объединения. Этим мы заканчиваем процесс или нет? Как вы думаете, что произойдет в момент достижения объединения? Это будет мгновение успеха или разочарования?

***

Ясно, что первичное объединение приходит к нам вследствие внешней угрозы: война, экономический крах и т.д. Из такой формы объединения мы должны работать с народом, объясняя возможность избежать ударов и угрозы уничтожения, и это приведет нас к первой духовной ступени. Тогда изменятся все наши свойства, ведь уже не будет страха перед угорозами материального мира. Нам раскроется, что «нет никого кроме Него», и наш расчет с собой и человечеством будет иным.

Во всяком случае, продвижение по 125 ступеням проходит, с одной стороны, через раскрытие левой линии – страха и угроз, которые мы должны будем сменить с материальных на духовные. С другой стороны, для равновесия нам раскрывается любовь, вера и связь. Иными словами, если я получаю от Творца, от Природы, поводья для управления собой, чтобы сохранить себя в состоянии оптимального равновесия и как можно больше двигаться вперед, – тогда, как мне сохранять баланс между страхом и уверенностью, между левой и правой линиями, чтобы быстрее достичь конечной цели, к слиянию с Творцом?

Как я возбуждаю страх и угрозу, как «пробуждаю рассвет», и тем самым пробуждаю также уверенность и силу объединения? Как я работаю с одними определениями против других, чтобы продвигаться в средней линии наиболее оптимальным образом?

***

Как управлять двумя вожжами, страхом и уверенностью, чтобы продвигаться с максимальной скоростью?

***

СЕМИНАР 39

ИСТИННАЯ ЦЕЛЬ

(10.08.2012)

На семинаре мы хотим объединиться, а не противостоять или состязаться друг с другом. Семинар – это средство объединения. Мы должны прийти к тому, чтобы на самом деле быть объединенными, когда каждый аннулирует себя перед остальными и готов быть в общем поручительстве. Если в объединении каждый будет готов забыть о себе, почувствовать «мы», а не «я», то вместе мы придем к общему желанию, в котором согласно закону подобия свойств раскроем Творца. Творец существует и раскрывается между нами, потому что в объединении мы строим место для его раскрытия. Прежде всего, мы хотим, чтобы это произошло.

Не так уж важно, что именно мы говорим, а также насколько каждый понимает в зависимости от ума и врожденных свойств. Мы должны постараться объединиться с каждым – и когда он говорит, и когда молчит. Главное – связь между нами, потому что в ней мы раскроем всё, что хотим раскрыть. Чтобы всё время ее сохранять, нам необходимо прикладывать внутренние усилия. Мы должны думать, что вместе со всеми нашими товарищами в мире совершаем сейчас одно действие и находимся в одном желании: как раскрыть Творца, как создать из себя сосуд, в котором раскроется Творец?

Почему мы все еще не можем этого достичь? Потому что забываем. Мы падаем, забывая об истинной конечной цели, к которой должны быть постоянно направлены. Если так, почему мы все время забываем об этой цели? Почему мы, всю свою жизнь посвящающие этой цели, не находимся в ней каждое мгновение? Почему наша жизнь не становится той целью, к которой мы стремимся?

***

Если мы делаем всё возможное, чтобы быть устремленными к цели, и понимаем, что не способны на это, то нас должно пробудить нечто внешнее: влияние окружения. Понятно, что товарищи меня пробуждают. Мы уже чувствуем это на себе из опыта. Я прихожу в группу в определенном настроении, в разных внутренних состояниях, и группа мне их меняет. Люди, среди которых я нахожусь, меня меняют.

Почему недостаточно того, что я обязываю себя включиться в группу, больше в нее вкладывать, пробуждать товарищей, чтобы они пробуждали меня? Почему это у нас не получается, хотя мы действуем вместе? Чего не хватает?

На все наши усилия и попытки можно сказать, что это еще не то, и это действительно не то. Если сделать расчет, возможно, мы распыляемся на тысячи воображаемых причин. Какова главная причина, из-за которой нам не удается достичь между собой объединения, достаточного для раскрытия Творца? Из-за какой единственной причины мы не раскрываем Творца в объединении между собой?

***

Какая может быть причина того, что нам не хватает постоянства в объединении, чтобы довести его до состояния, в котором раскроется Творец? Есть несколько причин или только одна? Возможно, мы нацелены на что-то другое или забываем, что единство «Исраэль, Тора и Творец» должно быть для нас постоянным? Может быть, мы вообще уходим в сторону от цели? Должно быть несколько связанных факторов, которые дадут нам необходимую мощность, точность и единство кли. Тогда возникнет подобие между кли и светом, и внутри кли раскроется свет. Ведь свет скрыт в кли, он никуда не исчез. Внутри объединения между нами находится свет, возвращающий к Источнику, между нами находится Творец. А вне нашего кли ничего нет, мы должны лишь раскрыть этапы перехода от разбитого кли к всё более и более объединенному.

Как же нам обнаружить причину? Может быть, дело в том, что мы не стремимся к тому, что «Исраэль, Тора и Творец едины»? Возможно, мы продвигаемся и правильно себя настраиваем, но наше желание все еще небольшое, а потому Творец каждый раз его увеличивает? В этом новом желании мы не чувствуем себя объединенными и вновь пытаемся соединиться. Но и этого желания не достаточно. Так Творец постоянно ставит нам «палки в колеса», и мы вновь должны объединяться. В этом процессе наша связь усиливается, уточняется, и так мы продвигаемся.

Возможно, это и есть причина того, что мы не можем удержать единство. Иными словами, поскольку мы направляем себя неправильно, Творец помогает нам тем, что каждый раз отключает нас от неверной цели. Бааль Сулам пишет, что мы должны направить себя на то, что «Исраэль, Тора и Творец едины», что это должно быть одним целым. Мы же на разных уровнях устремляемся к одному из этих факторов, а не к их объединению. Поэтому Творец помогает нам тем, что полностью отключает, чтобы мы начали всё заново.

Мы пытаемся и вновь отклоняемся с дороги, не объединяем триединство вместе в минимальной мере, чтобы Он раскрылся. И тогда Он вновь «разбивает» наше состояние и так нам помогает. Можно ли сказать, что мы ошибаемся? Или мы не ошибаемся, а продвигаемся, и Творец постоянно увеличивает глубину нашего желания, чтобы достичь необходимого уровня? Как нам найти определение или фактор, которого недостает, чтобы построить истинное кли для раскрытия Творца? Как в наших состояниях мы можем проверить причину наших неудач?

***

Мы обязаны раскрыть Творца – это наша единственная цель. Как пишет Бааль Сулам, раскрытие Творца является причиной добра, а Его скрытие – причиной зла. Мы должны распространить знание о том, что отдача является сутью Творца, и это самая великая вещь. Поэтому нам нужно окружение, общественное давление, чтобы выстроить в нас кли для раскрытия Творца.

Кли – это нехватка, потребность. Когда мне чего-то не хватает, я страдаю и убегаю. Получается, что я сам отключаю себя от приближения к Творцу. Творец нас не отключает, и мы не терпим поражение, просто каждый из нас не хочет страдать от потребности в раскрытии Творца. Поэтому лучше, чтобы нехватки не было. Тогда не будет боли, ведь если чего-то нет, я постоянно об этом думаю.

Допустим, это предположение правильное. Как мне накопить такое огромное желание для раскрытия Творца, чтобы я почувствовал, что мне его очень не хватает, и одновременно с болью и страданием испытывал радость? Радость я не захочу сменить, ведь если я рад, то все в порядке. Как разрешить эту проблему?

***

Допустим, я обрел потребность в раскрытии Творца и понимаю это как «Исраэль, Тора и Творец едины». Именно в такой форме, через Исраэль, мы должны приближаться к Нему: с помощью Торы, исправляющей мое желание, я достигаю раскрытия свойства отдачи в себе, которое называется Творец. С одной стороны, я чувствую страдания, недостаток, с другой стороны, я должен достичь радости.

Мы не раз читали, что Тору учат в радости. Иначе это невозможно, потому что радость – линия, противоположная страданиям. Страдания – левая линия, радость – правая линия. Если я поднимаюсь над страданием, над отсутствием раскрытия Творца и нахожусь в радости именно потому, что чувствую эту потребность, то это называется, что я поднимаюсь над телом в намерение. Так это можно себе представить.

Или это можно представить так, что между радостью и страданием мы строим среднюю линию. Я готов объединить их и быть в обоих, понимая, что одно невозможно без другого. Как удержать себя в состоянии радости и страдания вместе? Причем не только я, но вся группа будет наслаждаться тем, что мы можем соединить эти два конца вместе и тем самым построить истинное кли для раскрытия свойства отдачи над свойством получения.

Как мы сможем это удержать? Как можно все время быть в средней линии между радостью и страданиями, чтобы они существовали в нас вместе и не аннулировали друг друга? Какую подготовку, какую рекламу мы должны сделать для себя, чтобы вся группа за это держалась? Как в течение длительного времени удержать страдание от отсутствия раскрытия Творца, к которому мы стремимся, и радость от того, что мы находимся в правильном желании, и не сойти с пути?

Я советую попытаться достичь ответа через сердце, а не через разум.

***

Понятно, что должно быть постоянное усилие в нашем объединении, в том, что «Исраэль, Тора и Творец едины». Исраэль – это те, кто стремится к объединению и достижению взаимной отдачи, чтобы этим раскрыть Творца – Того, Кто на самом деле может организовать нас как сосуд отдачи, дать свойство отдачи и наполнить наш сосуд. Это называется раскрытием Творца в творении: всё находится между нами и раскрывается внутри нашего объединения. Мы не объединяемся для того, чтобы перейти в какое-то другое место. Место нашего объединения и есть Шхина, а свойство отдачи, которого мы достигаем, является раскрытием Творца.

Страдания и радость от существования между двумя линиями должны быть постоянными. Страдания проявляются в том, что желание получать растёт, а радость выражается в том, что растёт и желание отдавать. Так мы продвигаемся между ними, постоянно удерживая себя в средней линии. Если случаются отклонения вправо или влево, то только как добавления к этой средней линии. Поэтому мы все время должны удерживать точку нашего объединения – центральную точку, которая называется центром группы. Там уравновешиваются левая и правая линии, страдания и радость. Если мы будем за неё держаться, то очень быстро раскроем вход в чертоги Творца.

СЕМИНАР 40

СВОБОДА ВЫБОРА

(12.08.2012)

С каждым днем нам становится яснее, что наше состояние особое, и полностью устроено относительно нас. Нет действия, которое бы не приходило от «нет никого кроме Него». Всё приходит от Творца и упорядочено относительно каждого из тех людей, которых Он избрал. Он их собрал и соединил, чтобы дать возможность объединиться, реализовать свой свободный выбор. Именно тем, что Творец предоставляет нам возможность, а мы реализуем свободу выбора, создаются предпосылки для исправления. Исправление состоит в том, чтобы объединение и связь распространились от нас на весь мир. Так мы создадим единое кли для раскрытия Творца и доставим удовольствие Ему и всему человечеству.

Выбор называется свободным, потому что обычно во всем, что мы делаем, чувствуем и думаем, решение приходит от желания наслаждаться, которое действует в нас естественно и инстинктивно. Мы даже не осознаем, что приводимся в действие, ведь мы не знаем ничего другого, кроме как существовать внутри своего желания. Поэтому, если мы выполняем свое желание, нам кажется, что мы сами решаем, что делать. Но на самом деле это нам предписывает Творец, и за желанием стоит высший свет.

Свободное действие, которое мы должны выполнить, находится не в желании получать, а в желании отдавать. Это действие называется «вера выше знания», отдача выше получения. Иначе говоря, это действие выше нашего желания получать наслаждения. Если мы сможем выполнить действие отдачи, то сделаем свободное действие, реализуем наш свободный выбор.

Почему это называется выбором, а не действием? Потому что только так мы можем выбирать, и это происходит исключительно с помощью группы. Если мы выберем правильное окружение, которое сможет побудить нас к необходимости действия отдачи, то, сделав этот выбор, мы достигнем желания совершать действие отдачи, свободное действие.

Речь идет не о самом действии, а том, что в этом желании мы можем просить Творца дать нам силу отдачи, способность выполнить свободное действие внутри желания получать. Тогда достигается состояние, которое называется «быть свободным народом в своей земле», в своем желании.

Как мы становимся свободными от желания получать? Каков порядок наших действий?

***

В мире насчитывается 7 миллиардов людей, и только небольшая часть из них получает пробуждение от Творца, который выбирает каждого лично и дает ему подарок в виде приближения к Себе. Чего Он от нас ожидает? Как мы сможем ответить на Его подарок, каким действием? Какой работой мы можем заплатить за полученный подарок? Он нас выбрал и дал возможность выйти из желания получать, выполнить свободное действие, приблизиться к Нему.

***

Бааль Сулам пишет в газете «Народ»: **«Если не рассчитывать на чудо, то становится ясно, что наше существование – как и каждого в отдельности, так и в качестве народа – балансирует на весах жизни и смерти. И спасение наступит, если мы отыщем нужное средство, иными словами, то чрезвычайное решение, которое может быть найдено лишь под угрозой нависшей опасности и которое будет способно склонить чаши весов в нашу пользу».**

Мы можем кричать, просить и требовать, но спасение придет только при условии, что мы почувствуем угрозу. Примером этому служит рассказ исхода из Египта: только находясь на 49 уровне нечистоты, т.е. в смертельном состоянии, из которого нет выхода ни вниз, ни вверх, мы взываем к Творцу. Иначе обратиться к Нему за помощью невозможно. Как же нам все-таки продвинуться в этом условии, называемом «путь с ускорением», до наступления угрозы?

***

Страдания и проблемы проявляются в мире для того, чтобы мы выполнили свою функцию. Это называется – подняться в свободном действии. Через выбор и укрепление в группе нас приводят к ощущению бед и страданий, как жизни или смерти в вере выше знания. Если мы не объединимся в группе, то придем к исправлению соответственно закону творения. Тогда Творец поведет человечество к единству путем страданий, а мы, вследствие нашей роли, окажемся в очень опасном положении, если не выберем исправление, если не будем беспокоиться о мире. Как нам осознать необходимость такого состояния? Как достичь такого давления, чтобы закричать о спасении, как при выходе из Египта?

***

Когда Творец проявляет опасность в этом мире, мы должны чувствовать ее так, как все. Поскольку мы знаем, что «Нет никого кроме Него», Он «Добрый и Творящий добро», то ищем укрытие в учебе, а это противоположно тому, что мы должны делать. Мы должны тревожиться больше других людей. Более того, мы должны постараться, чтобы эта материальная опасность превратилась у нас в опасность духовную. Нам нужно почувствовать, что если из этого особого состояния, особой возможности, мы не сможем доставить наслаждение Творцу, это будет для нас большой опасностью.

Мне нужно опасаться не за свою жизнь или духовное существование, – я должен провести свой страх через группу, а затем через все человечество. Этот страх должен быть выше моих личных расчетов, это должна быть тревога за всех, а затем и беспокойство о том, смогу ли я отдавать Творцу.

Как нам к этому прийти? Как создать духовное чрезвычайное положение, а не материальное?

***

Как использовать подготовку к конгрессу и сам конгресс, объединение всех наших товарищей вместе, чтобы подготовить себя и реализовать действие объединения так, чтобы аннулировать все опасности в мире, присоединить к себе все души и дать, наконец, возможность Творцу раскрыться?

***

СЕМИНАР 41

ОБЪЕДИНЕНИЕ ВО ИМЯ ПОДЪЕМА

(КОНГРЕСС В ХАРЬКОВЕ, 17.08.2012)

Сформулируйте коротко, в чем заключается объединение? Мы не забываем о том, что целью всех наших действий и обсуждений является объединение: почувствовать центр группы, в котором начнет проявляться нечто высшее, общее. В чем суть объединения?

***

Эгоизм является единственным средством нашего объединения. Что в нем хорошего? Какова польза от того, что он помогает нам в объединении в качестве единственного средства с нашей стороны?

***

Почему наш эгоизм все время растет? В нашем мире он растет, чтобы мы стремились к новым «достижениям» и в итоге убедились, что дальше пути нет, что ни к чему хорошему мы не пришли. Эгоизм сам приводит нас к разочарованию в нем, он желает, чтобы мы в нем разочаровались. Но это в земном пути развития. А когда человек начинает путь своего духовного развития, он желает идти вопреки своему эгоизму. Он, вроде бы, начинает понимать, что справиться с эгоизмом можно с помощью группы, товарищей и учебы, связавшись с товарищами поверх своей природы. Но эгоизм прорывается изнутри и увлекает его в сторону от связи с товарищами и цели: внутри связи найти Творца.

Неужели в нашем духовном пути мы тоже должны следовать за эгоизмом, разочаровываясь в нем? Почему наш эгоизм постоянно растет в процессе нашего духовного развития? В материальном развитии есть прогресс, кризис и разочарование, чтобы человек выбрал духовный путь. Как это будет происходить в духовном развитии?

***

Почему игра помогает нам в достижении новой реальности? Почему через игру мы постигаем новую реальность? Что такое особенное есть в игре?

***

Я хочу ответить на этот вопрос. Между духовными ступенями существуют пробелы, которые мы должны заполнить с помощью игры. Заполнение пробелов развивает в нас разум, постижение, делает нас равными Творцу. Мы реализуем свою свободу воли, ведь иначе подниматься со ступени на ступень можно было бы и без проблем, без наших усилий, инстинктивно.

В чем уникальность товарищей, с которыми я сейчас объединяюсь?

* * *

У каждого из нас есть определенная форма, как у частиц мозаики. Поэтому мы можем соединиться только с определенными ближайшими к себе формами. Свет нас пробуждает, и мы начинаем постепенно входить в контакт друг с другом. Но этот контакт мы обязаны сделать сами.

В группе мы оказываемся не по своему желанию, не по своему выбору. Творец нас туда приводит, ставит предварительные условия, исходные состояния, а связь между собой должны захотеть установить мы сами. Более того, мы должны убедить Творца, чтобы Он ее реализовал. Творец только приводит нас в группу, а мы обязываем Его действовать. Это называется «Победили меня сыновья мои».

СЕМИНАР 42

ПОМОЩЬ ПРОТИВ ТЕБЯ

(КОНГРЕСС В ХАРЬКОВЕ, 17.08.2012)

Следует дать возможность высказаться каждому человеку и уважать его мнение. Говорите лаконично, чтобы все успели себя выразить. Вопросы не решаются умом, а только из вашего общего объединения. Так что главное – объединиться. Попытайтесь устремиться к объединению, почувствовать связь и из нее решать вопрос. Ведь вопросы задаются именно для того, чтобы их так решали. Тогда ваши ответы будут совпадать с моими.

Наш эгоизм называется «помощь против тебя». Так и сказано: «Я создал зло против тебя». Что значит, что мой эгоизм существует против меня?

***

Эгоизм называется «помощь против меня», потому что если я представляю его против себя, то он действительно служит как помощник. Именно так его следует реализовывать, то есть, если он против тебя, то он – в помощь. А если ты отождествляешь себя с ним, то, понятно, что это враг. Все зависит от того, ассоциируемся мы с ним или нет. Как не забывать, что эгоизм помогает только при условии, что я вижу его против себя, противником, и не отождествляю себя с ним? Как не забывать об этом? Ответ придет из объединения. Приложите внутреннее усилие и не используйте разум. Пусть придет нечто необычное, посветит и поможет найти ответ.

***

Относиться к эгоизму, как к посылаемой тебе помощи, можно только в том случае, если ты видишь его против себя. Конечно, это возможно только с помощью окружения. Никогда человек сам не может удержать себя в состоянии против эгоизма, потому что это его природа. Он всегда будет отождествлять себя с эгоизмом, проваливаться в него, если группа, как магнит, не будет поднимать его над эгоизмом.

Здесь есть 2 силы: сила группы сверху и сила эгоизма снизу. Если группа может вытащить мое «Я» из эгоизма и держать над ним, то я буду чувствовать эгоизм против себя. А если группа не сможет приподнять меня над эгоизмом, я буду вновь и вновь падать в него без какой-либо надежды вспомнить, что он находится вне меня, не принадлежит мне. Значит, только группа может своим мнением, поручительством заботиться об этом.

А наступит ли такое время, когда эгоизм будет «за», а не «против» меня?

***

Когда эгоизм будет не против меня, а за? Это произойдет тогда, когда я полностью отодвину его от себя и поднимусь над ним с помощью сокращения и экрана. Сделав это, я смогу начать работать с ним, как с помощником, а не противником. Это происходит, если мы достигаем состояния полной отдачи, Хафец Хэсед, свойства Бины, а затем поднимаемся еще дальше до свойства Кетер. После полного освоения свойство Бины, когда у меня есть экран, и я могу делать со своим эгоизмом, что захочу, я начинаю применять его в отдаче. То есть, на первом этапе, я лишь аннулирую его, а на втором начинаю работать с ним против себя. Этот «зверь» уже настолько приручен, что я использую его для себя, и тьма превращается в свет.

Должен ли человек говорить о том, что он полностью зависит от группы? Как мне относиться к группе, если «нет никого кроме Него»?

***

Действительно, «нет никого, кроме Него», и Творец желал раскрыться творениям. Но если бы Он себя раскрыл, творение никогда не смогло бы быть самостоятельным. Оно всегда было бы подчинено свету, не имея сил отделиться от него и быть самостоятельным. Аннулировать себя перед Творцом, светом, невозможно, потому что я создан желающим его, являюсь рабом наслаждения. Чтобы дать нам возможность быть самостоятельными, Творец скрыт, а группа открыта. В ней я учусь подниматься над своим эгоизмом, т.е. постепенно работать против наслаждений, что невозможно реализовать с Творцом. Кроме человека есть только Творец – «нет никого кроме Него». А потом человек обнаруживает, что и человека нет, а есть только одна высшая сила, которая всё заполняет.

Как мы можем заботиться о том, чтобы все товарищи обрели абсолютную уверенность в нашей обоюдной поддержке? Какими средствами мы можем достичь абсолютной взаимной поддержки?

***

СЕМИНАР 43

ОБЩАЯ МОЛИТВА

(КОНГРЕСС В ХАРЬКОВЕ, 17.08.2012)

На прошлом семинаре мы с вами поняли, что сами себя исправить не можем! Это действительно так: у нас не получается, мы не способны, нет никакой надежды на успех. Мы эгоисты и можем работать только внутри своей природы. У нас нет сил, чтобы сделать что-нибудь вне её, мы не в состоянии совершить какой-то поступок над эгоизмом. Мы не можем по настоящему продвинуться и приблизиться к духовному, потому что действуем только ради своей выгоды.

Что же делать? – Просить Творца! Это единственное, что может нам помочь в нашем состоянии, потому что это единственная сила в мире, которая вообще действует. Творец – это свойство отдачи, которого нам недостает, чтобы действовать. Внутри одного свойства – желания получать – мы действовать не можем. Для действия необходимо два противоположных свойства. Творец – это единственная сила в мире, которая делает, творит. Нам дана возможность ее раскрыть, причем, в себе.

Выходит, наша работа сводится к просьбе, к достижению такого желания, которое заставит Творца нам помочь. Прийти к этому желанию непросто, оно накапливается постепенно, но мы не должны ждать, чтобы закричать о помощи. Мы должны просить каждый раз, и наша просьба должна состоять из наших маленьких желаний, неважно каких. Возможно, наши просьбы не истинные, но они действуют. Так дети, пользуясь нашей любовью к ним, надоедают нам своими просьбами, и мы им уступаем.

Точно так должны поступать и мы, ведь наши просьбы о свойстве отдачи и любви к другим не могут быть искренними. Нам нужно учиться у неживого, растительного и животного уровней этого мира тому, как нам поступать с Творцом, то есть в высшем мире. Наша просьба, требование, упрашивание называется молитвой, но мы будем употреблять слово «просьба», чтобы отличать нашу молитву об изменении себя от других молитв – массовых, религиозных, личных – о получении. Молитвой называется ощущение в сердце, когда человек проверяет себя, обращается ли он к Творцу. Неважно, с какой просьбой мое сердце вне моей власти просит – я прошу сделать со мной то, что надо! Просьба, обращение, диалог с Творцом должен быть постоянным.

А теперь научимся просить. Просьба, молитва, обращение к Творцу может быть только коллективным, иначе Творец не слышит согласно закону подобия свойств. Он слышит только тогда, когда люди собираются вместе и приходят к одному мнению, «как один человек с один сердцем», с одним разумом. Что они желают? – Чтобы Он исправил и наполнил это единое сердце.

Один человек не может быть услышан Творцом – это «глас вопиющего в пустыне». Но когда соберутся десять человек, то даже если их обращение фальшивое, оно будет услышано, если они пытаются соединиться между собой. Сейчас мы попытаемся это сделать. Каким образом? Каждая группа из 10 человек, каждый кружок, должен найти вопрос, с которым они хотят обратиться к Творцу.

Обсудите этот вопрос между собой, придите к выводу, что это, действительно, самый важный для вас вопрос, с которым все согласны от всего сердца, и именно его вы желаете спросить. Не уступайте сейчас товарищам, как обычно, а наоборот, настаивайте на своем мнении, увлекайте их за собой, убеждайте, что именно ваша просьба наиболее эффективна. Выясните самую сильную, яркую, важную просьбу, то, о чем нам действительно стоит просить! Причем это должно быть выражено чувственно и разумно, сочетая в себе всё, что нам действительно надо.

Итак, мы выясняем, что же для нас самое главное. Записываем нашу просьбу, вопрос или требование. Она должна быть краткой, 2-3 предложения. Сначала надо разогреть сердца, чтобы они стали мягкими, расплавились и соединились в одно. Тогда можно будет прийти к общему согласию в том, что для нас важно...

***

СЕМИНАР 44

ПРОЯВЛЕНИЕ ТВОРЦА

(КОНГРЕСС В ХАРЬКОВЕ 17.08.2012)

Во время семинара мы стараемся слушать ответы товарищей с мыслью о том, что «нет никого кроме Него». Ведь если я что-то слышу, то только потому, что Творец направляет меня на поиски правильного ответа. Поэтому мы прислушиваемся к тому, что говорят товарищи, и на основании этого движемся дальше, вперед, пока вместе не выясним настоящий ответ. Желательно, чтобы правильный ответ был один.

Как группа может помочь мне не уйти от мысли, что всё происходящее является проявлением Творца? Как группа может помочь мне оставаться в этой мысли?

***

Что такое Творец?

***

Я задаю конкретные вопросы и прошу формулировать ответ также конкретно. Ответ на предыдущий вопрос: Творец – это свойство отдачи. Если Творец – это свойство отдачи, почему мы Его не ощущаем?

***

Мы не ощущаем Творца, потому что Он создал нас в противоположном свойстве, в свойстве получения. Как известно, чтобы что-то ощутить, необходимо иметь свойство, адекватное тому, которое мы хотим почувствовать. Поэтому, прежде всего, нам необходимо обрести свойство отдачи. Как нам достичь свойства отдачи? Какие действия мы должны выполнить? В чем заключается роль группы?

***

Основная, главная и единственная роль группы заключается в том, чтобы возвеличить в моих глазах свойство отдачи. Я должен это свойство обрести, устремиться к нему, достичь, но сам этого желать не могу, потому что оно мне неизвестно и даже отталкивает. Поэтому мне необходим посторонний, внешний источник, который бы меня возбудил к обретению свойства отдачи, и это роль группы. Группа должна возвеличить во мне свойство отдачи, величие Творца. Где раскрывается Творец и как называется место Его раскрытия?

* * *

Мы обязаны подготовить место, то есть свойство, для раскрытия Творца. Оно должно быть подобным тому свойству, которое в нем раскрывается, – свойству отдачи. Сейчас это место эгоистическое, потому что наши связи эгоистические. Творец в них скрыт, а потому наш мир, то есть наше состояние, называется сокрытием Творца. Чтобы Его раскрыть, нам надо создать между собой свойство отдачи, чтобы уподобиться Ему. Следовательно, местом раскрытия Творца являются альтруистические отношения отдачи между нами. Проявляются они, в первую очередь, в группе, поскольку там существует возможность их развить за счет того, что мы поднимаем важность свойства отдачи и тянемся к нему. Это свойство называется Шхина или кли (сосуд), и является местом раскрытия Творца.

Сказано, что Творец приводит нас в группу, кладет нашу руку на нашу судьбу и говорит: «Выбери себе хорошее направление». В чем заключается этот выбор, ведь только он дает нам возможность свободы воли? Выбор между хорошим и плохим путем – в чем он? Какие усилия должен приложить человек? В чем? Как он выбирает свой путь после того, как пришел в группу, и Творец ему что-то «показал»?

* * *

А когда Творец раскрывается между нами, в нашей правильной связи между собой, что происходит с самой группой? Я имею в виду не отношения, которые появляются в группе, а что происходит с самой группой?

* * *

На основе того, что мы между собой проговорили и почувствовали, можем ли мы сейчас одной фразой выразить нашу молитву?

***

СЕМИНАР 45

Я, ГРУППА, ЧЕЛОВЕЧЕСТВО, СЕМЬЯ, ТВОРЕЦ

(КОНГРЕСС В ХАРЬКОВЕ 17.08.2012)

Каково правильное отношение к себе, к группе, к человечеству, к своей семье, к Творцу? Как следует разделить свое внимание между всеми факторами, входящими в поле моего зрения?

***

Как нам представить всё вместе: я и семья, я и человечество, я и группа, я и Творец? Зачем нам присоединять к себе все эти части и смешивать в одно целое?

***

Поскольку все эти части относятся к нашему развитию на человеческом уровне, мы должны обращать внимание на всё, что входит в определение Человек. Если так, почему наше отношение к группе должно быть особым? Почему группа является для нас особенным фактором, и почему именно с ее помощью мы достигаем Творца?

***

Чтобы исправить свое естество, необходима свобода выбора, то есть действие, исходящее лично от меня. Свободу выбора я обретаю с теми людьми, которые имеют такую же возможность. Мы собираемся в группу, чтобы реализовать данный нам потенциал в свободе выбора. Иными словами, мое отношение к группе – особое по сравнению с другими частями творения, поскольку мы реализуем свободу выбора. А у других частей творения нет свободы выбора. Как мы должны относиться к остальным частям природы? В чем заключается наша работа по исправлению неживого, растительного и животного уровня в нас? Как мы их исправляем?

Творец создал одно желание, и это вся окружающая нас природа. Неживая, растительная и животная части природы образуют всю Вселенную, кроме человечества. В человечестве есть часть, которая исправила себя до нас. Это каббалисты, начиная с Адама Ришон и до наших дней. Но есть часть, которая не может себя исправить – 7 миллиардов человек. К ним мы должны обратиться с инструментом, который поможет им выполнить исправление.

В группе мы себя совершенствуем, то есть обретаем инструмент для исправления, а затем направляем на человечество. Так мы получаем свет через систему, которую каббалисты уже исправили, и присоединяем к себе человечество. Как мы исправляем находящуюся в нас неживую, растительную и животную природу?

***

Как я должен относиться к неживой, растительной и животной природе в себе, чтобы их исправить? Должно ли мое отношение к ним быть особым?

***

Исправление неживой, растительной и животной ступени в нас происходит через их включение в ступень Человек при условии, что человек относится к ним правильно. В своем намерении человек должен обращать внимание на то, что обязан вместе с собой возвысить все части природы. Когда мы, в конечном счете, себя исправим, то увидим, что все остальные части природы участвуют с нами в процессе. Они включаются в нас автоматически при условии, что мы правильно к ним относимся.

Почему необходимо объединение между мужской и женской группой, мужской и женской частями человечества, чтобы достичь полного исправления? Каково различие между исправлением мужчин и исправлением женщин, и откуда оно исходит?

* * *

После трех верхних частей – Кетер, Хохма и Бина – Творец создал мужскую часть: Зеир Анпин. А затем Он создал женскую часть. Аллегорически об этом рассказывается, как о создании человека, из ребра которого создается женщина. И хотя мужская часть находится в связи с Творцом, все же без помощи женской части, без ее желания и давления, мужская часть не может удержать связь с Творцом. Мы должны об этом помнить. Пока что мы еще не чувствуем потребность в помощи женщин, потому что мужская группа сбалансирована женской группой. Но в будущем мы почувствуем это сильнее.

Следует помнить, как образовалось наше желание, наша молитва, и не забывать ни одну часть творения. Мы должны видеть всё вместе в интегральном единстве и пытаться работать с каждой частью системы. Не пренебрегать, не отодвигать в сторону, не отталкивать, потому что свобода выбора есть только у нас, и мы ответственные за то, чтобы в наших намерениях участвовали все части творения.

Весь урок и семинар посвящен тому, что «Я», группа, Творец и все другие части творения, то есть Малхут мира Бесконечности, – одно целое. И хотя в этом полном единстве только мы являемся частью, которая выполняет, именно поэтому нельзя нам забывать все остальные части. Практически, наука каббала является идеологической платформой поколения, которое начинает сейчас формироваться. И мы обязаны дать им эту платформу.

ВОПРОСЫ И ОТВЕТЫ

Вопрос: *Одинаково ли отношение женщины к семье, к группе, к Творцу?*

Нет. Группа – главное, потому что в ней мы обретаем условия, основу свободы выбора, намерение и связь с Творцом. Так или иначе, всё решается между мужчинами каббалистической группы, а женская группа и всё человечество присоединяются к ним.

Женщины добавляют свое желание и давление в системе, которая создается между мужскими желаниями. И хотя именно они направлены на отдачу, без женской части им не хватает давления в сторону отдачи. Мы нуждаемся друг в друге, и когда каждый понимает свою задачу, то вместе мы восполняем друг друга, и у нас образуется интегральный сосуд.

Вопрос: *Что делать, если во время семинара мне не удается сосредоточиться и слушать товарищей?*

Это значит, что ты не включен в работу с товарищами. Нужно слушать каждого товарища так, будто его устами говорит Шхина.

Вопрос: *Что делать, если во мне возникает сопротивление товарищам в процессе семинара?*

И над этим следует работать. Это практическая работа. Постарайся слушать их максимально. Нужно включиться в группу, ничего другого нет. Если человек начинает работать правильно, он не может сделать это один, а только в центре группы.

Вопрос: *Кто такой «Я»?*

«Я» – это точка в сердце, которая тянется к Творцу.

Вопрос: *А что такое моя семья?*

Это постоянное внешнее раздражение, которое все время тебя дразнит.

Вопрос: *Во время семинара каждый из нас вкладывает свои усилия в центр группы. Если в середине семинара я вижу, что мы не направляемся к единству, что я лично должна сделать? И что мы как круг должны сделать, чтобы это получилось?*

Вы должны намекнуть об этом товарищам, попытаться объединить их, что-то сделать. Если тебе так кажется, ты должна, прежде всего, направить на это свое личное усилие и пробудить к этому всех.

Вопрос: *Если я вижу их так, то не является ли это моим неисправленным видением?*

Это неважно. Мы должны действовать, исходя из своих ощущений. Иначе я всегда могу сказать, что всё находящееся вне меня – это Творец, и я ничего не должен исправлять. Тогда у меня не будет отправной точки, с которой я смогу начать выяснение.

Вопрос: *Иногда во время семинара мне приходят в голову только обыденные вещи, клише, и я не пытаюсь найти ответ, как мы учим, исходя из центра группы. Что значит «говорить от сердца, а не от разума»?*

Нужно раскрыть сердце, почувствовать других и, исходя из этого чувства, начать формулировать предложения. Вначале ты будешь говорить только из чувства, мыслей тут быть не может. Мысль является порождением желания, поэтому сначала мы должны обрести интегральное ощущение.

Вопрос: *Что нужно делать во время семинара: пытаться преодолеть свое сопротивление и выяснять вместе с товарищами вопрос, или прийти к точке согласия?*

Как я могу обсуждать с кем-то вопрос, если не объединен с ним? Главное и самое важное в учебе, работе и распространении – начальное объединение. Только через общее кли, созданное товарищами, через противоположности, можно продолжить и что-то сделать, выполнить, подумать. В личных мыслях и желаниях ты не сможешь найти истину.

Вопрос: *Мне всегда кажется, что товарищи говорят не по делу, а потому не могу сосредоточиться и слушать их, чтобы прийти к согласию.*

Не пытайся с этим бороться, оставь и просто включись в их слова. Перестань бороться с собой, действуй наоборот.

Вопрос: *Что делать, когда мы чувствуем абсолютное безразличие и не способны ничего предпринять?*

Это прекрасное ощущение называется «осознанием зла» своей природы. Человеку абсолютно ясно показывают свыше, что в течение своей жизни он делал только зло другим, из-за него страдали люди и возникали различные проблемы. Этот «фильм» ему прокручивают намеренно, чтобы в итоге он спросил себя: «Для чего я все это прожил?» И это называется «осознанием зла».

Мы ничего не делали сами, нас просто провели через эту жизнь. И сейчас нам крутят этот «фильм», чтобы мы признали эгоизм злом и захотели его исправить. Исправлением является включение в группу и систематическая работа над собой в группе, учебе и распространении. Не стоит жаловаться, потому что это вообще не ты, не человечество, а Творец всё делает. Именно Он крутит нам этот «фильм» в нашем разуме и внутреннем видении, чтобы мы поняли, что наше состояние отрицательное, разбитое, испорченное. Но нужно принять его правильно.

Нам знакомо ощущение, когда ты запрещаешь себе всё, пока не обретаешь правильное и устойчивое отношение к тому, что тебе показывают. Ни в коем случае не следует погружаться в отрицательные чувства, ведь это говорит о том, что ты пренебрегаешь действиями Творца относительно тебя. Он играет с каждым из нас с целью показать, что такое добро, и что такое зло. Таким образом, мы участвуем в этой игре. Не опускайтесь на уровень чувств, а наоборот, постоянно поднимайтесь на уровень общего управления и из него смотрите на мир.

СЕМИНАР 46

ВРАТА СЛЁЗ

(КОНГРЕСС В ХАРЬКОВЕ, 17.08. 2012)

Мы должны быть собраны, сосредоточены, нам нужно стараться найти равновесие в группе, ее центр. Все, чего мы достигаем, – достигается только лишь благодаря правильно направленному и сформированному желанию. Такое желание называется «молитвой». То есть нам надо пожелать правильно увидеть то, что должен выполнить Высший свет. Если наша просьба будет соответствовать тому, что он собирается с нами сделать, то мы включаем его в себя, и он производит в нас исправление.

Правильное желание называется «истинной молитвой», а состояние, перед которым мы оказываемся, называется «врата слёз». Допустим, что все ворота заперты, кроме ворот слёз, – они единственные открыты. Что означают эти «врата слёз»? Что это за состояние, когда все остальные пути закрыты, а только этот путь открыт? Почему этот один единственный открытый путь называется «врата слёз»?

***

Нам нужны запертые ворота, чтобы правильно сформировать нашу молитву, нашу просьбу. Каким образом эти «закрытые ворота» помогают нам сформулировать нашу молитву?

***

Что такое «ворота»? Что они означают? Из чего образуются ворота? Отличаются ли они между собой? Существуют ли они вообще? Много ли их должно быть? Или это одни и те же ворота, которые постоянно оказываются запертыми и, в конце концов, открываются?

Подсказка: все состоит из желания и света. Попытайтесь найти ответ через объединение.

***

Почему и о чем надо плакать, чтобы получить ответ на свою на просьбу?

***

Почему именно группа помогает быстро прийти к совершенной и правильной молитве? Почему этого надо достичь быстро? Что значит «совершенная молитва»? И почему именно группа помогает прийти к совершенной молитве?

***

Как сфомулировать одним предложением нашу молитву? Из чего она должна состоять?

***

ВОПРОСЫ И ОТВЕТЫ

Вопрос: *Какой должна быть молитва, чтобы не быть эгоистической?*

Молитва не эгоистическая – это молитва за группу.

Вопрос: *Согласно восприятию реальности, о котором мы говорим, все, что существует снаружи, фактически, находится во мне?*

Речь идет о желаниях. Мне надо переместиться в желания товарищей, жить их желаниями. Если ты хочешь с кем-то сблизиться, соединиться, ты интересуешься тем, что он хочет, о чем мечтает, чего ищет, чтобы как-то проникнуться к нему, к его желанию. Желание называется «местом».

Человек – это желание выше его животного уровня. То есть неживая природа, растительная и животная как будто не существуют. Остается только желание на уровне «человек». Это то, что существует, и этим надо заниматься.

Вопрос: *В чем заключается молитва одиночки?*

Молитва одиночки заключается в том, чтобы его привели в группу. Она ни к чему другому не может привести, только к группе. Каждый из нас в одиночку пытался что-то раскрыть, сделать, узнать, познать своими силами, и благодаря его усилиям его привели в группу.

Вопрос: *Чего нам не хватает, чтобы вместе ощутить первую каплю объединения?*

Страстного желания. Кроме этого ничего не надо. Но это страстное желание может появиться лишь тогда, когда много частных желаний сольются вместе в одну каплю.

Вопрос: *Как нам сделать это вместе?*

Надо очень хотеть и все время просить, чтобы это произошло. Нет другого пути. К сожалению, мы пока просим эгоистичкски. Мы просим **для себя**. Мы еще не пришли к тому, чтобы просить **для всех**. Существуют 39 ворот от Малхут до Бины. И лишь пройдя их все, мы подойдем к состоянию, которое называется «врата слёз». Эти ворота – внутренние состояния, которые постоянно изменяются до тех пор, пока в человеке не накопится достаточно усилий, воздействия света, связи с товарищами. Все это вместе и создает в нас правильное желание.

Это произойдет, когда каждый будет стремиться к свойству отдачи, будет находиться в нем, но не ради себя, а ради всех. Вот такое движение вперед должно сформироваться.

А пока еще мы плачем из жалости к себе. Наша молитва пока эгоистическая, и поэтому ворота заперты. Творец стоит за ними и ждет, когда мы их откроем. Правильное условие – это когда человек, абсолютно не веря в собственные силы и в то, что к нему что-то снизойдет, все равно рвется вперед. Вот тогда на противостоянии этих двух ощущений – полная невозможность движения к цели и необходимость движения к ней во что бы то ни стало – Он открывает ворота. И мы почти находимся у этого состояния.

С одной стороны, ваши слезы, ваше движение к этому очень трогательны. С другой стороны, надо понимать, что мы находимся в определенном силовом поле. И несмотря на психологичесое и эмоциональное воздействие, которое оно оказывает на нас, отношения между нами и этой силой взаимовлияющие и четко сформулированные. Тут ничего не поделаешь. Слезы помогают, но они воздействуют, если меняют желания.

Вопрос: *На предыдущих семинарах мне приходилось прилагать большие усилия в работе над своим негативным отношением к товарищам. Но на этом семинаре мне этого делать не пришлось. Почему так?*

Это вам так кажется, потому что Творец каждый раз с вами играет. С одной стороны, Он показывает, что они говорят не по делу, абсолютные глупости. С другой стороны, вы вдруг видите, что они говорят разумно, а вы не понимаете и завидуете: как они к этому пришли. Состояния эти постоянно меняются, и мы должны пройти период их накопления. А накопление само по себе позволяет вам отрешиться от результата настолько, что он перестает быть важным: лучше, хуже. Мне вообще не нужен результат. Я хочу совершить такое действие, чтобы не ощущать никакого результата, чтобы это было где-то там, у Творца, так, чтобы я об этом не знал, иначе это вознаграждение.

Эти наши состояния – падения и взлеты – существуют только для того, чтобы выбить из нас стремление добиться результата для себя, как выбивают пыль из ковра. Ведь это эгоистическое наслаждение.

Состояния, к которым мы должны прийти, чтобы открылись эти ворота, не выразить словами. Но постепенно в нас формируются ощущения, что не надо никакого результата, а только «вера выше знания». И тогда происходит раскрытие, и ты видишь результат, но не воспринимаешь его относительно себя, ты уже находишься над экраном.

Вопрос: *Рав, поделитесь, пожалуйста, молитвой, которая у вас в сердце.*

Это нельзя выразить словами. Это внутреннее движение души, это тонкое движение внутри человека, которое постепенно формируется, и в нем нет такого вербального выражения, словесного. Оно внутри, и ты не знаешь, как его сформулировать. Но ты чувствуешь, что оно постепенно в тебе возникает, и у тебя есть просто ощущение, что оно верное и становится все более и более точным, острым и входит в какую-то особую вибрацию с чем-то окружающим. И вот это совпадение движения того, что ощущается в тебе, с чем-то окружающим якобы снаружи, все больше и больше настраивает тебя на Творца.

Бааль Сулам очень хорошо описал это в «Ахор вэ кедем цартани...» (Спереди и сзади Ты объемлешь меня). Когда всадник сидит на коне, конь постепенно начинает соразмерять свои движения со всадником. Это ощущение внутреннего совпадения с общей силой. Ты начинаешь чувствовать, что все это одна общая сила, и ты начинаешь входить с ней в какой-то внутренний контакт.

Ощущение не выразить словами, – только если мы хотим его кому-то передать. Ощущение – это просто ощущение. Желание – это просто желание. Мы измеряем это и определяем, что такой-то уровень эгоизма есть *авиют*, экран – *кашиют*, а свет – НАРАНХАЙ и т.д. Каббала дает нашим ощущениям четкое физико-математическое описание. А на том уровне, с которого мы говорим, – это психология и в ней нет этих слов, так как мы пока не можем в себе ничего измерить.

Поэтому психология – это не наука. Она оперирует чувствами. Наукой она становится с того момента, когда ты можешь измерять свои желания, силу экрана над ними и силу света, который входит в желание. У тебя всего три параметра: желание, свет и экран. Но они четко тобой определяются, фиксируются.

Тогда ты читаешь каббалистические книги, как инструкцию и движешься вперед. Ты играешь с желаниями, светом и экраном.

Пока еще нет чувств и нет чувствительности. Для того чтобы я передал тебе свои чувства, ты должен включиться в меня. Если бы ты был готов, ты бы это сделал. Для этого ты должен меня любить, но не ради себя. Это не «любовь».

Вопрос: *Нам бы хотелось знать, о чем думать, когда у наших товарищей происходят какие-то неприятные события в жизни и они обращаются к группе?*

Группа может аннулировать любые проблемы. Любые! Группа может, практически, сделать все. Если это по-настоящему группа, она своими действиями аннулирует любые проблемы, посылаемые как бы свыше на любого члена группы или на всю группу.

Вопрос: *Как это делает группа? О чем каждый должен думать?*

Надо думать только об объединении. И ни о чем больше. Мы стараемся объединиться, и все проблемы, общие и частные, включить в себя и распределить между всеми. Любая проблема – от противостояния света и кли. Как только мы стараемся создать между ними гармонию, проблема исчезает. И в нашем мире сегодня все проблемы – это только лишь противостояние света и кли. Эгоизм возрос настолько, что относительно белого света он кажется просто черным. Отсюда все проблемы, общие и частные.

Можно их все предотвратить, включив в общее желание, и направить, приблизить их к свету. По мере нашего сближения мы приближаемся к свету. Свет находится внутри нашего желания, мы становимся более близкими к свету, и все негативное исчезает.

Так можно лечить людей, самые страшные болезни исчезают. Может быть, кроме обычной нормальной человеческой смерти, потому что это происходит по неживому, растительному и животному каналам. Но это не имеет значения. Когда люди начинают работать на таком уровне, для них проблемы жизни и смерти не существует. У них уже контакт на другом уровне, им это уже неважно.

Вопрос: *Наша молитва пока еще эгоистическая. Как обратить ее в молитву за всех?*

Она всегда будет такой. На самом последнем уровне, перед махсомом, перед выходом в высший мир она все равно будет эгоистична, потому что она еще под махсомом. Но свет учитывает эту разницу, так как он создал специально всю эту дегрессию. Поэтому он понимает, как мать понимает плачущего ребенка. Как мы его попросим, так он поведет нас.

Вопрос: *Как можно помочь Творцу?*

Если Творец желает получить от меня что-то хорошее, приятное, значит у Него есть желание. Он создал мир, потому что желал. Он создал меня, потому что хотел создать. У Него есть желание – желание наполнить, насладить. А сейчас Он страдает, потому что Ему некому отдавать. Говорят, что корова хочет накормить теленка больше, чем он хочет есть. Поэтому надо дать Творцу возможность отдавать, наполнять.

А какое наше желание Он может наполнить? Наше желание – желание получать. Но когда оно с намерением ради Него, когда оно входит в контакт с Творцом, Он может его наполнить. Так что для того, чтобы насладить Творца, надо изменить себя.

Это подобно ребенку, испытывающему трудности в обучении, от которого родители ожидают хорошей оценки. Если он хочет им угодить, ему надо что-то с собой сделать, чтобы достичь желаемого результата.

Вопрос в том, как я могу изменить себя, чтобы Творец смог меня наполнить, потому что этим я доставляю Ему наслаждение. Как мне изменить себя для этого?

Вопрос: *Получается, что надо получать, чтобы отдавать. Но от стыда трудно получать.*

Если получение ради отдачи, это уже не получение. Подобно тому, что человек просит маму приготовить ему какое-то блюдо, только чтобы поблагодарить ее и сказать, как это вкусно. То есть все зависит от намерения. Оно определяет суть действия. Само действие не имеет смысла.

Мы не можем знать намерения человека, даже если налицо получение. Намерения всегда скрыты. Поэтому наука каббала говорит о формировании правильного намерения. Ведь желание мы не можем менять, а намерение можем. Поэтому наука каббала называется тайной наукой, ведь намерение скрыто от наших глаз.

Вопрос: *Как нам прийти к правильному, не эгоистическому трепету?*

Нам надо заражать друг друга воодушевлением, вдохновением, уверенностью в том, что мы в состоянии объединиться, отказаться от себя, приподняться над собой.

Но главное – это взаимное поручительство, которое дает нам ощущение уверенности. Если товарищи говорят, что думают о тебе, что они твои поручители, они этим убивают твой эгоизм – ты перестаешь заботиться о себе. Потому что ты чувствуешь, что все думают о тебе, о том, чтобы тебе было хорошо. И ты уже о себе думать не можешь. Вот что значит взаимное поручительство. Это такое сильнейшее психологическое воздействие, что именно оно и приподнимает человека над собой. Поэтому первое условие духовного продвижения: «Согласны ли вы на взаимное поручительство?».

Вопрос: *К какой цели мне надо стремиться, чтобы мое желание было точнее направлено к ней?*

Надо захотеть почувствовать себя в следующем состоянии, представить его себе, насколько это возможно, играть в него. Во всем, что касается духовной работы, ты представляешь себя существующим вместе с группой на следующем уровне. Ты должен видеть всех выше себя, находящимися в духовном мире уже сейчас. Мы все играем в эту игру. А что касается семьи, работы, повседневной жизни, все продолжается, как обычно.

Вопрос: *Вы говорили, что, с одной стороны, женщины должны обращаться к Творцу через мужчин, а с другой стороны, что нет различий между мужской и женской работой, что мы – части одной общей души, и все хотим притянуть свет в это общее кли. Вы можете это объяснить?*

Женщины находятся в одной группе с мужчинами, мы вместе работаем над одной и той же целью. Творец создал нас всех так, что мы разделены на два пола специально. Это не просто физически два пола. Это внутренняя структура общей души, которая таким образом раскололась на две части специально для того, чтобы потом в соединении рождать что-то новое.

Мужчины и женщины не просто соединяются. Из этого соединения создается что-то третье. Так же и из нашего правильного соединения появляется особое новое желание, которое надо предоставить Творцу, и Он его наполнит. Это точно так же, как от контакта мужчины и женщины рождается ребенок. Это что-то совместное, что создается двумя. Вот что нам надо создать между собой в духовном.

СЕМИНАР 47

БУДУЩЕЕ ЧЕЛОВЕКА ЗАВИСИТ ОТ ЕГО БЛАГОДАРНОСТИ ЗА ПРОШЛОЕ

(КОНГРЕСС В ХАРЬКОВЕ, 19.08.2012)

Каббала говорит о том, что мы находимся в постоянном состоянии, меняется только наша чувствительность, наше восприятие к тому состоянию, в котором мы находимся. Как нам повысить эту чувствительность?

В принципе, говорит наука каббала, если я к своему сегодняшнему состоянию, к той чувствительности, которой обладаю сейчас и которая называется «точка в сердце», добавлю чувствительность своих товарищей, когда соединю свое сердце с их сердцами, этого будет достаточно для того, чтобы я начал ощущать то истинное состояние, в котором я нахожусь.

Как же нам соединить свои сердца? Наши попытки, к сожалению, не привели к ожидаемому результату. Мы обращаемся с этой просьбой к Творцу, к свету. Мы пытаемся много раз, но – напрасно. Почему? Потому что наше отношение эгоистическое. Мы хотим получить, получить, получить, увеличить в себе чувствительность к тому миру, в котором мы находимся, но видим от него только маленький тусклый фрагмент. Мы хотим эгоистически расширить свои свойства и как бы поглотить также и Высший мир. А надо выйти с другим отношением. Правильным отношением к нашему объединению, к ощущению Высшего мира, которое основывается на свойстве благодарности.

С благодарности должно начинаться любое действие человека. Даже если острый меч уже занесен над твоей головой, ты все равно должен быть благодарен и твердо надеяться на хорошее, так работает над тобой Высшее управление, чтобы именно в таких критических ситуациях ты правильно относился к Нему.

Лишь пройдя свою историю, несколько десятков прожитых лет, человек видит, каким образом вел его Творец к сегодняшнему состоянию, постепенно приближая к себе, проводя через очень многие, казалось бы, совершенно ненужные, нелепые и бесцельные ситуации, периоды жизни, в которых вроде нет никакой необходимости. На самом деле, если человек согласен со всем, пусть даже поначалу не понимая, ради чего он все это прошел, благодарность за то, что Творец вот таким путем привел его к сегодняшнему состоянию, к тому, что он находится хотя бы в самом начале раскрытия Творца, – эта благодарность, когда он оправдывает прошлое, приводит его к правильному намерению, к правильному состоянию в настоящем.

В статье №26 из книги «Услышанное» сказано: «Будущее человека зависит от его благодарности за прошлое». Невозможно правильное отношение к будущему, если ты не оправдываешь все свои состояния в прошлом, полностью не приняв, что «нет никого, кроме Него». Если что-то произошло, значит, так должно было быть, и никоим образом не сожалеть о случившемся. Только с того момента, когда как бы покончены старые счеты, человек может начать благодарить за будущее заранее, находясь в состоянии свободной отдачи, свободного движения к Творцу, когда нет ничего негативного в их отношениях из прошлого. И этим своим исправлением своего отношения к прошлому он и делает себя подготовленным к будущему.

Творец специально проводит нас через всякие перипетии, метаморфозы и сохраняет в нас о них негативную память. А положительных моментов мы практически не помним, мы помним только отрицательные, потому что эгоизм помнит то, где он не получил, где его обманули, где он мог бы выиграть. И если я оправдываю Творца за прошлое, это на самом деле не за прошлое, я это перевожу на будущее. Я этим строю в себе кли, правильное отношение к будущему и таким образом готов идти вперед.

Невозможно просто перечеркнуть прошлое. Оно дано нам для того, чтобы сейчас, в данный момент правильно смотреть в будущее, правильно относиться к Творцу. Я должен быть благодарен за все, что со мной произошло, за все отрицательное по отношению к себе, к миру, к близким, к дальним, к Творцу, ко всему, что Он со мной сделал. Если я абсолютно спокоен, полностью принимаю все с благодарностью и понимаю, что так я прошел свой путь, и теперь, приподнявшись над ним, вопреки своему эгоизму, своей эгоистической критике всех своих прошлых ощущений, я могу перейти в состояние благодарности, слияния с Творцом. Я не просто как бы прощаю Его, а понимая, осознавая, ощущая, что это мне дало возможность быть в состоянии начала соединения с Ним, я готов начинать Его раскрытие.

Поэтому будущее человека зависит от его благодарности за прошлое. И если мы именно исправляем свое отношение к прошлому с критики на благодарность, с сожаления, разочарования – на счастье, этим мы формируем правильное кли к раскрытию Творца.

Почему восхваление Творца необходимо для Его раскрытия? Неужели Он в этом нуждается?

***

РАБАШ объясняет, что благодаря восхвалению и благодарности, которые человек возносит Творцу за прошлое, расширяются его келим, свойства, возможности сердцем и разумом ощутить и оценить воздействие Творца на него. Он проникается каждой деталью взаимодействия между ними, начинает ощущать, понимать, постигая, кому он вообще посвящает результат своего труда. И благодаря тому, что он расширил свои свойства, поднимается к новым вершинам, к новым ощущениям.

То есть благодарность нам необходима. Мы никоим образом вообще не воздействуем на Творца, на свет. Мы не понимаем, что происходит там внутри. Мы лишь из своего постижения, из своих чувств, из того – какие мы, говорим человеческим языком о наших ощущениях. Поэтому Творец называется

«Борэ» – «Бо» «рэ» – «приди – увидь». Когда ты приходишь к этим свойствам, ты в них обнаруживаешь Творца и, исходя из этих свойств, ты и выносишь свое мнение. Таким образом, благодарность необходима для того, чтобы расширить наши келим.

Есть еще одно свойство, с помощью которого можно расширить келим. Мы говорили о том, что у каждого из нас есть точка, и в этой точке мы сейчас что-то ощущаем. Но мы не можем ощутить никакую картину, потому что все сжато в одну эту точку. Мы должны ее расширить, развернуть. Как это сделать? С одной стороны, это благодарность Творцу. Но для того, чтобы это средство воздействовало на нас, мы должны расширить эту точку за счет того, чтобы присоединить к ней точки своих товарищей.

Если я собираю в себе точки моих товарищей, чтобы ощутить Творца, расширить свое кли, чем я этим помогаю им? И помогаю ли я им в этом вообще или нет? Каким образом это работает на них, а может быть, и на все человечество? Если я пытаюсь вобрать в себя чувствительность всех своих товарищей и таким образом поднять свою чувствительность и ощутить Творца, помогаю ли я им в этом и как?

Надо искать решение через связь, через центр группы.

***

Мой вопрос состоял из двух вопросов. Первый: каким образом я присоединяю в себе, к моей точке, точки моих товарищей, то есть к своей чувствительности к высшему миру, которая мне дана как точка, чувствительности моих товарищей, и таким образом повышаю свою чувствительность до необходимого уровня, когда я начинаю ощущать Высший мир, Творца.

И второй – каким образом я помогаю в этом своим товарищам, чтобы и они подняли свою чувствительность и начали раскрывать Творца? А может быть, это вообще вместе делается, то есть одновременно создается взаимное кли?

***

От рождения мне дана чувствительность к очень ограниченному объему мироздания, называемому «наш мир». Так мы постепенно развиваемся, как дети, пока не начинаем раскрывать окружающую нас действительность. И так на протяжении всей нашей эволюции, истории всех поколений мы расширяем диапазон мы расширяем диапазон своих впечатлений об окружающем нас мире. Затем возникает точка начала постижения следующего уровня мироздания.

Наш уровень постигается постепенно, и возникает точка следующего уровня. Эта точка не растет. И если в нашем мире начало – это эгоизм, эгоистическая точка, и она с помощью своего собственного эгоизма и эгоизма окружающих автоматически нас подпитывает, и мы расширяем свое эго до пределов всей Вселенной, то в духовном мире, то есть на следующем уровне раскрытия, когда мы раскрываем следующую, противоположную нашему миру систему (систему отдачи), там раскрывается точка, и нам надо работать над тем, чтобы эту точку развить. Мы работаем над этим в группе.

Как я повышаю свою чувствительность, собирая чувствительность своих товарищей? Когда мы вместе работаем, вместе учимся, вместе распространяем, вместе что-то пишем, создаем, и особенно, когда учимся и притягиваем Высший свет, я проникаюсь их свойствами, их желаниями. Между нами начинают возникать всевозможные связи, когда мы работаем в группе. Кроме того, я добавляю к этому свои собственные усилия: я хочу ощутить их желания, их намерения, их мысли.

Если я прилагаю усилия, не автоматически находясь в коллективе, а желая вобрать в себя мысли и желания товарищей, тогда, в соответствии со моими усилиями наперекор эгоизму, который противится этой работе, я присоединяю к своему сердцу их желания и мысли, относящиеся к постижению Высшего мира. И тогда моя точка начинает расширяться, к ней присоединяется еще одна точка, и еще, и еще. Десять точек, собранных вместе, могут создать такое усилие во мне и в каждом из моих товарищей, при котором возникает такое напряжение к свету, что эти точки он превращает в замкнутую систему и раскрывается в ней.

Это значит, что повышение чувствительности каждого из нас происходит за счет нашего объединения в группе. А раскрытие состоит в том, что я раскрываю своих товарищей, присоединяя их к себе. Не говоря ни слова, я побуждаю их к такому же действию. Все и всё в мире взаимосвязано, тем более на следующем, духовном уровне. Там эта система работает в огромное количество раз мощнее, чем в нашем мире, и то, что делается, мгновенно влияет на всех и на все связи. Поэтому если время от времени небольшое количество людей этим занимается, все остальные вдруг начнут ощущать это влияние. К сожалению, это работает и в обратную сторону. Если несколько человек в группе начинают относиться пренебрежительно, это почувствуют и все остальные тоже. Поэтому необходимо взаимное поручительство.

То же самое и в мире. Причем, со всем миром происходит еще одно замечательное явление. Дело в том, что мы со всем остальным миром завязаны в одну систему, но поскольку являемся очень ярко выраженными духовными эгоистами, желаем раскрыть Творца, желаем все узнать, в нас работает желание всем управлять изнутри, то мы являемся, в сущности, вершиной пирамиды всего человеческого сообщества. Поэтому от нас идут очень сильные импульсы. Если каждый из нас начинает работать над увеличением чувствительности своего сенсора, кли, души к раскрытию Творца, это распространяется по всему миру – мы увидим вдруг, как десятки, сотни и даже тысячи и миллионы начнут проявлять интерес к тому, чем мы занимаемся.

Сумма всех наших благодарностей за прошлое дает нам кли из суммы напряжений, страданий, мощности для движения вперед. Почему благодарность так необходима? Когда человек благодарит Творца, он уже позитивно относится к свету. И свет отвечает ему взаимностью.

Немного каверзный вопрос: «Почему происходит так, что мы в свойстве благодарности раскрываем Высший мир? Я дам подсказку. Попробуйте рассмотреть это с точки зрения нашей человеческой психологии восприятия реальности – каким образом благодарность раскрывает нам Высший мир?

***

Давайте посмотрим, одинаково ли мы рассуждаем. Когда мы благодарим за прошлое, и каждый делает над собой большое усилие, соединяясь с остальными товарищами в группе, чтобы обрести силу правильно относиться к прошлому, то мы при этом объединяемся, и образуется общее желание постичь, раскрыть Творца. Это с одной стороны. С другой стороны, это желание наполнено благодарностью, осознанием, признанием за все прошлое, пройденное нами, которое нам было абсолютно необходимо (так мы начинаем ощущать) для того, чтобы быть сейчас в этом состоянии, начиная с которого и дальше, мы входим в Высший мир.

Почему состояние, которое мы обретаем, аннулируя все негативное прошлое, является средством раскрытия Творца? Потому что оно придает нам абсолютную уверенность в том, что властвует в мире только одна положительная сила. И таким образом мы можем себя чувствовать, как младенец в материнских руках. Ему ничего не надо, он чувствует запах матери, он чувствует себя в ее руках – и все. Может быть, у вас есть другая иллюстрация уверенности, гарантии, поручительства, безопасности?

Как только мы достигаем такого состояния безопасности, уверенности, мир становится бесконечным, он просто расступается. Человек ощущает себя безграничным. Нас больше ничего не давит, мы не находимся ни под какой властью, ни под каким давлением, ни под какими ограничениями: сознательными, бессознательными, – ни под какими. И поэтому раскрывается Высший мир, то есть то общее истинное мироздание, в котором мы существуем, которое было сжато до уровня нашего мира нашим тревожным ожиданием чего-то неприятного, тем, что не могли дать правильную характеристику Творцу, как властителю мира. Вот так происходит раскрытие.

Привести себя к полному раскрытию можно лишь только с помощью совместной работы между нами над нашим прошлым, настоящим и будущим. Мы этим полностью отрицаем фактор времени – самый ограничивающий фактор нашего мира. Потому что если я считаю, что нахожусь в одной постоянной силе, которая всем управляет и держит всё в одном абсолютно положительном состоянии, – фактор времени исчезает, нечему меняться. Так же, как нет движения, передвижения, нет верха, низа, никаких координат – один простой объем – мир Бесконечности. Конечно, до этого состояния надо дорасти. Я еще тоже не знаю, что это такое. Но, по крайней мере, расширение той сферы, в которой мы существуем, за счет обретения гарантии, безопасности, то есть ощущение себя во власти свойства отдачи, дает нам это движение наружу, на расширение этой сферы.

***

Мы чувствуем, что обсуждая что-то вместе, мы выясняем истину. Это самое главное. Это уже гарантия хорошего будущего. Мы можем собраться всегда в любом месте, возьмем любой вопрос, какой бы он ни был, начнем его раскрывать и, в итоге, всегда придем к чему-то значительному. То, что вы сейчас начинаете осознавать это средство для собственного продвижения – это очень хорошо.

Сказано, что Творец против тебя. Что значит «против тебя»? Если тебе плохо, значит, Он о тебе делает это плохо? Если ты думаешь о Нем плохо, значит, Он дает тебе мысли думать о Нем плохо. Если так, то думает ли и Он плохо в этот момент или нет?

***

Что значит: Творец против меня, Творец за меня, Творец, как я, или противоположен мне? Что такое добро и что такое зло? Когда мне плохо или хорошо, что, как будто, дышит во мне все время? Ведь я испытываю все свои ощущения в своем желании. Тогда, что значит, зло или добро? Как это желательно почувствовать?

***

Приближение к Творцу – добро, а отдаление от Творца – зло. Так нам надо настроиться и только так воспринимать эту систему координат «добро/зло «- приближение или отдаление относительно Творца. По такому критерию мы должны воспринимать всю жизнь. И мы увидим, как быстро перейдем в совсем другие рамки отношений, оценки ценностей, как бы с одного языка на другой, с одной системы измерения в другую.

Что бы ни происходило, мы должны оценивать с одной точки зрения: ближе к Творцу или дальше от Творца. И после того, как измерим, оценим, надо проверить: ощущаешь ли ты близость к Творцу как добро, а отдаленность – как зло, или пока еще не совсем. Сколько у нас есть возможностей работать над собой! Но нам очень этого не хочется!

Мы в нашем мире иногда чувствуем, что нас любят. У нас есть представление о том, что значит ощущать, когда тебя любят. Это любовь матери, близких, детей или даже собачки. Это не добродетель. Это любовь в нашем мире. Нет другого слова.

Мы говорим, что Творец любит нас стопроцентной беззаветной любовью. Как мы можем по-человечески использовать это Его отношение к нам? Вам это кажется странным, но это такое естественное чувство, и очень простой вопрос.

***

Решить этот вопрос можно только из ощущения любви друг к другу. Есть много ответов. Можно манипулировать Творцом, можно пренебрегать им, можно получать, можно отдавать.

Должен ли тот, кто уже получает ради Творца, делать это против своей воли, против своего желания?

***

СЕМИНАР 48

О ВЕРЕ ВЫШЕ ЗНАНИЯ, ОТРАЖЕННОМ СВЕТЕ И ДУШЕ

(24.08.2012)

Мы говорим, что «Нет Никого, кроме Него». Что значит, «Нет Никого, кроме Него»? Каков смысл выражения «Нет Никого, кроме Него?

«Нет Никого, кроме Него» означает, что как в прошлом, так и в настоящем, а также в будущем Творец определяет все. Если так, откуда свободный выбор человека, если «нет Никого, кроме Него»?

***

Свободный выбор проявляется в реакциях человека на то, что делает ему «нет Никого, кроме Него». Означает ли это, что человек не влияет даже в самой малой мере на воздействие Творца на него? Неужели человек не определяет свое будущее?

***

Человек не влияет на действия Творца.

На что человек может воздействовать в своих поступках? Есть ли у человека свободный выбор, благодаря которому он совершает свободное действие, и если так, на что он влияет?

***

Человек не влияет на Творца, на Его действия и Его работу. Он влияет лишь на самого себя, на то, как он воспринимает воздействие Творца.

Вся действительность находится в состоянии абсолютного покоя в мире бесконечности, и все происходящее имеет место лишь относительно нас, для нас.

Каким образом в нас что-то меняется, если высший свет пребывает в абсолютном покое? Если мы находимся в мире Бесконечности – бесконечном, совершенном, и бесконечный свет воздействует на нас, откуда возникают в нас изменения? Каким образом в нас что-то происходит?

***

Свет находится в абсолютном покое, а все изменения проистекают от решимот, имеющихся в нас. В нас есть последовательность решимот, и свет своим постоянным совершенным воздействием пробуждает в каждом из нас одно решимо за другим.

Для чего происходят во мне все эти изменения? Как я должен реагировать на них? Каким образом следует реагировать на каждое из решимо, пробуждающееся и раскрывающееся во мне?

***

Решимо рисует человеку картину этого мира и способно вызвать в человеке горькое чувство отделения, отрыва. Человек должен преодолеть это ощущение и оправдать «нет никого, кроме Него», пробуждающего в нем это решимо.

Решимо пробуждается лишь для того, чтобы человек очнулся и поднялся над ним. Иными словами, нужно каждый раз оправдать то, что с нами происходит. Решимо раскрывается в нашем желании, то есть в нашем ощущении, и нам необходимо подняться над этим ощущением и оправдать Творца.

В каждое из мгновений во мне раскрывается новое решимо. Становясь более чувствительным, я смогу ускорять темп своего развития. *Решимот* высвобождаются постоянно, и Творец как будто устанавливает перед человеком некоего «ангела». Если тот не выполняет свою работу, то Творец смещает его и посылает другого «ангела», в соответствии с тем, как описано в статье Бааль Сулама «Спереди и сзади Ты объемлешь меня».

Откуда я получу силу, готовность к тому, чтобы подняться над *решимо*, увидеть его, понять, что «нет Никого, кроме Него», и это для моего блага, для того, чтобы я включился в работу? Где я возьму чувствительность, чтобы все время правильно работать над *решимо*, подниматься над ним и всегда приходить к оправданию Творца?

***

В каждом *решимо*, раскрываемом во мне, я ощущаю картину изменяющегося мира. Необходимо оправдать Творца в каждой из картин, которую я воспринимаю, и поблагодарить Его за плохое, как за хорошее.

Как называется такое действие? Как называется состояние, в котором я поднимаюсь к оправданию, согласию, преклонению, благодарности, перехожу от проклятия к благословению?

***

Состояние, в котором я могу подняться над всеми неприятными решимот, раскрываемыми во мне, называется «верой выше знания». Мне необходимо подняться в вере выше знания над знанием и оправдать Творца во всем, что я ощущаю в Нем плохого. Я должен подняться над своим ощущением, над тем, что происходит в моих *келим*, так что я благословляю Его за каждое состояние и за каждое ощущение, воспринимаемое мной, как плохое, так же как и за хорошее. Когда я поднимаюсь над своим ощущением в желании отдавать, в желании слиться с Ним, это называется достижением веры выше знания.

Как подняться над чувством, оправдать и поблагодарить Творца? Изменится ли мое ощущение, почувствую ли я что-то иное? С помощью чего я поднимаюсь над неприятным ощущением? И если я поднимаюсь, могу ли я ощутить нечто иное, почувствовать добро, а не зло? Почувствую ли я наслаждение вместо страданий?

***

С помощью чего мы поднимаемся, и изменится ли наше ощущение после того, как мы поднимемся?

***

Подняться – означает включиться в более высшее кли, в желания, более высокие, чем мои собственные, – в желания отдавать. Откуда возьмется во мне желание отдавать? Ведь во мне есть лишь желание получать.

Что значит подняться над желанием получать? Чувствую ли я при этом изменение внутри желания получать? Что я могу ощутить в нем? Каким образом я строю из желания получать желание отдавать? Как я поднимаюсь над своим желанием получать?

***

У меня нет желания отдавать. Каким образом я строю желание отдачи над моим желанием получать?

***

С помощью учебы, группы и посредством молитвы каждый может подняться над своим желанием получать и включиться в группу. Группа превращается в его кли отдачи, при этом его личное желание остается как бы вне группы. И это при условии, что человек направляет свое кли, чтобы вручить его Творцу, который желает раскрыться. Сказано: «Тот, кто просит за товарища, удостаивается первым». То есть человек готов, чтобы это произошло с его товарищами, чтобы это раскрылось в них, потому что они этого желают. Он готов служить им, даже если при этом ничего не получает. Это означает, что он вручает группу Творцу, чтобы Творец раскрылся в ней, а этот человек лишь вручает ее.

Как называется такое устремление со стороны человека в отношении Творца?

***

Такое устремление называется «отраженный свет». Как измеряют Отраженный свет?

***

Как называется соотношение между усилием и Отраженным светом? Как каббалисты называют отношение между усилием и результатом?

***

Это называется «Приложил усилие и нашел» или «По труду – оплата», в соответствии со страданием – плата.

Когда я исправляю пробуждающиеся во мне *решимот*, то есть все состояния, беды и картины этого мира, и способен поблагодарить Творца за все, происходящее со мной, с миром, с товарищами – за все, без всякой связи с тем, как это ощущается в моих эгоистических желаниях, тогда я поднимаюсь над этими желаниями в отношении к Творцу и будто вхожу в поле отдачи. Я отменяю себя относительно поля отдачи, и это называется отменой себя относительно АХаПа высшего.

Как я ощущаю это поле отдачи? В какой форме я воспринимаю это поле? Происходит ли это вне меня, или изменяется этот мир? Что изменяется, и каким образом это происходит? Как я раскрываю высший мир, АХаП высшего, поле отдачи?

***

Группа – это АхаП высшего, там раскрывается Творец, там я ощущаю это раскрытие.

Как называется новое кли, раскрываемое сейчас, с помощью которого я могу показать меру моей отдачи Творцу? Как называется кли, в котором я раскрываю Творца?

**

Это кли называется «нешама» – душа.
Что происходит с ощущением этого мира, изменяется ли оно?

**

Ощущение этого мира называется «гуф» – тело, в котором раскрывается ощущение высшего мира, называемого «нешама».

СЕМИНАР 49

В ЧЕМ РАЗНИЦА МЕЖДУ БЛАГОДАРНОСТЬЮ И ПРОСЬБОЙ

(26.08.2012)

Из-за разбиения келим мы не способны объединить все свои усилия. Мы учим, как проводить собрание товарищей в соответствии с правилами, которые установил для нас РАБАШ; мы говорим об уроке – как нам учиться; мы обсуждаем распространение – в какой форме мы должны подготовить себя к распространению? Как мы должны ежедневно вести себя в те часы, когда мы не проводим собрание товарищей, не учимся и не занимаемся распространением? Нам трудно соединить вместе эти три самые важные вещи – учебу, собрание товарищей и распространение.

Если бы все время, когда мы бодрствуем, мы могли бы сохранять соединение между собой, если бы во время собрания товарищей, в часы учебы и распространения мы смогли бы объединиться между собой более правильным образом, то каждое усилие, безусловно, присоединялось бы к мощности, в которой мы смогли бы раскрыть меру отдачи, кли, пригодное для раскрытия отдачи, раскрытия Творца между нами. Поэтому необходимо преодолеть силу разбиения между нами, не позволяющую нам соединить все это вместе.

Постараемся сейчас выяснить, какие средства имеются в нашем распоряжении для объединения всех усилий: в семинаре, на уроке и в распространении так, чтобы мы объединились в едином усилии, в одну большую силу, в *СЭА*, чтобы раскрыть высшую силу, которая возникнет между нами и будет сопровождать нас в слиянии с ней.

Мы не раз говорили о соединении. Однако мы не понимаем в точности, что такое соединение, в чем мы должны соединиться, в каких именно аспектах между собой нам необходимо соединиться. Скажем, мне необходимо взять у каждого определенную сумму денег для какого-то действия, и все понимают, для чего ее собирают, и каждый дает некую сумму. Мы понимаем, что происходит, для чего мы ее собираем, и в соответствии с этим используем деньги, которые собрали. Если мы прикладываем усилие, строим или готовим что-то, например, конгресс, то каждый понимает, что он делает определенное усилие, которое от него требует группа. В результате этого у нас есть то, что мы выстроили, то, что подготовили – конгресс. И так каждый раз мы видим, сколько вкладываем и что получаем.

Какие усилия нам необходимо приложить перед уроком, являющимся нашей ежедневной встречей, на которой мы должны подготовить себя к получению света, возвращающего к источнику? Как нужно подготовить себя к такому действию? Что каждый из нас должен вложить? Что будет считаться результатом для нас? Что мы собрали, и исходя из того, что собрали, что мы получим? Что именно нам нужно принести на общий урок, чтобы притянуть свет, возвращающий к Источнику? Что важней всего принести на урок?

***

Мы должны принести на урок величие Творца, наше воодушевление Им. Думать, ради какой встречи мы пришли, с Кем мы встречаемся, с Кем соприкасаемся. И в соответствии с важностью оценки думать, что мы изучаем, Кому принадлежат действия, которые мы изучаем, кто Тот, Чьего воздействия мы удостоились? Ведь в соответствии с этим воздействует на нас свет, возвращающий к Источнику.

Поэтому человек должен прийти на урок, к Торе, с радостью от того, что, благодаря этому, он соприкасается с Высшим. И в соответствии с мерой своего воодушевления человек пробуждает свет, возвращающий к Источнику. Именно на уроке необходимо быть в радости, в возвышенном состоянии, в благодарности, в ощущении величия Творца. Это должно ощущаться во время чтения, в каждом слове, во всем, чем мы занимаемся. Хотя мы не понимаем этого, но суть в том, что мы соприкасаемся с материалом, дающим нам правильное отношение к Творцу, который приблизит нас и даст нам свет.

Эта работа, когда мы находимся в разбиении, малы, противоположны Ему, не объединены, полны недостатков, не имеем связи, соединения, – нам не понятна. Нам недостает именно величия Творца, воодушевления от контакта с Ним, пусть даже самого малого. Не нужно обращать внимание на то, что мы не ощущаем этого контакта, ведь благодаря уроку мы находимся в связи с Ним. Даже если мы пока не удостоились раскрытия, это не мешает тому, что мы все-таки соединены с Ним.

После того, как мы восприняли такой подход к уроку, что еще нам необходимо сделать? Мы пришли на урок, мы находимся в возвышенном состоянии, в воодушевлении, в трепете, в страхе, в благоговении, как на встрече с Высшим. Что еще необходимо присоединить к этому ощущению величия, трепета, высокой оценки?

**

Мы приходим на урок с радостью, как к чему-то особенному, как к большому подарку небес, данному каждому из нас: из всех людей именно мы удостоились и получили свыше желание присутствовать на такой встрече с Творцом, хотя эта встреча все еще не раскрыта. Творец называется Большим – более высокая раскрывающаяся ступень. Когда мы приходим, ощущая трепет, возвышенность Творца, то, происходит то же, что и в нашей жизни – маленький хочет уподобиться большому. Нам необходимо просить этого в простой, естественной форме, без всякого мудрствования, без ухищрений.

Когда маленький видит большого, в нем пробуждается желание быть таким же, как он, и маленький должен просить уподобиться большому. Нам, маленьким, нужно вместе уподобиться одному Большому, ведь все мы малы.

Если так, в чем каждый из нас может помочь другим, чтобы был в них трепет, осознание величия, благодарность от того, что удостоились чего-то особенного, чтобы мы все вместе были близки свету? В мере нашей оценки Творца мы хотим приблизиться к Нему. Как именно во время урока каждый из нас может помочь в этом другому, или как группа может помочь каждому?

***

Если во время урока свет, возвращающий к Источнику, светит нам с особой силой, в чем каждый может помочь товарищам, группе? – В том, что просит быть «проводником» для других, просит, чтобы Творец раскрылся в них. Если каждый просит за других, то удостаиваются все.

Если во время урока я должен быть в осознании величия Творца, в благодарности, в радости, ведь Тора радует, то в каком состоянии нужно быть вне урока: благодарить или просить?

***

Нужно все время благодарить. Бааль Сулам пишет, что если человек находится в радости, в благодарности двадцать три с половиной часа в сутки, то полчаса в день можно критиковать свое состояние. Но и в этом действии он поднимает себя к благодарности, к величию Творца.

Иными словами, нам необходимо все принять и относиться ко всему только сквозь призму величия Творца. Иначе мы отключаемся от Него и уже не имеем отношения к продвижению, к работе. Наши просьбы и молитвы также должны быть на фоне благодарности и величия. Сказано: «И пусть молится человек весь свой день», и потому кажется, будто есть противоречие между благодарностью и просьбой, однако, на самом деле, его нет. Можно также и просить, но лишь в том случае, если мы при этом благодарим и просим за другого.

Когда мы хотим получить добавочное желание, устремление, чтобы раскрылась в нас большая сила, подталкивающая нас к цели творения, нужно просить или благодарить? Нет ничего иного, кроме двух этих состояний. Если я хочу получить ускорение, новую силу, новую потребность к продвижению, в каком состоянии мне нужно находиться – в благодарности или в просьбе?

***

Новые потребности получают от света. И этот свет приходит к человеку в соответствии с мерой его близости к свету, то есть в мере его благодарности. Поэтому чем больше мы осознаем величие света, Творца, тем сильнее он светит нам и приносит новые желания. И тем самым мы ускоряем время.

Каким образом и в какой мере я получаю величие Творца, величие Торы, величие света, возвращающего к источнику?

Попытайтесь дать количественную оценку: во сколько раз я умножаю осознание величия Творца?

***

В каком случае РАБАШ говорит: «один к десяти или один к ста», и когда: «один относительно другого»? И в каком случае он говорит: один получает от первого, от второго, от третьего, до тех пор пока будет у него десять?

Это два разных случая – один в отношении желания, а второй – в отношении важности, величия. Есть *решимо дэ итлабшут* и *решимо дэ авиют*.

***

У нас есть *решимо дэ-итлабшут* и *решимо дэ-авиют*. *Решимо дэ-итлабшут* – это благодарность, а *решимо дэ-авиют* – это потребность, недостаток. Таким образом, у нас есть две молитвы, две формы отношений, два состояния.

Мы можем увеличивать *решимо дэ-итлабшут*, благодарность в соответствии с тем, насколько отменяем себя относительно товарища. И тогда в той мере, в какой я являюсь нулем относительно него, тем самым я увеличиваю благодарность в 10, в 100 и более раз.

Решимо дэ-авиют я увеличиваю за счет того, что получаю потребность, силу от каждого из товарищей.

Если говорить о благодарности, о важности Творца, то возникает вопрос: на какой ступени важности должен находиться Творец относительно человека, чтобы раскрыться ему? На какой ступени должен находиться человек относительно Творца, относительно важности, оценки, величия Творца, чтобы Творец раскрылся ему? Здесь речь не идет о численной оценке, потому что это невозможно измерить.

***

Человек может подняться к Высшему лишь после того, как его нынешняя ступень, то есть его жизнь, его мир теряют для него важность в сравнении с Высшим.

СЕМИНАР 50

ГЛАВНОЕ – ЭТО УСТУПКА И СОЕДИНЕНИЕ

(2.09.2012)

Семинар – это особое состояние, особое действие, во время которого мы стараемся объединиться. Это самое мощное действие для соединения. Поэтому нам запрещено оставлять мысль, что мы объединены, ведь именно ради объединения мы приходим на семинар. Мы участвуем в нем лишь для того, чтобы достичь силы соединения.

Нам необходимо все больше продвигаться к пониманию того, что называется объединением. Свет, который должен раскрыться, который мы хотим раскрыть – это свет соединения между нами. Это свет – приходящий и наполняющий нас в силу нашего желания, устремления каждого к другим. Раскрываемый свет – это высший свет, сила отдачи, сила Творца, и в этом свете мы можем раскрыть его источник, любовь, программу и цель творения.

Ощущение, которое начинает появляться между нами – это высший свет. Это чувство настолько приятно, настолько сладко, настолько смягчает сердце, что мы тотчас же хотим насладиться этим чувством любви, соединением, теплом, которое раскрывается. Такое отношение к нему называется «злым началом».

Вместе с тем, когда мы стремимся раскрыть соединение между нами, необходимо помнить, что все это лишь для того, чтобы доставить наслаждение Творцу, а не для нашего блага. Мы должны испытывать страх и трепет от того, что когда раскроется то, что мы так хотим раскрыть – сила взаимной отдачи, взаимное соединение между всеми сердцами в одно сердце, – чтобы это раскрывающееся соединение, это наполнение, не овладело нами, а чтобы мы владели им. И это для того, чтобы направить к Творцу огромное наслаждение, кроющееся в соединении, называемом «высший свет».

Поэтому так не просто достичь соединения – мы придем к нему только, если будем способны направить его к Творцу, что называется «для наслаждения Творца, на благо Творцу». Эти света, эти наслаждения, чувства, которые раскрываются в соединении, – это НаРаНХаЙ, и они очень велики.

В чем отличие и что общего между следующими светами: высший свет, свет НаРанХаЙ, свет, возвращающий к Источнику, проясняющий свет, исправляющий свет, наполняющий свет, свет Нешама, Окружающий свет, *Ор Пними* (внутренний свет), *Ор Хозер* (Отраженный свет), и каким образом они раскрываются? Существует множество других светов, кроме перечисленных.

***

Каждый слушает товарища, как будто тот является величайшим в поколении. Каждый отменяет себя, чтобы быть маленьким в группе. Мы все соединяемся настолько, что невозможно провести различие между нами. Каждый из нас хочет постичь мысли всех остальных. Сумма этих мыслей порождает верный ответ и соединение.

***

Если в отношении, которое мы создаем между собой своим усилием, мы правильно настроим себя на то, чтобы наше соединение было подобно любви – любви товарищей, направленной на любовь к Творцу, тогда мы создадим между собой чувство, называемое светом. Это чувство нам необходимо принять с намерением ради отдачи – отдачи ради отдачи или получения ради отдачи. Нельзя пользоваться связью между нами для получения каждым ради себя, то есть извлекать пользу для самого себя. Когда мы, действительно, направляем ощущение от соединения к Творцу, то оно называется светом. В этом ощущении мы начинаем раскрывать высший корень, который сформировал в нас это состояние и ждет, что мы будем приближаться к нему все больше и больше.

Все различия, раскрываемые между светами, – это различные отношения между нами, разные состояния, различные способы отношений между нами.

В чем разница между желанием и кли, *авиютом*, эгоизмом, *парцуфом*, *гуфом*, материей, местом? Каковы различия между всеми этими способами, между этими именами?

***

Это формы отношения между нами – между мной и остальными. Речь идет о желании, находящемся в различных состояниях относительно того, кому показываются другие желания. Таким образом человек все время проверяет себя, стабилизирует себя относительно других. Разные формы связи между мной и остальными мы называем различными именами: желание, кли, *авиют*, эго и пр. Говорится о связи, об отношении между нами, потому что без связи между нами нет кли и нет света, то есть речь идет о соединенности.

Нельзя забывать, что семинар – это место соединения, и все эти вопросы направлены на то, чтобы дать нам общую тему, с помощью которой мы соединяемся.

Если то, что раскрывается, – раскрывается в соединении между нами, тогда и ощущение соединения, и ощущение Творца, и любое духовное чувство я получаю от товарищей, от группы. Возможно ли это? Ведь они такие же, как я. Как происходит, что высший свет я получаю от товарища, что Творец проявляется через него, и все, что я получаю, является результатом моего отношения к товарищу? Ведь товарищ – это всего лишь товарищ, равный мне. Как может быть, что я получаю высший свет, раскрытие Творца от товарища?

***

Кли, раскрывающее свет, – это наше желание получать, приобретающее отношение отдачи, отношение любви к товарищу. Тем самым товарищ превращается в источник света. В тот момент, когда я отношусь к товарищу с отдачей, я вдруг обнаруживаю в нем источник света, который светит мне. Таким образом мне раскрывается вся система – в той мере, в которой я способен быть в отдаче ей.

В своем нынешнем состоянии я нахожусь в получении и поэтому ощущаю отдельные тела. Я не ощущаю никакого света и никакого наслаждения от них. В тот момент, когда я способен сделать на себя сокращение («цимцум»), обрести экран («масах»), ощутить некую меру отдачи и любви к ближнему, – я чувствую, как через него ко мне приходит свет.

 И тогда у меня появляется проблема: получить свет с намерением ради получения, либо получить его ради отдачи, и что делать с тем ощущением, которое я раскрываю в соединении. Это тот самый духовный свет, который мне необходимо «обработать» ради Творца.

Можно представить, что мы находимся в одной и той же форме, но все более и более раскрываем происходящее внутри наших келим в мере того, что используем намерение отдавать друг другу. Здесь нет ничего иного, кроме желания человека и его отношения к ближнему.

Если мы должны согласиться с любым состоянием, приходящим от Творца, то, как нам поднять МАН и попросить у света, чтобы он изменил нас? Если мы принимаем, что «нет Никого, кроме Него», что все приходит от Него, как мы можем поднять МАН, чтобы он исправил, изменил нас, как нам нужно просить?

Главное – это уступка и соединение. Каждому нужно захотеть соединиться с ответами другого, и неважно, какие они. Внутренний настрой должен дать нам ответ.

***

Как можно поднять просьбу, поднять МАН, если все приходит от «нет Никого, кроме Него»? Как можно поднять МАН, чтобы изменить себя?

***

Если мы просим изменить свое восприятие, является ли это признаком того, что изначально мы не согласны с нынешним состоянием?

***

Так же, как решение общего кризиса в мире возможно лишь путем объединения, так и у нас, в кризисе, который мы ощущаем сейчас из-за всех этих вопросов, решение находится в объединении.

***

Если мы обязаны принять, все, как приходящее от «нет Никого, кроме Него», как мы будем знать, что именно каждый должен исправить или изменить в действии и в отношении к другим?

Кажется, что это условие, утверждение – «нет Никого, кроме Него» ставит нам «палки в колеса». А возможно – и нет. Может быть, оно, наоборот, является той «железной» основой, с помощью которой мы что-то делаем. Так что же это: трамплин или препятствие?

***

Что значит «нет Никого, кроме Него»? Кроме чего «нет Никого, кроме Него»?

***

В какой форме «нет Никого, кроме Него» должен раскрыться мне, чтобы я достиг хотя бы первой ступени исправления? Что я должен ощутить, что я должен испытать, чтобы, в конце концов, соответствовать этому? Что, как мне думается, я получу в качестве первого раскрытия, которое исправляет меня? Какое желание мне нужно получить, чтобы быть исправленным?

***

СЕМИНАР 51

КАК ПРИБЛИЗИТЬСЯ К ШИРОКИМ МАССАМ

(07.09.2012)

Прежде, чем человек приходит на семинар, являющийся местом объединения, он должен подготовить себя и сказать, что все зависит от него самого: он определяет объединение всего мира, он, действительно, «склоняет себя и весь мир на чашу заслуг». Нам предстоит большая работа, и мы все больше приближаемся к ней и не сможем уклониться или избежать ее. Поэтому каждый из нас должен почувствовать, что все, происходящее вокруг, затягивает нас в некий круговорот, в который попадает и весь мир. И мы уже не можем оставаться снаружи, и наблюдать за тем, что происходит в мире, или смотреть на него свысока. Мы обязаны все больше входить внутрь происходящего, вести за собой, заботиться, обучать, направлять, подталкивать, включаться во все, происходящее в массах, потому что «Внутри моего народа Я пребываю».

Прежде мы очень отличались от остального мира, по крайней мере, тем, что говорили об объединении, поручительстве, и для нас было довольно естественно говорить об этом. Как следствие бед, проблем, происходящих событий весь мир внезапно заговорил, как мы, и сегодня все рассуждают том, что объединение необходимо, что оно поможет всем. Мы знаем, что в период войны или кризиса тяжелые условия вынуждают нас консолидироваться и объединяться.

Сегодня мир уже понимает это, и, прежде всего, речь идет о народе Израиле – все понимают, что объединение хорошо и полезно, чтобы разрешить сложные проблемы. Виртуальный мир полон подобных идей, все об этом говорят, политические партии выбирают важность объединения своим девизом, и самые разные люди помещают его на своих знаменах.

Сейчас наступает второй этап: определение вида этого объединения. Ведь мы знаем, что есть соединение с другими для собственного блага – в нашем мире это всегда именно так. Человек заинтересован в принадлежности к сильному обществу, заинтересован находиться под сильной властью. Каждый хочет ощущать уверенность – это дает ему чувство безопасности, а также свободу, подобно младенцу на руках матери – это естественно и хорошо.

Объединение ради группы – это также эгоистическое объединение, как, например, в армии, в футбольной команде, в самых различных сообществах. Мы знаем, насколько люди в преступной группировке объединены друг с другом. Есть такие, что отрезают себе пальцы, чтобы доказать, насколько они преданы друг другу. В науке каббала это называется «собранием насмешников» – несмотря на то, что люди преданы друг другу, они делают это ради внутренней эгоистической цели.

Вопрос в том, как мы можем передать понятие объединения и самим себе, и всему обществу в иной форме, чтобы такое объединение было не во благо мне или моему сообществу, а ставило целью полную отдачу? Как передать идею объединения более широким слоям – наружу, а не внутрь?

Как передать цель объединения ради внешней отдачи, а не ради самих себя?

***

Как передать эту цель изнутри наружу?

***

Достаточно ли нам соединиться между собой и тем самым довести процесс до нашего окончательного внутреннего исправления? Предположим, мы хотим прийти лишь к этому, и замкнуто работаем внутри себя. Бааль Сулам пишет в «Предисловии к Книге Зоар», что нужно идти от внутреннего к внешнему: постижение, духовная сила по внутренним линиям проходят также и во внешнее, к все более и более внешним кругам, а затем к самым удаленным кругам человечества. Достаточно этого или нет? В другом месте пишет Бааль Сулам, что пока наука каббала не распространится среди всех народов мира, Израилю не удастся выйти из изгнания, и Машиах не сможет прийти.

Достаточно ли нам самим быть исправленными, чтобы от нас по внутренним каналам отдачи, понимания, ощущения это передалось к другим, и они также действовали в соответствии с этим? Или мы должны подготовить их к этому с помощью внешних действий, и тогда эти внутренние и внешние действия объединятся вместе. В чем, все-таки, неоходимость во взаимном соединении внутреннего и внешнего распространения?

***

Как мы можем придти к состоянию, чтобы человек гордился тем, что он отдает обществу, а не получает от него, чтобы стыдился того, что он использует окружение и общество, как он делает это сегодня, вместо того, чтобы отдавать обществу? Как можно прийти к состоянию, чтобы каждый захотел получить от общества в точности столько, сколько ему необходимо для своих насущных потребностей и не более, а, с другой стороны, захотел отдать обществу все, что он может отдать, без всякой меры и ограничения? Как нам достичь такого состояния? Как можно убедить себя и других?

***

Есть ли доказательства того, что общество сегодня действительно является сообществом? Человеческое общество сегодня представляет собо сборище людей, которые зарабатывают друг на друге, и это не называется сообществом. Каково определение настоящего сообщества? Как мы можем убедить широкие слои общества, и, прежде всего, самих себя, что только общество, существующее по закону отдачи, сможет существовать?

Мы живем в эгоистическом обществе, где каждый берет себе столько, сколько закон и сила позволяют ему. Начиная с сегодняшнего дня, есть некая вынуждающая сила, давление со стороны Природы, изнутри, различные причины для объединения. Почему объединение должно быть в форме абсолютной отдачи каждого относительно общества, а иначе общество не сможет существовать?

***

Как мы можем подготовить как группу, так и внешнее общество, народ, к такому отношению, чтобы ближний был мне дороже самого себя? Как можно прийти к такому желанию, чтобы другие были мне дороже, чем я себе?

Нам понятно, что простой ответ состоит в том, что это произойдет с помощью света, возвращающего к Источнику. Если нам нечего ответить, мы обычно говорим, что свет придет и устроит все. Предположим, что пока это так, но как я захочу, чтобы свет пришел и произвел во мне такие изменения, чтобы во мне возникло настолько сильное желание, которое превратилось бы в молитву, вызывающую свет?

Как достичь желания, чтобы каждый из товарищей был мне важнее меня самого, чтобы это желание превратилось в молитву, в просьбу, мольбу, чтобы свет пришел и изменил мои наклонности, изменил мое отношение к другим?

***

Люди с точкой в сердце обязаны понять, какая миссия на них возложена, осознать свою уникальность, понять, что их долг – исправить мир или, точнее говоря, быть партнерами в исправлении мира. Как мы можем передать это понимание людям, в которых пробудилась точка в сердце, как мы можем воздействовать на них, чтобы они поняли, что объединение – это самое важное, если мы сделаем его ради отдачи Творцу? Как мы убедим себя и каждого, в ком есть точка в сердце, что нам необходимо объединиться, как у горы Синай, в поручительстве, в едином сердце?

Приведет ли нас к этому внешнее давление, или мы сможем, все-таки, пойти путем «ахишена» (ускоряя время), ведь мы видим, насколько сегодня это насущно для нас и для всего мира? Какие действия на пути «ахишена» необходимы, чтобы достичь объединения, чтобы выполнить эту миссию?

***

Каббалисты пишут, что каждый человек, принадлежащий к народам мира, будет держаться за того, кто «направлен прямо к Творцу». Однако этим людям нужно понять необходимость в таком человеке. Как они почувствуют, что им необходим человек, устремленный «яшар к-Эль» (Исраэль, «устремленный прямо к Творцу»), причем, необходим настолько, что они, действительно, ухватятся за него, чтобы он привел их в место, называемое Храм («Бейт Микдаш»)? Как они почувствуют такую необходимость? Как они вдруг смогут перейти от ненависти к Израилю к такой оценке, что будут превозносить тех, кто устремлен к свойству отдачи, объединению, к слиянию с Творцом, а также приведут себя к цели, к месту, где есть соединение с Творцом – к Храму? Как это придет к ним?

***

Мы начинали с того, что говорили об объединении, поручительстве, а сегодня об этом говорит весь мир. Какие практические шаги нам необходимо сделать в распространении, в создании клипов, в Интернете, в социальных сетях, в прессе? В какой форме мы должны сегодня передать наш посыл, чтобы подняться на следующий уровень после того, как на прежнем уровне мы говорили в общем, что объединение необходимо? Как нам нужно сегодня продвигаться, каков следующий шаг?

***

СЕМИНАР 52

ТВОРЕЦ ПРИЗЫВАЕТ ЧЕЛОВЕКА

(09.09.2012)

> «Надейся на Творца, мужайся,
> И да будет сильным сердце твое,
> И надейся на Творца!»
>
> *(Псалом: 27,14)*

Выясним, что означает, «И надейся на Творца!». Есть периоды, состояния, когда мы ощущаем, что Творец близок к нам. Иногда, напротив, мы чувствуем, что Он далек от нас, или мы, вообще, не ощущаем Его, забываем, что у нас есть с Ним связь.

Как можно ощутить, измерить такие состояния близости или отдаления? Как можно сделать это? Что означает «близок», «далек»? Как измеряют близость или удаление?

***

Понятно, что все состояния измеряются относительно человека – постигающего и ощущающего. Поэтому если он не чувствует близости к Творцу, это признак того, что Творец далек. А если человек чувствует, что Творец близко, то Он, действительно, близок к человеку, ведь все это относительно того, кто ощущает.

Многие люди в мире думают, что Творец близок к ним, или они близки к Нему.

Как не обманывать себя? Каким образом мы чувствуем, что Творец, действительно, близок к нам? Какова истинная мера?

***

Человек по своей природе – это желание получать, и в этом он противоположен Творцу. И если он противоположен Творцу, то не может ощутить Его, ведь это ощущение дается в соответствии с подобием по свойствам. Поэтому человек сам не способен приблизиться к Творцу, но вследствие того, что Творец приближается к человеку, в человеке пробуждается желание отменить себя и слиться с Творцом.

Как мы можем побудить Творца пробудить нас? В действительности, мы являемся желанием получать и не способны к этому, но как все же мы побуждаем Его, чтобы Он воздействовал на нас?

***

Чтобы побудить Творца к тому, чтобы Он пробудил нас, и тогда мы, естественно, потянемся к Нему, произошло разбиение келим. Разбиение сосудов является подготовкой: это усилие, чтобы быть вместе ради группы. Мы приближаемся к Творцу, благодаря тому, что стараемся быть вместе даже тогда, когда раскрываем, что мы не объединены. Так мы обязываем Творца пробудить нас.

Когда мы учимся и вместе просим, тем самым мы возбуждаем желание от Творца. Мы пробуждаемся лишь от Его желания, даже если делаем это в группе, во время учебы, без всякого желания. И когда мы, все-таки, соединяемся в действии, которое Он приготовил нам в разбиении келим, то приближаемся к Нему и вызываем желание от Творца.

То есть если человек уже взывает к Творцу, это происходит от того, что прежде Творец призывает человека: «Я – первый, и Я последний».

Отсюда возникает вопрос: как я могу ощущать постоянное пробуждение, чувствовать, что Творец всегда зовет меня, всегда близок ко мне?

Если призыв исходит от Творца, как можно чувствовать постоянное пробуждение, ведь это признак того, что Творец постоянно близок ко мне?

Старайтесь отвечать с помощью силы объединения.

**

Творец желает вытащить человека из тьмы и поэтому пробуждает его, и тогда человек готов постичь силу отдачи. Если Творец пробуждает, и человек готов, то желание получать реагирует на свет. Возникает вопрос: что человек должен делать, когда чувствует пробуждение, и как он узнал, что получил это пробуждение именно от Творца, а не просто от самого себя? Какова должна быть реакция человека?

Постарайтесь дать ответ из центра круга.

**

Есть такое пробуждение со стороны Творца, которое ощущается человеком, как недоброе и неприятное. Нередко человек пробуждается, ощущая горечь, разочарование, тоску, стыд или позор. Иными словами, человек жалуется, что Творец не пробуждает его, не стимулирует, забывает его, и человек при этом тоскует и наполняется горечью. Это также пробуждение, и оно тоже приходит от Творца, иначе человек вообще бы не думал в этом направлении.

Почему Творец пробуждает человека двумя способами?

Ответ может прийти только с помощью расширения души, которое достигается путем объединения.

***

Как из этих двух состояний мы создаем состояние, называемое «муки любви»?

***

Творец пробуждает человека несколько раз. А человек, в свою очередь, выполняет действия, являющиеся для него возможностью пробудить себя, и тогда Творец действительно пробуждает его. Но если человек со своей стороны не возобновляет эти возможности, то и Творец также не может пробудить его, то есть здесь есть взаимное действие. Если человек слабеет и не пробуждает Творца, и Творец, в свою очередь, не пробуждает человека, то человеку кажется, что Творец испытывает к нему отвращение, и он уходит, как и его товарищи, которые оставляют группу, считая, что к ним нет достаточно внимания «со стороны небес».

Что необходимо сделать человеку, когда он забывается и жалуется на управление Творца, говоря, что Творец не прав в отношении него, когда человек ощущает, что им «не занимаются»?

***

Что нужно делать, чтобы не думать, что Творец оставил нас, чтобы не было у нас повода для жалоб на то, что Творец прекратил идти нам навстречу? Как сохранить состояние, когда мы постоянно открыты к Нему, как не впадать в такое отчаяние, когда хочется «выйти из игры»? Что мне делать, когда я забываюсь или жалуюсь Творцу на Его управление?

***

Сказано: «Творец – твоя цель». Я – источник, а Творец – моя тень. Так как же мы движемся: я в соответствии с Творцом, Творец в соответствии с моими движениями, или это взаимное движение?

***

СЕМИНАР 53

ВМЕСТЕ В ОДНОЙ СИСТЕМЕ

(16.09.2012)

Мы учим, что Творец не завершил творение. На неживом, растительном и животном уровнях все совершенно, несмотря на то, что мы не видим этого, потому что «Каждый отрицающий отрицает согласно своим недостаткам». Мы не знаем и не видим систему в целом. На уровне «человек» все наши пути, все наши действия, мысли, желания – все очень запутано. Каббалисты объясняют нам, что это сделано для того, чтобы мы сами все упорядочили с помощью поиска, проверки, учебы. Бааль Сулам называет это подражанием – иммитацией работы Творца по созданию творения. Так я учусь и в чем-то уподобляюсь Ему, так я формирую себя и дополняю творение. Мы изучаем творение, а затем восполняем его. Эта работа по подражанию создает в нас уровень «человек».

Мы видим, что одна и та же проблема раскрывается во всем человечестве. Люди не знают, чем себя занять, что делать с миром, в котором существуют, со своей жизнью, со всей своей деятельностью в этой жизни. Мы совершенно выпали из процесса, который прежде был достаточно понятен. Природа направляла нас, а потом внезапно словно оставила нас одних и позволяет свободно действовать. Впервые в истории мы как будто находимся в свободном пространстве, и это, действительно, так. Мы ощущаем это. И такое чувство очень давит на нас и, безусловно, будет давить еще сильней – и хотя именно на нас в большей мере, чем на остальных жителей Земли, но это будет ощущаться всеми.

Это будет ощущаться до тех пор, пока человек поймет, что необходимо учиться у природы, что природа – это высший, Творец (Э-локим), что мы должны брать с нее пример – именно с более низких уровней, чем наш – с неживого, растительного, животного. Если мы научимся этому и используем на нашем уровне совершенство, существующее на нижних уровнях, то придем к ступени «говорящий», «человек», подобный высшему. Ведь именно мы должны дополнить себя, уподобиться Творцу, чтобы занять свое место в природе.

Мы поймем это из того, что нам раскроется, из указаний, которые пишут нам каббалисты: нам необходимо объединиться, быть «как один человек с единым сердцем», «возлюбить ближнего, как самого себя», находиться во взаимном поручительстве. Они дали нам краткие, ясные указания. Но мир не способен получить их так, как получим их мы, а лишь путем страданий, давления, безысходности, или получив от нас намерение и присоединившись к нам.

Мы изучаем, как быть взаимно соединенными, ощутить все творение, как единую систему. Нам дали возможность осуществить это, прежде всего, между нами. Необходимо понять, что, кроме действий по объединению, направленных на то, чтобы стать подобными высшему и замкнуть природный круг, дополнить этот механизм, у нас нет иной работы.

Бааль Сулам говорит, что вся система подобна телу человека, в котором есть множество систем, действующих автоматически, естественным образом, таких, например, как пищеварительная система, кровеносная, система лимфоузлов и другие, функционирующие в теле человека – бесчисленное множество систем, с частью из которых мы еще не знакомы. Эти системы действуют естественным образом на неживом, растительном и животном уровнях, и если на этих уровнях в них появляются поломки, – это результат того, что «мы повреждаем их на уровне «человек. Бааль Сулам пишет в начале «Предисловия к науке каббала», что вся неживая, растительная и животная природа поднимается и опускается вместе с человеком.

Понятно, что если бы мы были совершенны в своей духовной работе на тех этапах, которые нам раскрываются, то, разумеется, были бы такими и во всех остальных системах. Если бы мы правильно делали свой выбор, то, конечно же, находились бы в самом лучшем состоянии и в других системах, как в теле, так и в окружающем нас мире. Все зависит от объединения между нами. Если бы мы сконцентрировали свою работу, свою внимание на объединении после того, как выяснили, в конце концов, что это единственное, о чем нужно заботиться, а все остальные системы, действия, наша судьба – все зависит от успеха объединения, то, безусловно, мы бы преуспели.

Проблема в том, что в наших действиях отсутствует концентрация сил и мыслей. Проблема начинается в тот момент, когда мы просыпаемся, а еще точнее, в тот момент, когда мы ложимся спать, потому что все зависит от того, что мы делаем перед сном – этим мы определяем, с какой мыслью, «с какой ноги» сделаем шаг после пробуждения.

Поэтому необходимо взять на себя ответственность, обязательство перед сном сделать все действия и намерения, которые сразу после утреннего подъема приведут нас к правильной мысли. Чтобы мы проснулись в той же мысли, с которой расстаемся после вечерних сообщений, и с ней мы включились бы в мысли и желания утром.

Затем мне необходимо проверить, нахожусь ли я постоянно в правильном намерении – прийти к объединению. Что я делаю в то время, когда просыпаюсь, одеваюсь, перед тем, как прихожу на урок? Я прихожу на урок, сажусь – направляю ли я себя, действительно ли я еще и еще подталкиваю себя навстречу соединению? Мне необходимо создать кли, где я раскрою высшую систему, о которой мы сейчас будем читать в книгах, о которой мы сейчас будем говорить, в которой я хочу находиться всем сердцем и всей душой.

А что происходит со мной после урока: устремлен ли я к Творцу в течение дня? Как я покидаю урок, как прихожу на работу или к другому занятию?

Неважно, нахожусь ли я в Центре или в другом месте – важно, где пребывает мой дух, что я делаю с ним? Как я направляю себя, как я удерживаю себя? Как я требую от окружения, от группы, чтобы она все время была в напряжении – тогда и я буду напряжен. Все, что я вложу в них – я получу от них.

Довольствуюсь ли я тем, что есть или, действительно, нахожусь в напряжении? Тащу ли я себя, подталкиваю, вынуждаю ли себя снова и снова возвращаться после того, что отключился от правильного намерения, от связи, с целью вернуться к ней, хотя каждый раз мне хочется убежать, отдохнуть, заняться чем-то другим? Насколько я «выхожу и вхожу»? Насколько я обязан обновлять мои связи с другими, причем не формальным образом, а так, чтобы все время возобновлять, желать все больше и больше найти в связи между нами ту духовную систему, которая находится там и скрыта от меня?

Мне нужно стараться каждый раз видеть недостаток соединения, а также прмикладывать собственное усилие: быть в соединении, приводить к соединению. Вместе с тем, наша работа должна быть в радости, ведь нам дана возможность исправить себя и, тем самым, исправить весь мир, «склонить себя и весь мир на чашу заслуг». Я также чувствую в этом ответственность относительно группы, относительно всего мира и относительно Творца. Я, по сути, являюсь Его представителем, и я ответственен перед Ним.

Я не хочу ждать, пока появится какой-то стимул, причина, знак свыше, я сам хочу привести к тому, чтобы у меня каждый раз были знаки, чтобы каждый раз я сам начинал эту работу, несмотря на то, что «за кулисами» Творец безусловно организует все, но я не хочу полагаться на это. Я хочу и обязан своим участием дополнить этот механизм – неживой, растительный и животный уровни; мне необходимо восполнить уровень «человек».

Я должен быть в этой работе на неживом, растительном и животном уровнях, подобно тому, как мы изучаем этапы «зарождение, вскармливание и созревание». Нам необходимо пройти их все, начиная с уровня «человек» – этапы осознания, понимания, исходя из знания. Мы должны взаимно заботиться и о группе, о ее становлении, а также о распространении, консолидации всего мира, чтобы «все были единым братством». Нам необходимо постоянно контролировать положение в мире, пока он еще не чувствует верного направления. Это признак того, что мы еще не завершили работу, возложенную на нас, и поэтому нам нельзя успокоиться.

У нас есть определенная роль, и мы должны заботиться о том, чтобы дополнить каждый миг следующим мгновением, не ожидая пока ситуация ухудшится или разрешится сама собой. Творец, который дал эту работу небольшой группе людей, не возьмет ее на Себя. Он, все-таки, обяжет нас и все человечество с помощью разных ухищрений выполнить то, что необходимо, и привести нас к подобию Себе, к объединению, к слиянию.

Кроме нас нет никого, кто изучал бы этот процесс, находился в нем, получил его свыше – речь идет об условиях, которых не было никогда в истории. Все устроено для нас, миллиарды людей страдают, чтобы мы принесли им исправление. Мы и наши товарищи во всем мире надеемся, что, в конце концов, каждый из нас осуществит исправление. Мы должны отнестись к этому очень серьезно.

Если мы сделаем общее усилие, то это не будет трудно. В одиночку никто не способен сделать это, а вместе это очень легко. Так и написано: «Не меня Ты назвал Яковом...«– если ты стремишься к объединению, то груз не будет для тебя тяжел – он очень легок. Все зависит от того, как человек воспринимает это. Если с намерением ради отдачи – работа становится легкой, нет необходимости тащить на себе эгоизм, всю тяжесть и все проблемы, беды, страдания. Напротив, они превращаются в общий источник сил, который понесет человека на своих крыльях.

Поэтому вся наша работа – сконцентрировать силы так, чтобы один поддерживал другого – мы все вместе. Как во взаимном усилии выстроить между нами место мощи, силы, поле желания, мысли, которое поддержит нас? Чтобы эта суммарная общая сила, которая соединит нас между собой, понесла нас на своих крыльях и так поднимала нас с каждым разом все выше и выше. По существу, это – высшая сила, и нам надо раскрыть ее в соединении между собой, и тогда она поднимет нас. Это наш лифт. Нет света вне нас, кроме того света, который раскрывается в нашем соединении – это сила, которая тянет, поднимает, раскрывает, оживляет.

Как соединить вместе наши усилия, силы и желания так, чтобы не оставлять цели и все время удерживать этот общий груз – соединение между нами? Чтобы мы все время беспокоились о том, что соединение существует между нами и обеспечивает всех силой; и мы бы удерживали его, а оно удерживало нас. Как прийти к такому состоянию?

**

В этой внутренней силе мы раскроем свет, раскроем Творца – мы выстроим Его с помощью нашей общей силы. Как поддерживать друг друга и заботиться о том, чтобы это состояние между нами было устойчивым и постоянным?

***

Попытаемся представить внутри себя опустошенность, настигающую человека. Он ощущает бессилие, отсутствие мотивации, ничего не светит ему впереди, не подталкивает сзади – не для чего работать. Он чувствует внутри пустоту, и она не позволяет ему двигаться или что-то делать. Представим себе, что мы внезапно меняемся, и внутрь этой пустоты входит энергия, радость, дух жизни.

Каждый прошел такие состояния много раз: от чувства пустоты – к наполнению, и в результате этого приходит радость. Поэтому радость называется «результатом добрых дел». Как я заполняю это место в своих товарищах, забочусь, чтобы они были наполнены, и никогда не было в них пустоты, отсутствия духа жизни. Чтобы у них были всегда радость, силы, энергия и устремление вперед, а от этого и во мне возникнет радость.

Как выполнить все эти виды работы, о которых мы говорили, делая акцент на радости? Иначе это не будет работой Творца, а, напротив, отрывом от Него. Как обеспечить всех «горючим», радостью, ощущением подъема на двадцать три с половиной часа в сутки?

***

Есть сила, называемая Ацмуто, основавшая, создавшая абсолютно все, сделавшая все, и это – Высший. Творец – это сила, которую мы строим снизу, из нашего соединения между собой. Мы можем соединиться из *авиюта шореш* и построить эту силу на уровне *Нэфеш*, можем соединиться из *авиюта алеф* и построить эту силу, раскрываемую между нами, – поэтому Творец называется Борэ – «Бо у рэ». («приди и увидь») И так строятся из *авиюта алеф* – уровень *Руах*, из *авиюта бэт* – уровень *Нэшама*, из *авиюта гимель* – уровень *Хая*, из *авиюта далет* – уровень *Ехида*. Мы формируем силу Творца между собой – это наша игра. Это то, что мы сами делаем, строим собственными руками.

Как удержать себя в состоянии, в котором мы совместными усилиями выстраиваем между собой высший мир, Творца?

Мы создаем, мы творим Его. Мы трудимся не напрасно, ведь здесь происходит будто бы создание Творца – ради нас и ради всего мира. Мы начинаем ощущать, что наше усилие – это серьезное дело, очень серьезная игра, которая строит, раскрывает. И именно из наших совместных усилий в соединении между нами мы выстраиваем Творца.

***

Из восприятия реальности мы узнаем, что все находится внутри человека. Вне человека нет ничего, и то, что кажется нам существующим вовне – большой мир и, возможно, иные миры – кто знает, что мы себе еще представляем, ощущаем и фантазируем себе – все находится внутри наших келим, внутри нас.

То же самое я – я чувствую себя представленным в своем теле, но это не более, чем мое внутреннее ощущение: я что-то ощущаю, и этот некто называется «я». То есть вся эта рельность находится только во мне, или в нас, если допустить, что вы тоже существуете.

Иными словами, не существует Творца без творения. Нет силы отдачи, если только мы не реализуем ее выше нашей силы получения. Какая помощь со стороны высшей силы позволит нам исправить себя? Мы сделаем это с помощью силы группы.

Окружающий свет – это то, что мы строим между собой. Он не исходит из некоего места, а возникает, когда мы соединяемся между собой. Мы создаем его, и тогда он воздействует на каждого из нас и на всех нас вместе.

Мы соединены и тогда, когда нет объединения, нет окружающего света, нет общей силы отдачи, исправляющей нас. То есть все зависит от нас, все находится внутри нас, все зависит от наших усилий. Какое самое эффективное усилие мы можем сделать, чтобы прийти сейчас к соединению самым коротким, практическим путем для раскрытия там нашей высшей реальности? Иными словами, когда мы соединены, мы раскрываем силу отдачи, называемую «высший мир», Творец. Что может быть самым эффективным ради этой цели?

Все силы, все миры, все реальности находятся внутри человека. И в намерении наша реальность делится на «я» и «другие», чтобы дать мне возможность прийти к силе отдачи. Если бы я был закрыт лишь внутри себя, если бы видел, что все во мне, что на самом деле является истинной ситуацией, то не смог бы развить вторую силу – силу отдачи. Когда есть что-то напротив меня, я способен это сделать.

Как я должен работать с этими противоположными силами, чтобы развивать силу отдачи, высшую силу, Творца, высший мир?

***

Прежде мы говорили о том, что наша работа состоит в подражании процесса творения. Творец создал человека. Что нам необходимо делать в подражание Творцу? Подражать Ему, то есть, сотворить Творца. Если так, то как мы творим Творца?

***

В той мере, в которой творение способно создать Творца, оно уподобляется Творцу.

***

В каком одном слове выражается мое усилие в отдаче? Какое действие человек должен выполнить, чтобы оно считалось действием отдачи?

***

Если это действие по отдаче, то есть, я отдаю, тогда мне нужно отдавать что-то, чего все ждут. Какая потребность есть у всех, чего все ждут, и я могу быть уверен, что это именно то, что им необходимо?

Какое ненаполненное желание, в чем я уверен, есть у каждого? И если я его наполню, то доставлю удовольствие всем и буду радоваться сам. Мне нужно начинать всегда с недостатка наполнения. Что называется отдачей, не даю ли я подарок товарищу, который ему не нужен? Ведь я должен принести что-то самое необходимое.

***

Ключевое слово – поддержка. В действительности, есть еще много слов, но поддержка – главное из них. Каждый нуждается в поддержке, и, благодаря ей, избавляется от всех проблем и всех трудностей.

Говорят о том, что мы должны находиться во внутренней войне. Это война за усилие отдавать, пожертвовать свою силу группе, и это должно происходить в радости. Если в действии нет радости, это неверное действие. После этого мы испытываем ощущение поддержки, радости, у нас хорошее настроение, как будто начинается новая жизнь. Как поблагодарить Творца, порадовать Его, обратиться к Нему из состояния нашей радости?

Никакое действие не завершено, если оно не оканчивается в Творце, потому что в Нем радуется наше сердце.

***

Чем мы доставляем наслаждение Творцу, с помощью какого действия?

***

Мы говорили о том, что все остальное творение находится в связи между нами. Внутри связи между нами находятся неживой, растительный и животный уровни и вся действительность. В связи между нами мы строим силу отдачи. Эта система называется высшей системой, системой миров. В ней раскрывается свет, который их наполняет, он называется – Творец. Поэтому все замкнуто вместе в одной системе.

Действие, которое мы, в конечном счете, должны выполнить, и к которому мы изначально стремимся, каждое частное или общее действие – это то самое действие: «Израиль, Тора и Творец – едины», то есть, действие соединения. Состояние единства – это такое состояние, в котором мы доставляем наслаждение Творцу. При этом все присоединяется к одному Источнику: «Я – первый, и Я – последний».

После того, как мы прошли весь этот процесс, и нам немного понятней, в каком положении мы находимся, – что мы все время должны к нему добавлять? Как мы готовим себя перед сном, во время утреннего пробуждения, во время урока, в течение дня, удерживая внутри себя эту ситуацию, – как мы проводим двадцать четыре часа? Если нам необходима взаимная поддержка, объединение, если мы должны распространять, работать, как мы выполняем все это в свете необходимости объединения? Как мы осуществляем все наши действия, свободное действие, свободный выбор таким особым образом?

Как я вижу свою жизнь после того, как я достиг такой формы, такой картины? У меня сейчас иное восприятие, иное отношение – каково оно?

***

Как я превращаю утро, урок, дневные и вечерние часы, ночь в один последовательный непрерывный семинар? Чего мне недостает, чтобы быть все время в состоянии, в котором мы сейчас находимся? Как я могу еще подняться – каждый раз еще и еще, постоянно получать, не уставая, все больший и больший хисарон и наполнение?

***

Постарайтесь удерживать состояние и все время обновлять его.

СЕМИНАР 54

ЖЕНСКАЯ СИЛА

(16.09.2012)

В связи между нами мы строим соединение. В соединении мы приходим к особому полю, называемому «Кнесет Исраэль» – «Собрание душ Израиля». Это те, кто желают раскрыть Творца, Исра-Эль («прямо к Творцу»), создающие между собой сеть взаимной связи, в которой каждый оставляет себя и всем сердцем входит в связь с другими.

В таком общем виде мы хотим прийти к объединению между нами. Об этом сказано: «Внутри моего народа Я пребываю». Там мы раскрываем наше кли, называемое «малхут»,

«Кнесет Исраэль» или Шхина. Достигая соединения, в которое мы все включаемся, подобно тому, как множество капель воды превращаются в одну каплю, – внутри этой капли, внутри этого единого желания после того, как каждый вышел из себя и отдал всего себя объединению, – мы раскрываем высшую силу, Творца. И это происходит в соответствии с тем, что «Исраэль, Тора и Творец – едины». А Исраэль – это каждый из тех, кто, поднявшись над собой, соединился с другими, и с помощью высшей силы – силы отдачи, которая помогла всем объединиться, раскрыл в этом соединении взаимную отдачу, которая переходит во взаимную любовь. Там мы поднимаемся по ступеням соединения до тех пор, пока окончательно не соединимся. Это – наша работа, которую мы хотим осуществить.

В чем женщины могут помочь мужчинам? Пусть каждая даст несколько советов, и, возможно, мы придем к одному общему совету, одному общему желанию – мужчинам это очень нужно.

***

В чем мужчины могут помочь женщинам быть более соединенными между собой, как одна женщина, как образ единой женщины?

***

У женского кли есть высшая важность, оно определяет все. Мужчинам очень нужна сила женщин, хотя они, возможно, и не понимают это. Недостаточно быть в стороне, прятаться за мужа и лишь иногда что-то требовать. Требование может прийти лишь при условии участия, а иначе оно не принимается. Только так мы добьемся успеха, только с вашей помощью. Вы – мощная сила, огромная, главная. Ведь потребность, желание, которое есть у женщины, правит миром.

***

СЕМИНАР 55

Я, ГРУППА И ТВОРЕЦ

(КОНГРЕСС НА СЕВЕРЕ ИЗРАИЛЯ, 20.09.2012)

У нас в семинаре есть несколько правил. Одно из них состоит в том, чтобы видеть великим каждого товарища, сидящего со мной в круге. Почему он – великий? Это ведь ложь? Я просто должен думать так, чтобы правильно направить себя на Творца, или он, действительно, великий? Ведь я вижу его таким же, как я сам – не великим. Допустим, если организовать экзамен, например в каббале, то обнаружится, что он – такой же, как я, или даже меньше меня. Возможно, что и в группе он менее опытен, чем я. Так почему же я должен воспринимать его великим?

Почему это условие необходимо? Чего я этим достигаю? Почему мне нужно представлять его таким образом? Мы говорим о представлении, о картине: «Он и его Имя едины», «Нет никого, кроме Него», о капле единства, о точке соединения, о центре группы – почему мне необходимо для этого представлять каждого товарища великим, находящимся надо мной? «Великий» – означает, что я представляю его более высоким, чем я.

Старайтесь говорить кратко – так мы выясним все это. Главное – это отношение между нами.

***

Все кроме человека – это Творец. Если я вижу товарищей большими, чем я, то я, по существу, отменяю себя, и так привыкаю видеть вне себя Творца, облаченного в товарищей по группе, в учителя, в книги – во все, что относится к средствам для достижения Его раскрытия.

Затем мне необходимо начать так же относиться ко всему миру – это уже, как говорит РАБАШ, требует отдельных исправлений и учебы. Мне, по крайней мере, необходимо видеть в группе, в товарищах, представителей Творца: обманывающий товарища – обманывает Творца, уважающий товарища – уважает Творца. Так необходимо принимать это, так пишет РАБАШ в своих статьях. Если так, почему я должен ощущать себя в определенном смысле бо́льшим, чем товарищ, или равным ему? Почему существуют еще две возможности, кроме того, что он больше меня? Ведь если он – представитель Творца, понятно, что Творец представляет мне его, эту форму товарища, и я воспринимаю его таким. Тогда почему я обязан чувствовать себя также бо́льшим, чем он и равным ему – в каком смысле?

***

Как я могу быть бо́льшим товарища, и как – равным ему? Относительно чего?

***

Если товарищ и Творец – это одно и то же, то каким образом, в каких случаях я могу быть выше Творца, в каких случаях равен Ему, и когда – ниже Него? И в каких случаях мы можем быть выше Него и равными Ему? «Выше» – означает, что я диктую, определяю. Ведь товарищ или Творец – это одно и то же, потому что все, находящееся вне меня – это высшая сила.

***

Каков порядок моего отношения к товарищу – прежде видеть его, бо́льшим себя, или прежде видеть малым или равным?

***

Каково самое высокое отношение к товарищу: когда я чувствую, что он большой относительно меня, когда он – маленький или когда он – равный? Может быть, нам поможет притча Бааль Сулама о госте и хозяине.

***

Итак, проблема более-менее ясна. Прежде должно быть состояние, когда я вопринимаю товарища, как большого и уважаемого, поэтому приводится пример гостя и хозяина. Хозяин должен выглядеть большим, и из того, что он выглядит большим, можно прийти к нему с требованием. А я большой в том, что требую помощи, требую поддержки, прошу – это называется «Победили Меня сыновья мои». И тогда мы приходим к равенству, которое является слиянием, соединением.

РАБАШ пишет, что чувствует своих товарищей близкими настолько, что расстояние не действует между ними, и ничего не мешает им, потому что они находятся в его сердце, и он приходит к состоянию, когда кроме товарищей нет ничего. Если так, то где же Творец? Не будет ли отрицанием сказать так? Как, все-таки, РАБАШ говорит это? Подумайте, как оправдать слова РАБАШа?

***

Группа и Творец – это, по сути, одно и то же. Иными словами, у Творца нет формы, нет образа, нет имени, но все раскрывается в соответствии с мерой соединения между нами. Форма соединения между нами – это Его форма, а мощь соединения между нами – это Его ступень. Наполнение, которое мы получаем от соединения – это Его мощь. Выходит, что группа и Творец – это действительно одно и то же. Если так, как мне нужно воспринимать состояния, которые проходят в группе?

Немного более сложный вопрос: как нам можно соединиться так, чтобы отношение человека к группе было таким же, как к Творцу, как Бааль Сулам описывает нам в статье «Раскрытие и скрытие Творца», когда иногда человек видит, что его товарищи – большие праведники, успешны во всем и пр. А иногда он видит их лишенными разума, неудачниками и не хочет находиться рядом с ними.

Как можно примирить эти противоположные точки зрения на группу и на Творца? Это – в продолжение предыдущего вопроса. Кому трудно ответить на этот вопрос, пусть вернется к предыдущему.

***

Понятно, что ничего не меняется, кроме отношения человека. И все, что он ощущает в творении, ощущается им сквозь призму его намерения. Поэтому сказано «Я АВАЯ не менял». Свет пребывает в абсолютном покое, не существует ничего, кроме состояния Бесконечности. Все остальное, все кажущееся творениям существующим, приходит из состояния Бесконечности в соответствии с нашим намерением. Когда мы смотрим сквозь призму намерения, как сквозь фильтр, как сквозь цветное стекло, то каждый раз смотрим, словно через другое стекло и видим Бесконечность в иной форме в соответствии с намерением. Таким образом, ничего не меняется, кроме намерения.

Если так, то и в это мгновение я стою перед Бесконечностью, и лишь мое намерение искажает ее, низводя до уровня этого мира, и я так ощущаю ее. Как вернуть себя через центр группы к Бесконечности? Что называется Бесконечностью? Или я спрошу простым, прямым образом: почему Бесконечность называется центром группы?

***

СЕМИНАР 56

Я И ВНЕ МЕНЯ

(КОНГРЕСС НА СЕВЕРЕ ИЗРАИЛЯ, 21.09.2012)

Мы много говорили о восприятии реальности: с одной стороны, я нахожусь в ощущении, что я – это я, а внешний мир – это окружающий мир; с другой стороны, каббалисты объясняют, а сегодня я слышу это и от ученых, (хотя все еще не очень понимаю), что все, что я чувствую, воспринимается внутри меня – в моих келим, в моих ощущениях. Поэтому то, что мне кажется, что есть часть, находящаяся во мне, и часть, существующая снаружи, – это лишь представляется таким образом в моих чувствах, в моих нервных окончаниях, в моем мозгу, сердце, то есть во мне. Поэтому все, что находится передо мной и якобы существует вне меня, – это, в действительности, один из видов представления. Так на этом этапе мир делится на две части – я и то, что вне меня.

И вдруг добавляется нечто высшее. Говорят: есть Высший, и Он опускает свой АХаП к нам. Как мы можем приблизить к себе такое восприятие с помощью присоединения к Высшему?

Где находится АХаП Высшего в восприятии реальности – я и внешний мир? Предположим, что все это – я, это ощущение во мне, так где же АХаП Высшего?

Постарайтесь отыскать ответы в чувствах, а не в разуме.

***

В реальности нет ничего, кроме меня и того, что я ощущаю вне себя. Во всей той реальности, которая существует вне меня, есть маленькая ее часть – часть Высшего, называемая группой. Это те, кто находятся в таких же желаниях, в таких же устремлениях, что и я. Когда я раскрываю их, как АХаП Высшего? Именно тогда, когда я отвергаю их, когда они кажутся мне жалкими, и я не желаю обращать на них внимания. Это называется спуском Высшего к нижнему; так я ощущаю свою будущую ступень, АХаП Высшего – как группу, которая выглядит презренной в моих глазах.

Если я делаю усилие, чтобы поднять товарищей в своих глазах, с их помощью, а также с помощью самого АХаПа Высшего, стараюсь слиться с ними в отдаче, нахожусь в стремлении к этому, то начинаю ощущать, что поднимаюсь вместе с ними. Это, по сути, тот же «лифт», то же средство, что дано нам – так мы можем реализовать подъем. В каждый момент своей жизни я ощущаю группу незначительной, не обращаю на нее внимания – это и есть возможность, это точка выбора. Если я отношусь к ней, как к АХаПу Высшего, который лишь выглядит так в моих глазах, а я хочу видеть его единым, соединенным, то в этот момент я сливаюсь с ним и начинаю раскрывать в нем свою следующую ступень. Это называется подъемом.

Отсюда нам понятно, почему вся реальность делится на «я» и то, что «вне меня» – в этом есть определенное намерение. Иными словами, разбиение создало в нас возможность все время расти в понимании, в ощущении, в постижении. Та часть, которую я ощущаю вне меня – это Высший, и то, что я ощущаю его меньшим, чем я, дает мне возможность изменить свое восприятие, раскрыть новые келим.

Как группа, АХаП Высшего, работает с нами, как он должен воздействовать на каждого человека, чтобы верно побудить его слиться с собой, чтобы поднять каждого из товарищей?

Как группа должна относиться к каждому из товарищей? Предположим, что она и есть АХаП Высшего, и мы чувствуем так относительно каждого из нас. Какими мы должны представлять себя?

Нет необходимости вспоминать, что написано в статьях РАБАШа или Бааль Сулама, которые мы читали или слушали. У нас есть лишь то, что находится перед нами: человек и напротив него группа, которую он презирает. Как группа может помочь человеку приблизиться и слиться с ней? Как АХаП Высшего должен воздействовать на нижних? Отсюда мы видим, что все в наших руках, как АХаП Высшего, так и нижний – все в наших руках. Как нам нужно использовать их обоих?

* * *

Если группа – это АХаП Высшего, является ли она Творцом относительно человека или нет?

Как можно прийти в группе к ситуации, когда мы определяем все, а не только будущие состояния? В соответствии с какой программой творения, с какими решимот мы определяем все? Где Высшая сила, из которой исходят все состояния? Как соединяется одно с другим?

В восприятии реальности сказано, что человек разделен на две части – он и то, что вне него. То, что находится вне меня, также разделено надвое: сама реальность и группа. Группа – это часть реальности, подобная мне, объединенная или более разобщенная, но у нее есть та же цель, те же ценности. Если группа представляется мне неважной, незначительной, то именно здесь есть место для работы, здесь я могу понять, что это – АХаП Высшего, находящийся во мне, передо мной. С этим я работаю, чтобы оценить АХаП Высшего, прилепиться к нему – я прилепляюсь к моему следующему состоянию. Когда я прилепляюсь к группе, тем самым я поднимаюсь на свою следующую ступень.

Действительно ли АХаП Высшего – это мое будущее состояние, это Творец? Или это все еще не в точности Творец, а лишь состояния, высшие ступени? Но мы учили, что высшая ступень относительно нижней всегда является Творцом. В каком взаимодействии между мной и группой мы приходим к тому, что определяем пути продвижения так, что это происходит не посредством решимот и случается внезапно, но мы сами определяем свою судьбу, шаги, с помощью которых будем продвигаться, определяем действия, которые должны будем выполнять, – чтобы мы определяли все?

***

Исходя из «я, группа, АХаП Высшего», что называется слиянием с Творцом, что это за состояние?

Во всех этих упражнениях главное – понять, что все находится в соединении между нами. Каким образом мы формируем все эти части, которые кажутся нам удаленными, как соединяем их вместе, ведь там мы находим каплю единства – такова цель.

Как мы приходим к слиянию с Творцом, исходя из того, что мы говорили: я, АХаП Высшего, группа, реальность?

***

Мы говорили о том, что если мы правильно позиционируем АХаП Высшего, то это Творец, это более высокая ступень. Высшая ступень относительно низшей – это всегда Творец, она создала его, занимается им. Если группа абсолютно соединена, вся вместе – это образ Творца, в этом смысл высказывания: «Из Твоих действий познаем Тебя»... Иначе, каким образом я могу узнать Его? Бо у-рэ, Борэ («Бо у-рэ» – приди и увидь) – Творец. Как выглядит образ Творца, как я прихожу к Нему? Как я формирую Его образ? Написано: «Нет у судьи большего, чем видят его глаза», то есть я обязан выстроить образ Творца в соединении между нами, в нашем исправлении.

Если мы говорим, что в реальности нет ничего, кроме меня и того, что вне меня, и вся разница в том, как я отношусь к тому, что находится вне меня, тогда, как я выстраиваю все из этих двух частей? Я могу сказать, что то, что вне меня – это реальность, это человечество, это группа. Если я отношусь к ним иначе, то могу сказать, что это АХаП Высшего. А если смогу отнестись еще по-иному, то смогу сказать, что это высшая ступень или Творец.

Есть две части, находящиеся в моем распоряжении в реальности, и нет ничего, кроме них – в этом смысл выражения: «Нет у судьи большего, чем видят его глаза. Я и то, что я вижу перед собой – это видят мои глаза. Как из этих двух частей я прихожу к «Исраэль, Тора и Творец – едины». Какие формы отношений мне необходимо соединить в практической, простой, очень реальной форме и пользоваться ими, чтобы прийти к «Исраэль, Тора и Творец – едины»? Так, чтобы вся реальность, со всеми средствами, со всем, что есть, соединилась в понятие «едины». И каково отличие между «Один, Единый, Единственный» и тем, что проистекает из соединения?

Наша цель – получить очень простые, ясные келим, с которыми мы будем работать изо дня в день критическим образом так, чтобы в каждое мгновение понять, где мы находимся, и как пользоваться тем, что есть, не воображая ничего. Я, мир и группа внутри этого мира.

Как из двух частей: «я» и реальность – я выстраиваю все? «Исраэль, Тора и Творец – едины», «Один, Единый, Единственный», «Он и Имя Его едины», мир Бесконечности – как я выстраиваю это, как взбираюсь по ступеням ценностей, по ступеням понимания, ощущения? Это и называется, что строю – кирпичик к кирпичику. Как я расширяю понятие «Он и Имя Его едины»?

У меня нет ничего, кроме «я» и мир вне меня. Мое отношение к «я», к миру, к группе, находящейся в мире – это все то, что находится передо мной.

***

Относительно какого сотояния существует лишь Он? В «нет Иного, кроме Него» говорится о нашем исправленном состоянии. Когда мы будем окончательно исправлены, то будем находиться в состоянии, называемом Бесконечность. Так что же существует – состояние, называемое Бесконечность или наше состояние? Наше состояние называется «воображаемый мир», поскольку он изменяется в соответствии с исправлением моего зрения, с исправлением моего отношения. Состояние Бесконечность существует все время, поэтому «нет никого, кроме Него» называется местом, где мы находимся в исправленной, абсолютно соединенной форме, поэтому оно называется «нет никого, кроме Него» – только Он. Из всех состояний иллюзии, обмана я должен устремиться к Нему.

Написано также, что для того, чтобы прийти к цели, к «нет никого, кроме Него», к исправленному состоянию, к соединению, к капле единства – ко всему, необходимо стремиться в равной мере к «Исраэль, Тора и Творец – едины». Бааль Сулам дает совет в своем послании, говоря: «стремись познать заповеди своего Господина, как работать ради Него». Что означает устремляться в равной степени к «Исраэль, Тора и Творец – едины» в нашем состоянии? Я – и мир, группа.

Немного сложно, но вы сумеете ответить – путем соединения и ощущения – не искать в разуме. Что значит стремиться в равной мере к Исраэль, Торе и Творцу поскольку таким образом можно прийти к цели? А если не стремиться в равной мере – уйдем в сторону, упустим цель.

***

Что мы должны сделать сегодня, чтобы достичь единства, используя ту картину, которой мы занимаемся?

В какой форме каждый должен позиционировать себя изнутри, смотреть на себя, на мир и на группу, чтобы все время мы могли идти с этой внутренней точкой зрения, сконцентрировать это намерение и в результате добиться успеха?

***

Каждое затруднение помгает нам сфокусироваться во все более и более острой форме в направлении цели. Так нам необходимо все воспринимать. Если кто-то пришел сюда и думал, что он прибыл, чтобы летать, как самолеты в небе – конечно, это не так. Здесь есть большая работа – и это наша внутренняя работа. Как сконцентрировать себя, чтобы с помощью того, что мы сейчас ощущаем, мы начали видеть систему связи, которая раскроется, как Бесконечность?

Нам необходимо лишь понять, что состояние Бесконечность подобно маленькому мячу, который растянули из исходного состояния, как резину, к его противоположному состоянию, а теперь постепенно высвобождают его, чтобы он вернулся в свое прежнее состояние. Можно представить это состояние также следующим образом: мы находимся в пути, и нам необходимо синхронизировать скорость мяча с нашим сознанием. Что мы делаем, что с нами происходит, где мы находимся, в каком устремлении?

Поэтому я рекомендую не оставлять тему, о которой мы говорили – говорите об этом все время, чтобы это было главной темой. Вооружитесь терпением, когда один говорит одно, а второй – другое, понимаете вы или нет – главное, не оставлять эту тему. Очень важно, чтобы она была усвоена нами. Важно понять, что человек ничего не знает, но все воспринимается посредством окружения. Ведь окружение представляет собой сеть, систему, в которой мы начинаем ощущать высший мир, то есть связь между отдельными частями.

СЕМИНАР 57

СОЕДИНЕНИЕ МЕЖДУ НАМИ И СО ВСЕМ МИРОМ

(КОНГРЕСС НА СЕВЕРЕ ИЗРАИЛЯ, 21.09.2012)

Сказано, что все выясняется в мысли. Мы можем в нашей особой, обновляющейся каждое мгновение, мысли выяснить все последствия разбиения и прийти к результату. У людей существует большой страх перед происходящим вовне, и этот страх парализует весь мир: страх перед мировой войной, огромными страданиями.

Представьте себе, каково быть на месте этих людей, которые ничего не понимают и возлагают свою надежду на судьбу. Они могут быть очень богаты, но внутри них живет страх, возможно, больший, чем у тех бедняков, которым нечего терять. Однако, и те и другие живут в отсутствии уверенности. Это самые большие страдания у человека, когда он не знает, что происходит и что может произойти, когда ситуация может «взорваться» каждое мгновение.

Это ощущение все больше и больше овладевает миром и приводит его к самому опасному состоянию. Понятно, что никто не может нажать на какую-то кнопку и начать процесс, который приведет к добру или к злу, ведь все происходит по приказу Творца. В нашем мире у людей нет никакой свободы выбора – он есть лишь у нас. Мы получили свободу выбора в том, что способны вмешаться в процесс. Мы – это те, кто способен осуществить исправление.

Вначале нам необходимо понять, что все происходящее необходимо для того, чтобы мы вмешались, чтобы выполнили возложенные на нас задачи. Не существует слепой судьбы, но все направлено на то, чтобы пробудить нас. Если мы раскроем сердце на происходящее в мире, захотим действовать на благо всего мира, то придем к верному результату.

В Йом Кипур (Судный день) мы читаем Книгу Йоны. В ней рассказывается о пророке Йоне. Пророком называется тот, кто находится на прямой связи с Творцом, то есть достиг совпадения с Ним по свойствам, понимает Его, чувствует Его. Даже Йона, находясь на своей высокой ступени, хочет убежать от миссии, которую возложил на него Творец.

Творец сказал Йоне: «Иди в большой город, Ниневию, говори с людьми, чтобы раскаялись, пробуждай их к любви, к объединению». Ниневия подобна всему миру. Йона отказывается сделать это, он бежит к морю и поднимается на корабль. Начинается буря, и Йона признается морякам, что буря разыгралась из-за него, а также говорит им: «Бросьте меня в море, и тогда вы все спасетесь». То есть он понял, что обязан принести себя в жертву, чтобы, по крайней мере, спасти корабль.

Благодаря такому подходу, он был спасен от бури огромной рыбой. В Книге Зоар описываются все те силы и ступени, которые он прошел, пока добрался, в конце концов, до суши. Из всего происходящего Йона понимает, что ему необходимо выполнить возложенную на него миссию. Он идет в Ниневию, и выполняет сказанное. Иными словами, он спасает людей, дав им методику соединения, и, таким образом, мир спасен от разрушения.

Мы живем в такое же время, и поэтому нужно бояться не того, что произойдет в мире, но должен быть страх от того, что мы не сможем выполнить свою миссию. В «Предисловии к Книге Зоар» говорится, что у человека есть страх, являющийся страхом этого мира. Человек хочет, чтобы все устроилось, чтобы не было бед и проблем – это материальный страх. И есть страх перед будущим миром – достигнет ли он будущего мира, попадет ли в рай. Все эти страхи – эгоистические, связанные с этим миром и будущим миром.

На необходимо поднять их, перевести в духовный страх: сможем ли мы выполнить миссию, возложенную на нас Творцом, только лишь потому, что дал нам ее Он, только лишь для того, чтобы доставить Ему наслаждение. Выполнить это даже не на благо мира, который я должен спасти, ведь иначе выходит, что я обязан спасти мир от злого Творца, но я обязан сделать это так же, как сделал пророк Йона, доверяясь Творцу.

Это, по сути, день нашего суда. Нужно вложить много сил, чтобы прийти к роли пророка Йоны. Мы, фактически, уже находимся в ней – мы уже выполняем эту функцию, нам нужно только реализовать ее, не убегая и не надеясь, что можно избежать миссии стать «царством священников и святым народом» – быть передаточным звеном. Даже если эта миссия очень трудна, мы избраны и обязаны выполнить ее.

Вопрос, как это сделать? Нужно искать ответ. Мы должны найти силы, почувствовать необходимость и преданность, чтобы сделать это. Нам нужно также стараться, чтобы это не происходило эгоистически – не думать, что с нами, почему именно мы, когда и до каких пор? И чтобы это не было также лишь для спасения мира, ведь все устроено так, что у нас есть возможность выполнить миссию, возложенную на нас Творцом, доставив тем самым Ему наслаждение.

Как создать в себе страх, что мы не сможем выполнить эту миссию в чистоте, направить себя в точности на нее. Как перейти от материального страха, перед людьми и человечеством, как у множества героев этого мира, которые так действовали – от страха, что не сможем достичь того, что хотим достичь, к страху от того, что не сможем доставить наслаждение Творцу? Как пройти все эти формы страха и прийти к правильному страху, трепету?

«Страх, являющийся основой, – когда человек испытывает страх перед Господином своим, поскольку Он велик и правит всем, и является основой и корнем всех миров, и всё считается как «ничто» перед Ним. ... «Он

велик», поскольку Он – корень, из которого распространяются все миры, и величие Его проявляется над деяниями Его. «Он правит всем» – поскольку все созданные Им миры, как высшие, так и нижние, считаются как «ничто» перед Ним, т.е. не добавляют ничего к Его сути. ... Всё свое стремление необходимо обратить к месту, называемому «страх»... обратить сердце и стремление свое к тому месту, которое называется «страх», чтобы быть прилепленным к страху Творца всем желанием и стремлением, приведенным в соответствие и достойным заповеди Царя».

(«Зоар – народу, Предисловие к Книге Зоар», п. 191)

Как перейти от всевозможных видов материального страха в нашем мире и будущем мире к истинному страху, к духовному страху в нас, что не достигнем, не приобретем, не сможем доставить наслаждение Творцу и прийти к слиянию и совпадению с Ним по свойствам?

***

Вам нужно прийти в круге к единому ответу, с которым все более-менее согласны. Не устраивайте споры, нужно чтобы каждый включился в товарища, в его ощущения, и проверил, кажется ли это ему верным или неверным, и, таким образом, достичь определенного согласия. Но не так, что каждый будет представлять свое мнение.

***

С помощью какого действия мы переходим от материального страха к духовному трепету? С помощью какого действия и какой молитвы мы делаем это? Как назвать такую молитву?

***

Это действие в том, что мы все распространяем между собой величие Творца, и тогда Он станет большим в наших глазах – б**о**льшим, чем все происходящее здесь, в мире, – властелином. ТО есть все происходящее в мире, приходит от Него, и тогда мы молимся о том, чтобы Он открыл нам Себя, чтобы мы ощутили Его величие. Но чтобы Он раскрылся нам не ради нашего наслаждения, а открыл лишь один особый аспект, чтобы мы трепетали перед Ним, чтобы познали величие Творца.

«И убоялся Творца весь народ», т.е., «дай трепет Твоему народу» – чтобы Он показал нам достоинство Свое, величие Свое. Это поможет нам. Мы – не более, чем результат Его действий. Есть Действующий, и есть Его Действие, а мы – результат этого действия. Это помогает нам перейти от материального страха к страху духовному. Ничто иное в мире не поможет нам, и неважно, насколько мы будем стараться. Поэтому, все происходящее сегодня в мире, приходит для того, чтобы мы смогли подняться от материального страха к духовному трепету.

Чем Творец помогает нам, приводя весь мир к кризису? Что вы об этом думаете? Помощь ли это, или, наоборот, утяжеление, помеха? Можно всегда сказать, что это помощь, но возможно, что и нет? Подумайте – это не просто. Почему Творец «создает проблемы» во всем мире, если у мира нет свободы выбора? Что они могут сделать? Ведь даже войну и мир делает Творец. Нам кажется, что мы зависим от народов мира, хотя написано: «Сердца правителей и царей в руках Творца». Почему Он проводит все творения, которые действительно страдают и не знают, зачем и почему, через всевозможные страхи, беды, угрозы? Что это добавляет нам?

***

Мы учим, что только те, кто получил «точку в сердце», называются Исра-Эль. У них есть выбор, и они могут производить изменения тем, что совершают действия, направленные навстречу Творцу. Этого нет у остального мира. То есть все происходящее в мире необходимо для того, чтобы мы сделали это действие, наше единственное действие – объединились между собой, чтобы внутри него достичь слияния с Творцом: «Исраэль, Тора и Творец – едины».

Как происходящее сейчас в мире влияет на нас? Как мы должны воспринимать это, в какой форме это, действительно, влияет на нас? Влияет ли это, обращаем ли мы внимание на это, или мы не хотим это признавать, и тогда Творец, Высшее управление выстраивает все в еще более сложной форме. Как, вообще, можно оправдать это управление, когда из-за моей небрежности, возможно, страдают миллионы людей? Как страдание мира влияет на мой долг придти к «Исраэль, Тора и Творец – едины»? Так, чтобы человек мог сказать: «Для меня создан этот мир».

***

Когда я начну чувствовать боль за весь мир?

***

Мы говорили о том, что должны находиться не в том состоянии, в котором находимся сейчас, а на более высокой ступени, чтобы наши глаза были всегда подняты вверх, чтобы мы захотели слиться с Высшим. Высшим называется состояние, когда мы все соединены вместе – и не только мы, но и весь мир, когда я раскрываю, как это описывается в разделе о восприятии реальности, что весь мир – это я, одна моя душа. И, в соответствии с этим, как я отношусь сегодня к тому, что происходит в мире?

Если мы всегда должны стремиться к более высокому состоянию, и наша следующая ступень – это соединение между нами, а также со всем миром, то в этом все. Мы учим в восприятии реальности, что все является единым кли. Иными словами, я вдруг раскрываю, что весь мир: неживые объекты, флора, фауна, вся Вселенная, все люди – это частицы моей души. Если бы в том состоянии, в котором я ощущаю мир сегодня, я бы стремился к более высокой ступени, то как бы я относился, как воспринимал все это? Это хорошо – запутаться, не нужны правильные ответы – вам нужно только «покопаться внутри себя». Так развиваются келим. Это именно то, что вам необходимо – чтобы келим были немного более развиты.

Каким бы я увидел мир на более высокой ступени? Как относился бы к Нему, и как я отношусь к миру на нынешней ступени?

***

Когда я достигаю более высокой ступени, то весь мир принадлежит мне так же, как мое тело, мои ноги, сердце, почки, легкие – все части реальности находятся во мне. Если так, откуда во мне силы выносить их страдания?

Когда я поднимаюсь на более высокую ступень, откуда берутся во мне силы раскрыть, что весь мир, который я вижу страдающим в своих глазах, относится ко мне? Он – мой, я чувствую его, действительно, как свое тело. Как не оттолкнуть это, как согласиться приблизиться и так ощутить?

***

Когда я нахожусь на нижней ступени, я вижу, что весь мир страдает. Наблюдая это сегодня, я радуюсь, наслаждаюсь тем, что кто-то страдает, ведь я вижу мир своим земным зрением, в соответствии с тем, что диктует мне природа.

Когда я поднимаюсь на более высокую ступень, все соединяется. Я начинаю видеть этот мир, всех, находящимися вместе, относящимися к одной моей душе – все любят, все соединены. Это различие между подъемом и падением. Бааль Сулам прекрасно объясняет это в статье «Раскрытие и скрытие Творца». Иногда я вижу все так, а иногда – иначе. Даже одних и тех же людей вижу умными или глупыми, богатыми или бедными и пр. Вопрос: если эти две ступени настолько противоположны – одна называется подъемом, а вторая – падением, что мне нужно взять, переходя со ступени на ступень? Могу ли я взять с собой какой-то «багаж» со ступени на ступень, как я беру в самолет сумку, весом 20 кг? Скажем, взять из подъема на время падения, или, наоборот, взять что-то из падения в то время, когда я поднимаюсь. Для чего? Может лучше изучать как следует эти состояния – одно против другого?

Могу ли я сделать это, и если да, то как?

С помощью чего я могу изучать подъемы и падения – одно против другого?

Мы можем сказать о себе: иногда мне хочется обнять весь мир – все любимы, я оправдываю Творца, хорошо ко всем отношусь. А иногда я ненавижу всех, включая своих любимых товарищей, не могу никого терпеть, включая себя и Творца. Как адаптировать себя к критическому переходу между двумя этими состояниями, можно ли из этого научиться чему-то?

***

Попытайтесь поискать ответ в сердце. Все ответы – чувственные, и они могут прийти только из объединения, но не из отрывков, которые знакомы из книг.

***

Написано: «Сожалеющий вместе с обществом, удостаивается увидеть все благо, все наслаждение общества», и великое и прекрасное будущее. То есть мы должны, все-таки, прежде включиться в страдание общества. Откуда взять силы сделать это, если даже свое маленькое страдание мы не способны вынести?

Следующий вопрос – особенный. Его понимание проливает свет на всю обсуждаемую тему, с его помощью мы можем продвинуться в понимании ее. Сам вопрос прост, но нужно его прочувствовать.

Начиная изучать науку каббала, мы не знаем, что речь идет о группе – группа не важна нам. Мы ходим учиться, постичь разумом основы, открыть что-то для себя, узнать тайну жизни. Мы приходим в какое-то место и начинаем учиться, слышим о том, что духовное продвижение состоит в том-то и в том-то, и вдруг начинаем получать какое-то особое состояние.

Всю жизнь мы устремлялись за удовольствиями, достижениями, целями, и нам было понятно, что находится перед нами. По мере того, как наш эгоизм рос, он подталкивал нас вперед, и таким образом мы продвигались. Ведь тот, у кого есть больший эгоизм, имеет потенциал достичь большего. А тот, чей эгоизм меньше, довольствуется малым – все зависит от силы эгоизма. Вдруг мы оказываемся в состоянии отчаяния, отсутствия интереса – нет у нас стремления вперед. Нас уже не интересует, что там происходит. Мне даже трудно встать с кровати – действительно так.

Если отобрать у нас эгоизм, чтобы мы больше не продвигались с его помощью, то с помощью чего мы сможем продвигаться, ведь это единственная, имеющаяся у нас сила, которая подталкивает нас сзади. У нас есть точка в сердце, которая прежде тянула нас вперед, и вдруг она исчезла. Это уже не притягивает, я нахожусь в отчаянии, в падении, мне все безразлично. Действительно так – я, как будто мертв.

Если так, почему Творец делает это? Чего Он требует от нас в таком состоянии? Скажем, в части пути, от нуля, мы продвигались под нажимом эгоизма, бежали, чтобы устроить себя, и все было в полном порядке. Мы пришли в каббалу и устремились вперед с этим эгоизмом, чтобы властвовать и быть великими, быть сильными лидерами, но внезапно у нас словно «выкачали весь воздух из шин». То есть, мы или выходим из группы, либо остаемся в ней, но в нас нет духа жизни.

Почему Творец делает это? Почему Творец оставляет нам пустое пространство?

***

Если нас отучают от желания получать, от эгоизма, если у нас забирают эгоизм, и я остаюсь без горючего, где я возьму топливо, чтобы, по крайней мере, подъемы и падения были одинаковыми? Если я присоединяю подъем к падению, а падение к подъему, то я продвигаюсь. Где взять горючее во время падения, в то время, когда его нет у меня, во время, когда желание получать не работает? У меня нет сил обратиться к Творцу. Мы знаем это – в таком состоянии мы действительно отключены, у нас нет ничего. Можно обращаться к человеку, делать с ним, все, что хочешь, он не реагирует, он – как мертвый.

Каково решение, чтобы я и во время падения был полон сил, был активным, включался во все? Ведь так я продвигаюсь. Творец иногда дает мне время подъема лишь для того, чтобы показать, насколько я подкуплен, насколько во мне есть энергия, ведь, когда действует мой эгоизм, – я продвигаюсь. На самом деле, все мое духовное продвижение происходит лишь только при условии, что во время падения я достигаю силы продвижения: ведь я живу благодаря желанию отдавать, а не благодаря желанию получать, которое исчезает.

Где я беру силу работать в то время, когда я опустошен от эгоизма? Когда нет у меня силы обратиться к Творцу, а также к группе – я, действительно, мертв. Что делать?

Не забудьте, что духовное продвижение – в падении, а не в подъеме.

***

Как я измеряю, что прошел с успехом падение, что мне дали возможность работать, и это не было с помощью эгоизма? Творец забрал у меня эгоизм, дал мне возможность быть свободным от моего эгоизма, и я чувствую себя без сил. Как измерить себя сейчас, как провести это время, это состояние, чтобы достичь успеха?

***

Как мы превращаем свою жизнь в периоды падений в атаку, чтобы именно это падение стало подъемом на новую ступень? Ощущая подъем, мы чувствуем себя прекрасно, но это не мы – мы не поднимаемся таким образом. Мы лишь получаем наполнение, мы только чуть-чуть наполняем «аккумуляторы», однако истинный подъем происходит лишь за счет тех сил, которые мы чувствуем во время падения.

Как выстроить себя, как атакующую группу, как группу командо и использовать падения в эффективной форме, ведь от этого, в действительности, зависит наше будущее?

***

Если все наши продвижения происходят в то время, когда ни у кого нет его личной силы, тогда как нам организоваться, чтобы все-таки продвигаться с тем, что называется «группа»? Как нам, действительно, организовать ее физически, чтобы мы радовались в моменты, когда опустошены от эгоизма? Как увидеть, что Творец делает нам добро тем, что отбирает у нас ложное топливо и дает нам возможность продвигаться силой группы, силой поручительства? Ведь только с помощью этой силы мы, действительно, продвигаемся навстречу духовной цели.

Как организовать работу, действие, отдачу, влияние группы на каждого индивидуально?

***

СЕМИНАР 58

КРИЧАТЬ, ТРЕБОВАТЬ ИЛИ ПРОСИТЬ?

(КОНГРЕСС НА СЕВЕРЕ ИЗРАИЛЯ, 21.09.2012)

«А что рассказывают об этом поэты? Они говорят, что есть достойная цель у всего, происходящего в мире, называемая «каплей единства». И обитателям этих земных домов, когда проходят через все эти ужасы, и через всю абсолютность этой гордыни, удаленной от них, открывается некий вход в стенах сердца их, «нечувствительного весьма» по самой природе творения, и становятся достойными благодаря им вдыхания «капли единства» в сердце их. И обратятся они подобно оттиску печати, и увидят явно, что «наоборот оно», именно чрез эти ужасы и страхи приходят к постижению абсолюта, удаленного в гордыне отстраненной. Там и только там слияние с самим Творцом, и там может вдохнуть Он им «каплю единства».

(Бааль Сулам. Плоды мудрости. Письма. Письмо 8)

«И видим мы также испокон веков по сей день, сколько людей отравили себе жизнь всякими страданиями и самоистязаниями, и все лишь, чтобы найти какой-нибудь смысл в служении Творцу, или чтобы познать властелина мира! И все посеяли (растеряли) жизнь свою понапрасну, и ушли из этого мира, как и пришли, не познав никакой прибыли, и почему же не ответил Творец на все молитвы их? И почему же возгордился пред ними настолько? И на самом деле, не примирился с ними? А каково имя Его? «Гордый из всех гордых», таково имя Его»... «А что рассказывают об этом поэты?» Комментируют. «Они говорят, что есть достойная цель у всего, происходящего в мире,» какова цель у всего этого мира, **«называемого «каплей единства»«,** где **«обитатели этих земных домов»,** находящиеся внутри своего желания – эгоистического, материального, **«когда проходят через все эти ужасы, и через всю абсолютность этой гордыни, удаленной от них»**, то благодаря всем этим страданиям, всем выяснениям и проблемам **«открывается некий вход в стенах сердца их, «нечувствительного весьма» по самой природе творения»**, настолько оно не чувствительно, **«и становятся достойными благодаря им вдыхания «капли единства» в сердце их. И обратятся они подобно оттиску печати, и увидят явно, что «наоборот оно», именно чрез эти ужасы и страхи приходят к постижению абсолюта, удаленного в гордыне отстраненной. Там и только там слияние с самим Творцом, и там может вдохнуть Он им «каплю единства».**

Мы обязаны пройти все эти переходы, все эти ужасы, все эти беды и проблемы. Такими они кажутся нам, потому что мы отстранены, удалены от Творца. Благодаря им, мы приближаемся к капле единства, и тогда раскрывается вход, как написано: «Раскрывается непостижимое и закрывается открытое», и мы становимся достойны вдохнуть каплю единства. Она входит в нас, и мы начинаем ощущать, что такое единство.

Однако, до тех пор у нас нет выхода, и мы обязаны все это пережить Нам необходимо лишь все время стремиться к этой капле единства, и тогда она приходит.

Понятно, что мы не можем перепрыгнуть по дороге через несколько состояний и ступеней, ведь каждая ступень, каждое состояние строят в нас кли, пригодное для слияния. И пока это кли еще не совершенно, мы не ощутим слияния. Так мы обязаны пройти каждое из состояний.

Как я ускоряю приход состояний, проход этих состояний? В чем я могу ускорить их, можно ли приблизить их, пройти, и тогда проверить, что я прошел и быть готовым к следующему шагу? Как я ускоряю путь?

Бааль Сулам пишет в письме, которое мы прочли, что люди отравили себе жизнь, и как пришли в этот мир, так и оставили его. Но я не хочу быть похож на них, я хочу здесь и сейчас постичь это, и если не сейчас, то хотя бы завтра или послезавтра. Как я ускоряю состояния, что мне нужно делать?

***

Состояния – это осознание зла, необходимое для того, чтобы выстроить кли, подготовиться к правильной просьбе. Но для чего все это? – Чтобы придти к связи с Творцом.

Если так, почему мы не можем тотчас же попросить это у Него?

Пророк Исайя сказал просто: «Призывайте Его, пока Он близко».

«И как понять: «пока Он близко» – ведь сказано, что «Вся земля полнится Его славой» Выходит, что Он всегда рядом, и что же тогда означает «пока», будто бывает время, когда Он далеко? Но дело в том, что любые состояния всегда оцениваются относительно человека, постигающего и чувствующего».

(Труды Бааль Сулама, «Шамати», статья 241)

Иногда Творец близок, а иногда – нет. Как достичь состояния, в котором Творец был бы близок, и тогда мы попросим, потребуем, заплачем – «Ищите Творца, когда можно найти Его». Как можно это сделать?

Расстояние ничего не значит. Бывает, что начинающий ученик кричит и очень быстро проходит все состояния.

Почему мы не кричим, не просим, не требуем? Мы должны молиться, плакать, кричать, требовать, но у нас нет желания. Как достичь такого желания, чтобы «ухватить» Творца и получить? Ведь это то, чего хочет Творец.

В тот момент, что мы начинаем думать об этом, тотчас чувствуем слабость. И здесь, в этом месте товарищи должны добавить человеку свое желание. Поэтому это место раскрытия недостатка связи между ними. Что же делать?

***

ВОПРОСЫ И ОТВЕТЫ

Вопрос: *Должны ли все стоять вместе, кричать и требовать одного и того же, в одно и то же время, в одной мысли, чтобы Творец услышал?*

Если бы мы сделали это вместе, Он, безусловно, услышал бы, ведь это «молитва многих». Как сделать это вместе?

Нужно кричать внутри – внутрь сердца, а не наружу. Кричать внутри: «Открой нам врата».

Поробуйте кричать внутри, и еще более внутренне, еще и еще – вместе. Вместе ощущают Творца, окутывают Его – ту силу отдачи, которой хотят достичь, взаимную отдачу, являющуюся самой дорогой, с которой хотят слиться.

Нужно почувствовать преграду, которая существует между нами. И так раз за разом она будет становиться все тоньше и тоньше, до тех пор, пока не исчезнет. Ничего не поделаешь, нужно работать над этой преградой. Но она уже ощущается, мы чувствуем, что не способны быть в одном сердце, не можем ощутить Творца в этом едином сердце. Но сквозь перегородки можно почувствовать Его – нужно работать над этим.

Не прекращать молитву. Просьба от желания получать к желанию отдавать называется «снизу – вверх». Я – это желание получать, которое молится желанию отдавать, свойству отдачи, чтобы оно властвовало во мне. И так же, как желание получать в этот момент управляет мной, точно так же я хочу быть управляемым с помощью желания отдавать, свойства отдачи. Это называется, что я желаю быть частью Шхины.

Мы все вместе хотим, все вместе просим – весь мир просит. Эта работа в сердце называется молитвой. Нам нужно практиковать это во время утреннего урока, а также в течение дня, при разных возможностях. И тогда это быстро придет. Это называется: «Он приблизит его к Своему желанию». Мы обязываем Творца помочь нам.

С этой мыслью мы идем спать, потом проснемся и продолжим работать. Главное – не прекращать, – нет перерыва. Духовное – это вечность, в нем нет перерывов. Я не беру для себя перерыв. Поэтому не важно, стоим ли мы здесь, или идем в разных направлениях, спим или встаем утром, ведь все время продолжается одно и то же – работа в сердце продолжается постоянно. Нужно разбить перегородки, потому что сердце, присоединенное к другим, тотчас же ощутит Творца. Поэтому мы должны требовать от Творца, чтобы Он разбил эти перегородки.

***

СЕМИНАР 59

ПОСРЕДСТВОМ ГРУППЫ

(КОНГРЕСС НА СЕВЕРЕ ИЗРАИЛЯ, 21.09.2012)

На этом семинаре мы обсудим особые моменты, в которых мы обычно отклоняемся от верного пути.

Когда Творец более близок ко мне: когда я больше ощущаю Его, или когда я ощущаю Его меньше? Больше понимаю Его или меньше понимаю Его? Когда я запутан? Когда я чувствую себя в гармонии с товарищами или наоборот? Как я могу кратко описать из точки, в которой нахожусь, а не откуда-то с высоких ступеней, что это состояние и есть самое близкое?

***

Давайте не будем смотреть в книги или думать об известных отрывках – не думать ни о чем. Мы будто «обнажены» – без всяких премудростей.

***

В каком из двух состояний Творец ближе всего ко мне: когда я обращаюсь непосредственно к Нему, ведь при этом я ощущаю Его и обращаюсь к Нему; или когда я соединен с товарищами, ведь тогда я нахожусь в большей мере в свойстве отдачи и поэтому близок к Нему?

***

Когда я ближе к Творцу: когда обращаюсь к Нему, прошу, требую; или когда я ближе к другим, к товарищам?

***

Без сомнения, я ближе к Творцу, когда я ближе к товарищам и соединен с ними. Мое прямое обращение к Творцу – это эгоистическое обращение. Как бы я ни кричал, ни хотел, ни требовал – все это эгоистически. Когда я ощущаю себя ближе к товарищам, чем к Творцу, это самое лучшее состояние. Ведь близость к Творцу всегда приходит со стороны эгоизма, поэтому она должна проходить только через группу. Не случайно сказано: «Исраэль, Тора...» а в конце «..Творец – едины». Почему не сказано наоборот? Ведь именно так достигают Творца – невозможно достичь Его иным образом.

Если вы согласны со мной в том, что когда я нахожусь в отдаче, с товарищами, то я более близок к Творцу, – тогда, как прийти к требованию к Творцу, когда я нахожусь в таком состоянии и требую, но мое требование эгоистическое? Как нужно требовать? Я обязан и просить, и требовать. Мое обращение к Творцу должно быть сильным.

Мы говорили о двух аспектах: требование приходит со стороны эгоизма, и когда я нахожусь в обществе, там я более близок к Творцу. А если я отменил свой эгоизм, тогда как я буду требовать? Это означает, что я сделал «мила» – обрезание: я отрезал от себя обращение к Творцу, называемое «орла» – крайняя плоть.

***

Понятно, что если я обращаюсь к Творцу – это получение, а не отдача. Неважно, что я прошу – слова ничего не значат, ведь я – это желание получать наслаждения. Я более близок к Творцу, когда я ближе к товарищам, а не когда я требую от Творца, обращаюсь к Нему с молитвой – Ему не нужно это. Ему нужно кли, которое сможет отдавать Ему. Поэтому моя близость к товарищам важнее всего остального, ведь тем самым я строю кли для получения блага от Творца, а это то, чего Он желает.

Если так, когда я прихожу к требованию? Я прихожу к требованию через своих товарищей и вместе с ними. И тогда наше требование соединяется с нашей общей силой – силой отдачи, и превращается в молитву многих, поднятие МАНа. Я требую не для себя, но вместе со всеми, при условии, что это действительно общее желание. От общего желания может прийти любая просьба, и она немедленно принимается, ведь она сама уже является готовым кли для получения ради отдачи.

Что я должен сделать в тот момент, когда включаюсь в товарищей, в момент, когда я чувствую желание отдавать? Что нужно делать, когда я почувствовал желание отдавать, близость и устремление к товарищам? Я словно проснулся сейчас, получил импульс, вкус к отдаче, к соединению с другими. Что мне нужно немедленно сделать?

Старайтесь отвечать просто, из сердца, не умствуя, не разглагольствуя, не цитируя отрывки – как будто вы ничего не помните – лишь то, что вы чувствуете в сердце.

***

Прежде всего, нужно поблагодарить, ведь все, кроме благодарности, будет идти от желания получать. Это благодарность за то, что я получил желание отдавать, и я могу продолжать продвигаться благодаря ему с помощью товарищей и прийти к тому, чтобы доставить наслаждение Творцу. Это всегда единственное действие – во всем этом всегда есть лишь одно действие.

Теперь вопрос со стороны келим, а не со стороны светов. Сказано, что перейти со ступени на ступень можно лишь пожертвовав душу, отдав душу. Что значит отдать душу? Я отдаю только душу? Условие перехода со ступени на ступень: «пожертвовать душу» – что это означает?

***

Говорите только из глубины сердца, просто. То, что подсказывает сердце: «Возьми, – это то, что у меня есть. Ведь все премудрости только мешают».

***

Что значит «отдать душу»? Чтобы подняться на более высокую ступень, я должен ради этого пожертвовать лишь свою душу – каплю семени, которая попадет в материнское лоно, в АХАП Высшего. Лишь это называется «отдать душу». Нэфеш, душа. Что мне нужно для этого сделать? Нужно отменить нынешнюю ступень, свое желание получать, внутри которого находится эта душа, и возвысить следующую ступень, ведь она способна вырастить меня – она большая, совершенная. Мне нужно отменить нынешнюю ступень и возвысить более высокую ступень, и тогда я готов передать туда свою душу. Это называется «отдать душу».

Это подобно тому, что мы учим о разрыве между ступенями. Бааль Сулам пишет, что все человечество переходит от одного состояния к другому, когда ему кажется, что нынешнее состояние изжило себя, что оно дефектно. Невозможно извлечь из него никакой пользы, напротив, оно приносит лишь ущерб. А будущее состояние представляется полным, совершенным, наполненным светом. И тогда переходят от одного состояния к другому, как на материальном, так и на духовном уровне. На духовном уровне нам необходимо ликвидировать желание получать на нынешней ступени, принять уровень отдачи, раскрываемый нам, как совершенный, и быть готовыми к тому, что она будет властвовать над нами абсолютно во всем. Это называется «отдать душу» – войти в состояние зародыша.

Бааль Сулам пишет, что для того чтобы прийти к совершенной молитве, с помощью которой можно достичь избавления, то есть убежать от желания получать, оторваться от него и войти во власть отдачи, необходимы три условия:

- первое – я разуверился в своих силах и понимаю, что только Творец способен помочь мне.
- второе – я пытался это сделать много раз: с помощью товарищей, учебы, распространения – всеми средствами, но вижу, что не в состоянии. В нашем мире я не способен изначально решить, что не могу, – только лишь после того, как абсолютно разочаровался. Иными словавми, я не способен, я не найду в себе силы достичь свойства отдачи, и никто в моем мире из тех, с кем я знаком – товарищи, группа – не в состоянии это сделать. Это может произойти только в группе, которой я демонстрирую свойство отдачи, и только Творец, находящийся над группой, может это сделать.
- третье условие – наше желание к этому должно быть настолько большим, что если Творец не сделает это, мы готовы умереть – лучше не жить.

Мы слышали от каббалистов, что можем достичь цели только с помощью Творца, с помощью высшей силы, которая отдает свою силу нам. Обязать Его, чтобы Он дал нам свою силу, свое свойство можно лишь в особом желании. Поэтому нужно, чтобы это желание исходило от группы. Мы должны быть убеждены, что не способны сами ничего сделать – ни каждый в отдельности, ни все вместе, и лишь Творец может это сделать. Мы знаем, что именно Он – тот, кто «вертит» нами, и Он способен исправить положение, ведь Он создал его намеренно. Желание должно быть настолько сильным, что если Творец не выполнит это, то «лучше смерть, чем такая жизнь».

Как можно прийти к таким условиям быстро, легко, приятным путем? Как прийти к реализации такого желания, чтобы Творец ответил – и точка. Сказано: «Есть тот, кто приобретает свой мир в одночасье». Возможно ли это? Может быть можно прямо сейчас, в то время, когда мы прикладываем усилия, найти решение, как действительно достичь Его?

***

Нам необходимо быть постоянно сосредоточенными на достижении этих условий, и не более того. В соединении выяснить, что мы не способны, что если не достигнем, то «лучше смерть, чем такая жизнь», и что только Творец может помочь. Все эти условия должны постоянно быть у нас перед глазами, и нам нужно все время работать над ними. Мы никогда не работаем над ними одновременно – мы или выбираем одно из них, или не соединяем их вместе. Вместе они называются «Исраэль, Тора и Творец – едины». Если мы удержимся в этом, то быстро раскроем первую ступень. Затем уже не будет проблем, ведь есть *решимот*, и мы уже будем знать, что делать. Мы будем знать, как отменить желание получать.

ВОПРОСЫ И ОТВЕТЫ

Вопрос: *Что такое хисарон (потребность, желание) группы, а не мой личный хисарон? В духовном не существует личного желания. Как маленькая клетка может желать чего-то – у нее* нет возможности существовать в одиночку. Ей необходимо, по меньшей мере, соединение между ней и другой клеткой – это называется жизнью. Жизнью называется существование двух клеток и какой-то связи между ними. Скажем, вводят клетку, сперматозоид внутрь матки женщины, но эта клетка не абсорбируется. Когда она способна абсорбироваться? Когда происходит размножение клеток – одна клетка делится на две, три, четыре клетки. Одна клетка не называется живой, существующей. Необходимы, по крайней мере, две клетки, и тогда между ними есть поток энергии, называемый жизнью.

Хисарон группы – это желание быть в свойстве отдачи. Иначе я не нахожусь в свойстве отдачи. Нет возможности быть в свойстве отдачи кроме, как посредством группы. Если я не соединен с другими, то вообще не направлен на отдачу – я направлен лишь на себя. Это должно быть ясно, как день. Если мы говорим об отдаче, любви, Шхине – то только лишь внутри общего желания. Я поглощен общим желанием и не ощущаю себя. Я не чувствую там своего личного желания, а лишь общее желание. Я просто растворяюсь там.

Реплика: *Изначально человек начинает из своего желания растворяться внутри группы.*

Правильно. И поскольку желание, все-таки, мое, я должен участвовать вместе со всеми и раскрыть, что такого участия не достаточно, и потому мне нужен высший свет, который исправит. И вместе со всеми – я отменяю себя перед всеми.

Вопрос: *Как удерживать свою просьбу внутри общего хисарона, где этот переход? Я не отменяю себя до последнего мгновения. До тех пор, пока эта молитва не будет принята Творцом, я все еще нахожусь в своем эгоизме, и группа находится в моем эгоизме, но это уже иной эгоизм. Это уже называется «ло ли Шма».*

Мы хотим прийти к «ли Шма», к отдаче и не способны. Мы желаем этого, чтобы нам было хорошо, мы готовы объединиться в какую-то группу, стаю, банду – неважно, как это назвать, но мы хотим отменить себя, чтобы почувствовать, что такое отдача, что это за свойство такое. Мы тянемся к нему, ведь мы разожгли искры, которые в нас существуют, – свои точки в сердце – с помощью особых усилий с нашей стороны. Это уже более яркие точки, они светят больше, «горят» сильней. И хотя это эгоистическое «горючее», но в чем-то мы готовы присоединиться. Именно в этом состоит усилие, – не более того.

Я прихожу к этому состоянию вместе со всеми, и ключ здесь в том, что этим каждый отменяет себя, ведь «лучше смерть, чем такая жизнь», и все хотят быть «как один человек с одним сердцем». Можно сказать, что это игра воображения, обман, что мы напряжены, и все это только кажется нам. Но мы сделали это, руководствуясь указаниями, которые дают каббалисты в своих статьях. Мы пытались их выяснить и сделали это. Если наше усилие будет достаточным, то мы раскроем необходимость Творца, необходимость высшей силы – силы отдачи: «Ты должен прийти к нам, Ты должен властвовать в нас, Ты должен отменить наш эгоизм». Ведь изначально мы устремлены только эгоистически, но в каждом из нас есть эта искра. Мы желаем духовного, желаем отдачи, чтобы насладиться ей – этого мы хотим.

В нас все еще существуют две противоположные силы: искра и наше сердце – «лев а-эвэн» («каменное» сердце) – всевозможные желания, полностью эгоистические, и об этом сердце приходит молитва. После того, как мы выяснили и раскрыли, что не способны избавиться от своего эгоистического сердца, что мы хотим прилепиться к духовной искре, и что наша молитва – это молитва многих, несмотря на то, что по сути, нет многих, – мы молимся Творцу, силе отдачи. Мы хотим, чтобы она властвовала в нас и в других в равной степени. То есть чтобы не было различия между мной и остальными, а чтобы мы все были единым желанием.

Кроме последнего обращения к Творцу, все наши обращения, исходящие из сочетания эгоистического желания получать и духовной искры, тоже вызывают свет, возвращающий к Источнику. Ведь мы учимся, прикладываем усилия, поэтому все это работает, все меняется.

Вопрос: *Как приготовить сосуды к получению света?*

Лишь в нашем усилии. Здесь нет ничего, кроме трех условий. Если мы выполним их, то закончим работу.

«Есть три условия молитвы:
1. Верить, что Творец может спасти человека, несмотря на то, что есть в нем наихудшие свойства, привычки и обстоятельства, чем у любого в его поколении, ведь «Разве рука Творца коротка, чтобы спасти его?», и разве не спасет хозяин своего преданного слугу?
2. Все, что мог сделать, сделал, а спасения так и не пришло.
3. Если Творец не спасет, лучше смерть, чем такая жизнь.

Молитва исходит из ощущения утраты в сердце: чем больше ощущение отсутствия желаемого, тем сильнее его молитва. Ведь тоскующий по излишествам отличается от приговоренного к смерти, ожидающего приведения приговора в исполнение и уже закованного в цепи, каждое мгновение которого – это молитва о спасении. И не заснет он, и не задремлет, а неустанно молит о спасении своей души».

(Бааль Сулам, «Шамати», статья 209)

СЕМИНАР 60

РАДОСТЬ И СОВЕРШЕНСТВО

(КОНГРЕСС НА СЕВЕРЕ ИЗРАИЛЯ, 21.09.2012)

Чем именно мы можем порадовать товарища, группу, Шхину и Творца? В чем разница в том, чтобы принести радость каждому их четырех перечисленных: товарищ, группа, Шхина, Творец?

Постарайтесь отвечать из глубины сердца – неважно, насколько вы понимаете – отвечайте только в соответствии с чувствами, а не с разумом.

***

Есть ли разница между любовью к товарищу и любовью к группе, Шхине и Творцу на ступенях авиюта 1, 2, 3, 4?

***

В чем различие между группой и Шхиной?

***

СЕМИНАР 61

ПРОДВИГАТЬСЯ ПОСЛЕДОВАТЕЛЬНО И НЕПРЕРЫВНО

(23.09.2012)

Из всего пройденного мы можем почувствовать, что всё упорядочено свыше. Нас приводят в группу, к книгам и учителю. Нас приводят к учебе, к методике, инструктажу, на конгресс и на семинар. Дают нам в это включиться и почувствовать, где находится точка связи между нами. Всё это мы получили свыше. Сейчас нам остается только добавить. Именно здесь начинается работа, усилие. Ничто не должно нас интересовать, кроме одного: как мы превращаем эту маленькую искру в огромный костер.

Наша работа – продолжить дух жизни с помощью силы свыше и всех товарищей. Это союз, поручительство, усилие, и вся добавка должна быть с нашей стороны. Когда заканчивается конгресс, и мы завершаем семинары, нужно беспокоиться о том, чтобы ощущение не снизилось до минимума и не погасло. Когда я чувствую, что во мне что-то ослабевает, я должен видеть это как возможность добавить усилие.

Более того, даже если я не вижу такой возможности, я сам должен добавить усилие. Тот, кто не добавляет, не продвигается. Это подобно старцу, который идет согнувшись и ищет что-то еще до того, как потерял.

Поэтому наша работа начинается в тот момент, когда мы достигаем ощущения единства. Мы должны превратить эту искру в большой костер, который распространится по всему миру, и его свет будет местом, где сможет удержаться высший свет. Он придет снизу, от нас в виде Отраженного света, в котором раскроется Прямой свет. Как нам сейчас на практике не упасть с достигнутого уровня, а постоянно добавлять к нему? Хочу услышать от вас советы. Знайте, что именно это – место для усилия, другого нет.

***

Как нам не оглядываться назад на приятные состояния, чтобы не превратиться в соляной столб, как жена Лота? Как смотреть только вперед? Как нам создать резервуар сил, помогающих продвигаться? Как накопить пробуждения, которые в каждом состоянии напомнят нам о том, что у нас есть резервуар, из которого мы можем черпать силы? Как постоянно удерживать себя в состоянии потребности? Как почувствовать тоску, если мы стоим на месте, и еще большее беспокойство, если снижаемся с достигнутого уровня? Как нам выстроить все условия и средства для непрерывного продвижения? В статьях и письмах каббалистов говорится, что отдавать – это хорошо, а получать – плохо. Но нигде не написано о том, как практически реализовать эти усилия, постоянно добавляя и добавляя. Как построить систему, которая будет постоянно нас удерживать, подталкивать и направлять к тому, чтобы наша маленькая искра выросла до бушующего пламени?

***

Если мы думаем, что не в наших силах достичь единства, то Бааль Сулам пишет в Послании 10: «Действуйте по своим силам», и «спасение Творца придет в мгновение ока». То есть от нас не требуют бóльшего, но если мы сделаем то, что в наших силах, то «спасение Творца приходит в мгновение ока». «Главное, что стоит перед вами сегодня – это единство товарищей. Прилагайте к этому больше усилий, потому что в этом заключается оплата всех потребностей». Любовь товарищей восполняет все наши потребности, и всё в наших силах. Какое намерение, действие или работу мы должны сейчас выполнить, прилагая, по словам Бааль Сулама, усилия, чтобы давить в одном месте до достижения результата, до «спасения Творца»? Как мы концентрируем всю нашу работу в одном месте, буквально в одной точке, чтобы «взорвать» ее?

***

Что я должен требовать от себя, от товарищей, от Творца, чтобы продвигаться непрерывно, постоянно, и все время добавлять? Сейчас мы выясняем, а в конце семинара решим, что конкретно должны выполнять.

***

Бааль Сулам пишет, что причина трудности в работе состоит в недостаточном осознании величия Творца. Когда я прошу величия Творца, должен ли я требовать от себя, от окружения, от группы, от Творца, чтобы это раскрылось? Или мне нужно требовать желание к величию Творца? Что я должен просить? То же самое относительно любви: должен ли я просить любить или чтобы у меня было желание любить?

***

Что не позволяет мне любить ближнего? Почему эгоизм препятствует любви к ближнему? Что в этом пугающего? Любя ближнего, чего я боюсь? Если я люблю ближнего, то не смогу обеспечить себя. Любовь должна быть полной. Когда я кого-то люблю, то не думаю о себе, а тогда как же я буду существовать? Мы должны думать об истинной любви, и тогда эгоизм боится. Поэтому Бааль Сулам говорит нам о необходимости во взаимном поручительстве. Ведь если бы я был уверен, что в результате любви к кому-то у меня ни в чем не будет недостатка, в том числе и в насущных вещах, то я любил бы. Поэтому существует взаимное поручительство. Мне говорят: «Мы обеспечим тебя всем, в чем ты нуждаешься». И тогда человек свободен для любви.

Как мы поддерживаем себя, чтобы продвигаться к непрекращающейся любви? Ведь если я на мгновенье остаюсь в той же силе любви, значит, иду назад. Любовь существует только в постоянном добавлении, а если она сегодня такая, как вчера, то это регрессия. Это можно увидеть на примере отношения к женщине: она правильно требует каждый раз новых знаков любви. Как мы все вместе обязуемся постоянно увеличивать ту точку связи, которую достигли? Как мы подписываем и удерживаем поручительство, обязуемся не сойти с достигнутого уровня?

Взаимная забота. Каждый должен чувствовать, что остальные зависят от него, и ему должно быть стыдно, если он об этом забывает. Мы должны использовать тот стыд, который пробудился в мире Бесконечности. Относительно Творца я не могу его использовать, он не удержится, потому что передо мной нет Его образа, нет Творца, я не могу взаимодействовать с Ним. Я должен развить этот стыд относительно окружения за то, что не способен удержать их в поручительстве. Они все в поручительстве, в совершенстве, кроме меня. Значит, из-за меня нет поручительства, нет совершенства. Каждый должен испытывать страх, ощущать внутри себя огонь стыда. В этом и состоят ответственность и поручительство. В итоге они выражаются страхом или стыдом, если я недостаточно поддерживаю товарищей, которые зависят от меня, а я их предаю. Подумаем об этом и будем надеяться, что это придаст нам серьезное отношение к достижению цели.

***

Бааль Сулам объясняет, что человек, которому стыдно смотреть в лицо товарищу, краснеет. Мы должны бояться того, что у нас не будет стыда. Я должен смотреть на товарищей в уверенности, что не предаю их, верен им, держу их. Я должен быть уверен, что завтра не поведу себя так, будто не был связан с ними, а буду продолжать их поддерживать, глядя им в глаза с открытым сердцем, с уверенностью, что не предаю их.

СЕМИНАР 62
ТОЧКА ЕДИНСТВА

(28.09.2012)

Основная наша сила – эгоизм. Помимо него в сердце каждого из нас есть лишь одна маленькая точка, и эти точки мы должны объединить между собой. Если мы сольем их вместе, то в этом образовании ощутим духовный мир. Тогда всё будет едино: я, группа и высшая сила. Эгоизм хочет «растолкать» все наши точки в сторону друг от друга. Он как раз и предназначен для того, чтобы отталкивать нас от единства в противоположном направлении, и потому называется «помощью против себя». Как нам выстроить между собой такое окружение, которое поможет нам реализовать точки в сердце и наши эгоистические силы так, чтобы вместе мы объединились в одну большую замечательную точку? Несмотря на помехи эгоизма, используя его, мы хотим соединить наши точки в одну. Как использовать для этого силу эгоизма?

***

У нас есть эго и точка в сердце, но путь в духовный мир нам неизвестен. Если с помощью группы я использую свой эгоизм как «помощь против него», то могу взять точный курс на духовное, на Творца. Пока этот путь под вопросом, я не знаю, как его найти, как себя направить, ведь это скрытый мир. Только если я работаю в группе с точкой в сердце, чтобы обратить эгоизм в его противоположность, тогда, вместо того, чтобы тащить меня вниз, он придаст мне нужное направление для того, чтобы вступить в духовный мир.

***

Изменив с помощью группы свое эго, мы находим путь для движения вперед: каждый раз в противоположном от эго направлении. Речь идет не просто об эгоистическом желании получить те или иные вещи в нашем мире. Это особый эгоизм, направленный именно против объединения, против той общей точки, в которой я раскрываю духовный мир. Поэтому желания и мысли, не относящиеся к объединению, я вообще не замечаю, игнорирую. Вместо этого я работаю в группе, стараясь объединиться с другими. И тогда обнаруживаю, насколько противоположен этому: не хочу соединяться с товарищами, ненавижу их, не могу даже думать о спайке с ними. Именно это отторжение и есть настоящий эгоизм, противоположный единству. А всё остальное неважно.

Здесь ключевую роль играет группа. Она возвышает в моих глазах важность единства, постоянно побуждает и обязывает к нему. Окружение ведет меня по неведомому пути, подает примеры, помогает «склонять голову» и объединяться. Оно, по сути, и приводит меня к единству. Так мы выходим на первую духовную ступень. Обратив весь свой эгоизм, отторжение и противостояние единству, в силу единства и сплочения, мы сделали его «помощью против него».

Затем мы переходим ко второму этапу. В нас снова раскрывается эгоизм, еще больший, чем раньше, относящийся уже ко второй ступени. Здесь дело за мной: если я снова иду к единству с помощью группы – эгоизм начинает показывать себя. Если же я не тянусь к объединению, то и вовсе не раскрываю его. И потому внешние люди вообще не понимают, о каком эгоизме идет речь. Дело тут не в человеческих взаимоотношениях, не в благодеяниях и кознях. Люди полагают, что плохое отношение к ближнему – это эгоизм, а хорошее – альтруизм. Мы же судим лишь по точке единства.

После того, как я раскрыл первую ступень, и если хочу и дальше объединяться с группой, мне открывается эгоизм второй степени, и я работаю против него, пока не выхожу на вторую ступень. Всего на духовном пути 125 таких ступеней. В итоге я прихожу к полному единению: всё человечество, все мы вместе – в одной точке, которая называется «каплей единства». Каким же должно быть окружение, чтобы предоставить мне возможность раскрыть правильный эгоизм, отделить его от животного эгоизма этого мира и обратить в движущую силу? Как окружение должно воздействовать на меня, чтобы я достиг цели?

***

Как нам использовать группу, в которой мы оказываем друг на друга взаимное воздействие, чтобы это мощное объединение позволило каждому быстро разглядеть точку единства: «Где она? Что я должен сделать, чтобы достичь ее? Как я выхожу в духовный мир? Как раскрываю его?» Как мы должны заботиться обо всех, чтобы позволить им достичь этой внутренней точки? Ведь мы входим в группу, как в материнское лоно, и развиваемся там подобно эмбриону. Как же придать каждому из нас такую «оболочку», в которой он будет развиваться, словно из капли семени?

***

СЕМИНАР 63

БЫТЬ КАК ОДИН

(КОНГРЕСС В РИМЕ, 28.09.2012)

Мы учим, что начальная точка творения, желание насладиться, после распространения сверху вниз развивается посредством света и под его воздействием превращается в нашем мире в огромное желание получать. Кроме того, это желание разделилось на множество частей – 7 миллиардов людей. Объединяясь, эти части сокращаются и вновь становятся одной точкой. Поэтому один человек не способен создать эту точку. Каждый из нас – одна точка, и таких точек много.

Выходит, я должен играть в объединение хотя бы с еще одним человеком, потому что двое – это минимальное множество. Тогда с помощью упражнений мы можем вдвоем понять, что такое эгоизм, который нами управляет, и как мы должны его преодолеть. Наш эгоизм – это минус, который нас отдаляет. Над ним мы строим экран, силу противостояния ему. Если экран и эго равны, значит, я достиг сокращения, отменил свой эгоизм. Он остался «жив и здоров», но не мешает мне объединяться с другими.

Следующий этап состоит в том, что я над ним начинаю развивать силу отдачи. Это значит, что мы с товарищем наполняем друг друга. Но этого недостаточно – мы должны делать это и по отношению к Творцу. Выходит, что из объединения между нами рождается еще одно объединение – объединение относительно Творца. Таким способом мы приходим к единству: Творец создал наш эгоизм, мы этот эгоизм отменили и вновь соединились с Творцом. С одной стороны, есть один Творец, с другой стороны – мы. Нас двое, но мы объединились и сейчас называемся «творение».

Теперь есть Творец и творение, и между ними существует взаимная связь. Ни один из нас сам по себе не является творением. Творение – это, как минимум, двое. Мы аннулировали свой эгоизм, каждый относительно товарища, а общее желание отнесли к Творцу. Поэтому группа начинается, как минимум, с двух человек, но чем больше товарищей, тем лучше.

Создавший нас свет воздействовал на точку и внес в нее свои свойства. В результате в ней есть 10 свойств, приходящих от света. Поэтому мы существуем в творении в такой структуре, что можем удерживать в поле своего восприятия десять человек. Поскольку большее число нам усвоить трудно, то оптимальной является группа из 10 человек. Если она больше, то для объединения желательно поделиться на подгруппы . Невозможно удержать внутри себя больше десяти качеств, поскольку так мы устроены, такова наша внутренняя программа, согласно которой мы всё ощущаем.

Итак, чтобы стать «творением», мы объединяемся в группу. Творением называется тот, кто отменил свой эгоизм, свое эгоистическое отношение к ближнему. Желание получать, аннулированное с помощью взаимного эгоизма, мы относим к Творцу согласно примеру Бааль Сулама о Госте и Хозяине. Творец дает нам, а мы Ему. «Мы» – это 10 товарищей, объединившихся поверх эгоизма. Мы можем посвятить Творцу наше общее желание, очищенное от эгоизма. Так мы должны готовить себя на уроке, на трапезе и в других общих действиях.

В чем я должен чувствовать ответственность перед товарищами, чтобы наше объединение привело нас к понятию творения относительно Творца, чтобы мы раскрыли связь между группой и Творцом, и высшая сила проявилась в нас? Какова моя ответственность перед товарищами и группой?

***

Мы – творение, то есть, всего лишь желание получать, и управляемся силой света, силой отдачи, высшей силой, которая существует и до создания желания получать. Написано, что «желание насладить творения» стало причиной творения. Поэтому мы сами не способны ни на что. Всё что мы можем, исходит только из нашего объединения. Насколько мы отменяем свое желание получать относительно объединения и товарищей, настолько можем обратить его к свету, к Творцу, желая отдавать Ему.

Мы как бы говорим: «Мы хотим аннулировать себя и отдавать товарищам, но не способны, потому что являемся желанием получать. Дай нам, пожалуйста, свойство отдачи, чтобы мы могли их наполнить и уподобиться Тебе!» Неважно, когда мы обращаемся к Творцу, поднимаемся на вершину или спускаемся вниз. Важно, что мы связаны вместе. Единственное, что может облегчить нам объединение, это книги каббалистов. Они описали состояния единства, поскольку уже получили от Творца силу отдачи, силу связи, и сумели объединиться между собой.

В этом объединении они ощутили различные явления, которые назвали «духовным миром», «высшим миром», и их описали. Иными словами, в каббалистических книгах написано о формах связи и о том, как обратиться с правильной просьбой вверх, к более высокой духовной структуре, которая называется *парцуф*. Подъем этой просьбы называется МАН, а получение в ответ силы объединения называется МАД. Если мы объединяемся, желая стать единым целым, хотя точно не знаем, что это такое, если во время учебы просим такого единства, которое было у каббалистов, когда они писали свои книги, то наша просьба поднимается в высший парцуф, где мы уже существуем в будущем единстве. И хотя нас все еще 10, но эти 10 хотят быть одним. Тогда свыше к нам поступает МАД, сила объединения, и воздействует на нас.

Итак, есть группа, которая хочет себя отменить, а потому называется «творение». Она возносит просьбу – стать единым целым, и тем самым уподобиться Творцу, более высокой ступени. В ответ она получает свыше силу объединения, и объединение происходит. В этом состоянии мы поднимаемся на более высокий уровень и становимся едины – мы и Творец. Мы, десятка, став как один, достигаем слияния с Творцом. Если учеба в группе настолько важна, как я должен подготовить себя перед уроком?

***

В книгах каббалистов написано только о единстве. Мы читаем о связи на высшей ступени, надеемся быть там и получить силу, которая нас объединит. Мы – десять человек, желающих быть едиными, – через просьбу во время учебы получаем Окружающий свет. Тогда мы поднимаемся на ступень Творца и соединяемся с Ним. Что происходит потом? В нас проявляется еще большее желание получать, и мы в группе становимся в сто раз больше по сравнению с предыдущей ступенью, когда нас было 10. Наше эгоистическое желание растет, толкая еще сильнее. Теперь мы, как сотня, должны захотеть вновь стать как один.

Мы опять поднимаем просьбу во время учебы, получаем силу для объединения, с ее помощью объединяемся и поднимаемся на следующую ступень. Так мы проходим 125 ступеней, по которым должны подняться. Следовательно, во время урока и подготовки к нему я должен думать об отдаче. Как я проверяю себя, действительно ли думаю об отдаче? По отношению к Творцу мне нечего проверять, потому что там я не получу ответа. Как практически я могу думать об отдаче во время урока и быть уверенным, что не ошибаюсь, что думаю правильно или неправильно, нахожусь в намерении отдачи или нет? Как я себя проверяю? Чем могу это проверить?

***

Как я должен думать о товарищах, чтобы знать, что прошу у Творца силу отдачи? Постарайтесь объединиться между собой и почувствовать ответ в сердце, а не в разуме.

***

Как можно во время урока думать об отдаче? Как я знаю, что прошу силу отдачи во время учебы? Я должен провести это через группу. Если я обращаюсь к Творцу через группу, это уже верное направление. Если же я один, если это личная просьба, тогда нет творения, нет того, кто мог бы связаться с Творцом. Такая просьба может исходить только изнутри группы.

Как я обращаюсь изнутри группы, когда каждый из нас уткнулся в свою книгу? -Если во время учебы прошу, чтобы мы все получили силу объединения, а не только я один. Если во время учебы я прошу, чтобы Творец раскрылся всем, кроме меня. Я готов приложить любые усилия, чтобы результат получили они, а не я. Пусть я здесь немного лукавлю, ведь я, все-таки, нахожусь на нижней ступени, но это игра, и я так себя направляю.

Намерение означает, что я еще это не реализую, но намереваюсь, хочу, чтобы так было. Поэтому если я прошу, чтобы Творец раскрылся товарищам, то это правильное намерение. В противном случае, это просьба не об отдаче, а о получении. Я могу просить у Творца более мощную силу отдачи, наполняющую мир, только если в чем-то ей подобен. И это может быть лишь при условии, что я передаю свою просьбу через систему, которая называется группа. Иначе это не та частота, не та волна.

Допустим, нам ясно, как мы должны учиться, как нам нужно вместе сидеть на трапезе. Как я должен представлять себе трапезу вместе с Творцом? Мы уже выяснили, что обращение к Творцу во время урока называется обращением через группу. Я прошу, чтобы все получили то, что желают: силу отдачи, единства, раскрытие Творца. Я могу приложить усилия, чтобы они это получили, готов быть последним. И тогда я более или менее уверен, что в своей учебе направлен правильно. Как правильно направить себя во время трапезы?

***

Во время трапезы мы стараемся действовать согласно примеру Бааль Сулама о Госте и Хозяине. Вся группа видит себя в качестве Гостя: с одной стороны стола сидит творение, то есть группа, ведь один человек не считается творением.

Поэтому в первую очередь я думаю о группе, которая намеревается получить общее ощущение вкусов при условии, что это доставит удовольствие Хозяину. Как мы это делаем? – Если все думают о товарищах.

Я сижу за столом и думаю: «Что произойдет, если товарищ почувствует вкус, который я должен ощутить, до меня? Я почувствую этот вкус или нет?» Когда я беру самый аппетитный кусок и в это время думаю об отдаче, то перестаю чувствовать вкус в своем желании получить. Положите на язык самый вкусный торт и постарайтесь думать о ком-то другом – о Творце, о товарище, – и увидите, что вкус исчез. Нет никакого вкуса.

После того как вкус исчез, мы хотим соединиться воедино и тогда получить от Творца вкус трапезы, которую проводим вместе, поверх всех вкусов блюд, находящихся перед нами на столе. Именно этого мы должны требовать. Так мы сможем получить эти вкусы в облачении Отраженного света, и они уже будут духовными. Тогда наша трапеза станет примером подъема над материальными вкусами, проверкой, способны ли мы почувствовать духовные вкусы, открыть себя для этого. Ведь если мы перестали чувствовать вкус, то у нас уже есть сила сопротивления, и можно просить вкусы. Это еще не точно, но стоит провести такое упражнение.

Сегодня мир переживает общий кризис. Согласно законам, спускающимся в наш мир, высший свет своим воздействием вызывает здесь два явления. Одно явление состоит в том, что часть человечества получает пробуждение к отдаче, к силе, которая является высшей, к Творцу. Эти люди приходят к науке каббала, которая об этом говорит.

Остальные не чувствуют влечения к этой силе, но вследствие приближения Творца к нашему миру испытывают различные явления не в точке в сердце, а в сердце. Они запутаны, не хотят вступать в брак и рожать детей, погружены в отчаяние и депрессию, утратив порядок в жизненных системах этого мира. Всё это происходит потому, что сила отдачи, приближающаяся к силе получения, совершает соответствующие действия, и сила получения перестает функционировать. В результате возникает кризис во всем, чем мы занимаемся: в культуре, образовании, науке, семье – во всех сферах. В последнее время это проявляется также в экономике и экологии.

Кризис воспринимается как мощный удар всем миром, кроме людей, у которых раскрылась точка в сердце. Мы понимаем, что кризис вызван приближением силы отдачи к этому миру и показывает противодействие двух сил – силы получения снизу и силы отдачи свыше. Когда они сближаются, люди чувствуют себя плохо. Мы понимаем причину этого явления, но не знаем, как обратиться к широкой публике и объяснить происходящее.

Как приблизиться к людям, которые чувствуют кризис, но не знают, что делать? Мы видим их страдания и можем им помочь, предоставив знание, а затем и средства выхода из кризиса. Как объяснить широкой публике причину кризиса? Мы говорили о коллективном разуме. Когда 10 человек что-то обсуждают, слушают друг друга, отменяют себя относительно других, возвышая их в своих глазах, то между ними воцаряется духовная сила. Мы – как антенна, и только в таком виде можем воспринять эту силу и найти ответ.

**

Творение – это наша группа вместе с широкой публикой, потому что большинство человечества не способно действовать самостоятельно. Как только нам удастся присоединить их к себе, вместе мы станем творением. А пока что мы действуем как группа, и если объединены в этой группе, то относительно Творца мы – творение. Если каждый из нас передает свое обращение к Творцу через группу, он обращается к Нему в отдаче.

Большая часть общества не может обратиться к Творцу, поскольку никак с Ним не связана. А нам нужно выполнить особое действие: обратиться к ним и получить от них их ненаполненные желания, которые касаются только материальных вещей в нашем мире. Мы обязаны поднять эти их желания к нашему желанию, чтобы превратить их в духовные желания и всё это вместе обратить вверх, к Творцу.

Как нам нужно сейчас работать? Следует ли нам объединиться в группе и из нее обращаться к Творцу? Или же мы должны действовать относительно масс и с тем, что получим от них, обращаться к Творцу, чтобы Он дал силы работать с ними? По правде говоря, необходимо и то, и другое. Ведь если группа не будет сильной, то как она сможет работать ради широкой публики? Но если она не будет думать о мире, тогда что поднимет к Творцу?

Если Творец устраивает нам общий кризис, то это знак, что, желая того, или не желая, мы должны думать о мире, потому что это уже не наше желание.

И все таки мы в перед нами дилемма: сколько усилий вкладывать в построение группы и обращение к Творцу, и сколько в широкую публику, чтобы поднять ее к Творцу?

***

Здесь нет явного ответа, не понятны пропорции: сколько времени отводить группе и от нее вверх по направлению к Творцу, и сколько сил и времени посвящать распространению. Каково ваше мнение? Обсудите этот вопрос, даже если не будет четкого ответа. Мы найдем путь позже, а ответ придет свыше согласно нашим усилиям.

***

Прежде всего, мы должны работать над единством между нами. Мы поднимаем просьбу и получаем силу объединения, – это то, что мы делаем в группе. Затем с силой единства группы мы обращаемся к обществу. Нам нужна сила объединения между нами лишь только для того, чтобы обратиться к Творцу ради общества.

Если Творец пробуждает эту силу во всем мире, это знак, что мы должны работать ради того, чтобы привести общество к Творцу. Потому мы и просим силу единства между нами, чтобы заботиться о массах, служить им, связать с Творцом. Всё приходит от Него, и в нас уже созрела потребность обратиться к массам, и эта потребность оправдана, ведь мы приходим к ним не ради себя, а чтобы поднять их просьбу к Нему.

Мы уже говорили о том, как узнать, является ли целью моего обращения к Творцу во время учебы – обретение силы отдачи. Это так, если я готов отказаться от результата ради того, чтобы вся группа получила раскрытие Творца, если я буду работать для них.

То же самое здесь. Вся группа работает ради того, чтобы Творец раскрылся широкой публике, чтобы приблизить ее к Творцу. Сама же группа готова отказаться от всего. Это называется, что группа, действительно, желает только отдачи.

Но как реализовать это практически, то есть во время учебы и во время распространения? Мы должны удерживать себя в силе отдачи и быть преданными всему миру. Мы можем в любом месте обратиться к людям и говорить с ними. Но как несколькими предложениями объяснить им суть кризиса и средство выхода из него? Представьте, что вы сидите с представителем ЕС вместе с делегациями Германии, Испании, Франции, и можете сказать несколько слов. Как, по вашему мнению, можно на них подействовать?

**

Можно организовать круглые столы и семинары, найти различные решения и действительно помочь. Мы обязаны помочь людям понять, что кризис не закончится, пока мы не «вылечим» его. А лечить надо человеческий эгоизм. Я рекомендую иметь дома 2-3 книги, предназначенные для широкой публики. Если кто-нибудь заинтересуется тем, что вы читаете, дайте ему книгу. Потом дайте другому, третьему. Это хорошая, мягкая, не обязывающая форма распространения. Вы увидите, насколько это эффективно.

СЕМИНАР 64

КОНТАКТ С ВЫСШЕЙ СИЛОЙ

(КОНГРЕСС В РИМЕ, 28.09.2012)

Самая главная и важная тема: как достичь контакта с высшей силой. Если мы хотим это понять, то должны быть вместе, иначе не находимся на одной духовной волне с силой, о которой хотим говорить. Каббалисты, раскрывшие внешнюю реальность, которую мы пока не чувствуем, рассказывают нам о ней. Они говорят, что в реальности существует лишь одна сила. Если мы будем о ней говорить, то почувствуем ее как добро.

Эта сила создала нас так, что если мы ее чувствуем, нам хорошо. Кроме ощущения добра, мы также понимаем эту силу. Что мы понимаем? Что она одна, и мы называем ее «Творец», потому что она нас создала. Она выше нас, и от нее исходят различные воздействия. Поэтому мы говорим, что она одна, высшая, и все силы, исходящие из нее по направлению к нам, являются ее частями. Творец создал нас с желанием получить эту силу в ее свойстве отдачи, чтобы мы смогли в полной мере понять и ощутить Его. В этом цель нашего сотворения.

У силы, которую мы называем Творец, есть и другие названия. Согласно форме, в которой Он нам раскрывается, и в соответствии с ней, мы называем его различными именами. Его частные силы, управляющие нами, мы называем правой и левой линиями, добром и злом. Эти частные силы мы также называем «ангелами». Как из нашей природы развить себя до восприятия высшей силы и приблизиться к ней, объясняет наука каббала. Каббалисты говорят, что приближение происходит за счет развития у нас чувств и разума. В итоге своего развития человек должен достичь уровня высшей силы, Творца.

Мы противоположны Творцу по свойствам: мы существуем в желании и свойстве получать, а высшая сила – это желание и свойство отдавать. Мы чувствуем зависть, ненависть, страсть, стремление к почестям и власти. А высшая сила в точности противоположна тому, какими создала нас. Поэтому мы должны изменить себя и по качеству, и по высоте этого качества. В этом у нас нет выбора, потому что программа установлена изначально, и мы в большей части своего развития продвигаемся в ней вслепую.

В каждом поколении есть люди, в которых пробуждается желание познать высшую силу и направиться к ней осознанно, с пониманием, в результате внутреннего развития. Такие люди называются каббалистами, потому что готовы принять эту программу и реализовать на себе. Своим желательным участием они могут сократить время своего развития и продвигаться быстрее. Причем не за счет ударов сзади, а с помощью развития, влекущего вперед. Чтобы изменить себя, человек должен буквально «вывернуть» себя, прооперировать, и они на это готовы. В результате они меняют свое отношение к Творцу, к творению и ко всему, что с ними происходит.

Если человек получает желание двигаться к Творцу, то его единственный выбор – ускорить свое развитие, то есть сократить его, и в соответствии с этим принять как желательное. Такой путь называется добрым. Он также называется «путем света», поскольку реализуется благодаря помощи свыше. «Светом» называется высшая сила, которая помогает нам развиваться и становиться подобными Творцу. Выходит, наш выбор только в темпе и способе развития.

Творец хочет развивать людей, получивших тягу к Нему, а потому учит их тому, как приблизиться к Себе. Если для всего мира Он скрыт, то этим людям Он начинает раскрываться согласно желанию, которое в них пробуждается. Они чувствуют влечение вперед, но вдруг что-то их останавливает и отталкивает. После определенной ясности наступает запутанность. Так происходит, потому что Творец воздействует на них двумя силами – правой и левой. Почему? – Чтобы дать возможность Себя познать.

Так мы поступаем с детьми, ведь наше развитие абсолютно идентично их развитию. Мы с ними играем, но во время игры оставляем место для самостоятельного действия. Они должны подумать, что делать дальше. Это необходимо для того, чтобы ребенок развивался. То же самое происходит с нами. Творец привлекает нас и вдруг якобы исчезает, оставив нам белое пятно, пустое место от Себя, от Своего управления и надзора. Если бы Он действовал вместо нас, что бы мы чувствовали и как управлялись? Если мы заполняем это место своими действиями, уподобляясь Ему, то продвигаемся.

Творец якобы исчез, и мы находимся во власти своих сил. Мы видим мир так, как его видят все остальные люди. Можно ли в таком случае вести себя так, будто Он присутствует? Это и есть наша работа, о которой сказано: «левая рука отталкивает, а правая приближает». Если мы чувствуем отталкивание, это значит, что мы должны сами дополнить присутствие Творца, обретя Его свойства. Тогда мы почувствуем, что дополняем Его как высшая сила.

Есть человек, есть мир и есть наше отношение к Творцу и миру. Мир – это поле, в котором мы чувствуем Творца или не чувствуем. Польза от всевозможных запутанностей состоит в том, что мы разочаровываемся и чувствуем, что не способны дополнить власть Творца. Я не могу существовать во тьме, не чувствуя Творца, и вести себя так, будто Он есть. Во время подъема мы чувствуем, что все ясно, и есть управляющая высшая сила. Но когда она исчезает, я теряюсь и не способен себя удержать. Я падаю в свои свойства, раздражаюсь и критикую, обращаюсь к различным культурам и методикам, не относящимся к духовности, и так сжигаю свое время.

Почему я не способен заполнить место Творца? Детям мы помогаем закончить игру, дополнить недостающие части, показываем, что надо сделать, чтобы картина стала полной. Так они учатся. Но в духовном мире так не происходит, потому что мы должны полностью отчаяться в способности понять Творца в своей исконной природе и из этого отчаяния попросить у Него изменения нашей природы.

Ребенок не меняет свою природу. Он обретает новый разум и чувство и продвигается. Мы же каждый раз должны просить Творца, чтобы изменил наши свойства на противоположные, на отдачу. У нас самих это не получается и никогда не получится. Как же нам вести себя во время падения, когда мы чувствуем разочарование? Как быстрее достичь такого отчаяния, чтобы потребовать от Творца сменить нам природу получения на природу отдачи, иначе мы полностью от Него отключены? Наш успех заключается в крике к Творцу: «Смени нашу природу!» Как мы приходим к этому крику? Начните обсуждать через объединение и увидите, как вы пробуждаетесь, начинаете соединяться и вдруг поднимаетесь.

***

Творец управляет нами двумя началами – добром и злом, правой стороной и левой, – чтобы сформировать нас и придать правильную форму. И с детьми мы инстинктивно так поступаем, чувствуя, что так они вырастут готовыми к жизни.

Сначала я просто чувствую мир, затем Творец раскрывается и тут же исчезает, чтобы я Его восполнил. За счет чего я Его восполню? – За счет того, что изменюсь и буду вести себя так, будто Он присутствует в мире. Если я изменю свои свойства, то увижу Его присутствие в мире, а если не изменю, Он исчезнет. Как еще можно это представить?

Я раскрываю Творца, а Он вводит в меня добавку эгоизма, и картина Его присутствия в мире исчезает. Я должен преодолеть эго и вновь раскрыть Творца. Поскольку сил преодоления у меня нет, я должен просить Его изменить меня. Не аннулировать эго – я не хочу возвращаться в предыдущее состояние, – а исправить новые эгоистические свойства, которые скрывают Его. Тогда я вновь Его увижу во всей картине мира, но выше, глубже и сильнее по сравнению с тем, что видел раньше. Так мы продвигаемся.

Это называется «стараться видеть Творца везде». Я никогда не сожалею о том, что было раньше, не жалуюсь на падение, темноту, затуманенность ощущений, плохое настроение и запутанность. Но где я беру силы просить Творца изменить меня в той добавке желания, которую Он мне дал, чтобы сейчас получить силу исправления? Конечно, в группе, ведь у меня внутри нет ничего, кроме добавки эгоизма, которая привела меня к падению.

Как я должен сейчас работать с группой? Способна ли группа направить меня так, что я потребую от нее исправить меня правильно? Какая тут должна быть формула? Я – группе, Творцу. Творец – группе, мне. Как я оформляю свою просьбу к Нему, чтобы, в конечном счете, на ту глубину желания, которую Он добавил, получить от Него силу света и почувствовать мир глубже и выше, чем прежде? Как я должен сейчас действовать? Как я должен работать во время падения, с чего начинать? Что делать, если я вдруг чувствую, что воздух выходит из меня? – Благодарить за то, что получил дополнительное место для работы, чтобы продвинуться. Как я это реализую?

**

Если Творец хочет нас продвинуть, Он отдаляется. Он был близок ко мне, потом отдалился, и теперь это место стало темным. Я ощущаю тьму, зло, и это раскрывается особенно относительно товарищей. У меня нет вкуса к жизни, нет сил и желания что-то делать. Состояние очень неприятное. Если я нахожусь в группе и связан с товарищами, то вдруг чувствую неприязнь к ним, не могу с ними поладить, не знаю, что делать. Творец водворяется между нами злой силой, которая называется левой линией, и запутывает нас. В этом Он буквально «чемпион».

Как при этом стараться раскрыть во всех состояниях, что только Он действует и никто из нас? Нахожусь ли я на работе, говорю ли с кем-то, договариваюсь о сделке или распространяю знание о науке каббала, везде я стараюсь видеть, что кроме Творца передо мной никого нет. Всё происходящее – кукольный театр, и я играю в нем так, как Творец мне его представляет. Я это знаю, а потому стараюсь видеть все действия, образы и события приходящими от Него.

Внешне я действую так, как принято в мире, а мои намерения устремлены на то, чтобы за всем происходящим раскрыть Его. Это мы должны делать каждый день. По своей способности в течение дня удерживать такой взгляд на жизнь я могу измерить силу своей связи с группой. Если наши связи в группе слабые, нам ничего не поможет. Группа не будет меня толкать, не поможет мне, не укрепит. Тогда я упаду, отключусь, потеряюсь. Время идет, а я не использую его правильно.

Поэтому я должен принять эти отталкивания как помощь от Творца, чтобы каждый раз добавлять Его присутствие в мире и в своей жизни. Состояние тьмы заполнится Его присутствием при условии, что я хочу, чтобы там воцарилась сила отдачи. Творец вводит силу получения, минус, а я требую от Него обратить ее в силу отдачи, в плюс, который приходит от меня. Эта сила называется светом милосердия, светом отдачи, и он наполнит желание, в котором я чувствовал тьму.

Я всегда вижу только свои желания. У меня есть большое желание, в котором сначала ничего не было. Затем Творец поместил в него точку в сердце, и через эту точку я начал ощущать, что в мире есть нечто высшее. Вокруг точки в сердце, внутри моего желания, я должен теперь построить круги, в которых будет властвовать свойство отдачи. Что делает

Творец? Он берет из района, окружающего точку в сердце, желание получать, минус, и хочет, чтобы я потребовал вместо него плюс. Тогда вместо моих эгоистических желаний у меня будут исправленные желания. Это называется, что я обретаю это место.

Вначале была точка в сердце. В каждом своем желании я чувствовал, что в мире есть нечто, кроме этого мира – сила отдачи, кроме моей силы получения, некая другая власть, кроме моей власти. Тогда я пришел к науке каббала, в группу, начал выполнять различные действия, и что вдруг обнаружил? Вместо того чтобы идти вперед, стать большим и умным, ощущать высшую силу и высший мир, вдруг я чувствую вокруг этой точки темноту. Почему? – Потому что нет желания. Я ничего не хочу, на всех сержусь, всё мне надоело.

Зачем Творец это делает? – Чтобы поверх своего желания, которое сейчас в минусе, во тьме, я не просил ничего, кроме силы отдачи, силы своего исправления. Я хочу этого не для того, чтобы сила отдачи властвовала, а чтобы мои сосуды были ей подобны. Это значит, что отторжение, падение, разочарование, критика и слабость являются именно теми желаниями, из которых я всегда могу требовать исправление. Тогда мои желания обретают форму Творца.

Мы не знаем, что такое «Творец», но если требуем, то высший свет, общая сила природы воздействует на нас и меняет желания. Тогда мы начинаем познавать, что такое Творец (Борэ). Он называется Борэ (в переводе «приди и увидь»), или «из действий Твоих познаем Тебя», потому что производит в нас исправления, из которых мы познаем Его за счет обретения подобия Ему. Так мы продвигаемся, и кроме этого действия в нашей жизни ничего нет.

Нам остается узнать, как собрать все силы и окружающие условия в семье, в мире, в группе, в себе, чтобы удержаться во время падения, ведь это время нашей работы. Мы не должны ждать, когда это состояние пройдет, а именно в это время требовать и работать. Если бы мы один раз правильно реализовали падение, то раскрыли бы Творца. Вся наша работа, все действия в течение многих лет нужны потому, что мы не умеем использовать время падения. Как же нам, наконец, это сделать? Как в период понижения не упасть без сил, как мертвые, а потребовать от Творца, чтобы исправил ради отдачи те желания, в которых я сейчас чувствую тьму? Как получить силы для этого требования?

***

Мы изучаем, что Творец создал желание, и это желание разделилось на множество частей. Между частями воцарился эгоизм, намерение ради получения, поэтому все желания стремятся получать для себя. Они называются «частными неисправленными эгоистическими душами», и это мы. Исправленное желание соединено в одно целое, то есть все частные желания объединены в одно желание намерением отдачи и взаимной любви. Поэтому невозможно говорить о духовности вне нашего объединения. Если ты не в объединении, это не духовность. Или ты говоришь о себе, или о том, что вне тебя.

Получается, что приближение к Творцу означает постепенное соединение наших желаний в одно. Это можно объяснить на примере кругов. У меня был маленький круг, потом Творец из него ушел и дал мне круг большего размера, то есть как бы покинул Себя. Как мы этот круг заполняем? Мы понимаем, что всё раскрывающееся как отсутствие Творца является нашими неисправными сосудами, местом, в котором мы должны объединиться. Тогда каждый увидит, что можно добавить в группу. Затем Творец вновь даст нам неисправные, необъединенные сосуды – каждый раз небольшую область, в которой мы можем приложить усилие.

Поэтому, говоря о духовности и об исправлении, мы имеем в виду единство между нами, ведь только через объединение каждый найдет силы правильно обратиться к Творцу, чтобы исправил место, которое сейчас видится пустым. Именно там, где мы чувствуем пустоту, бессилие, безвыходность, отсутствие желания и темноту, мы хотим объединения, взаимности и отдачи. Поэтому мы связываем это желание с группой, думаем о ней, а не о том, почему Творец нас не наполняет. Мы должны быть связаны между собой постоянно и в максимальной мере. Тогда если один падает, у него всегда будет возможность получить поддержку от окружения. Это называется «человек да поможет ближнему».

Мы не раз замечали, что сердимся друг на друга в группе, не ладим. Мы должны все время работать против этого, ведь это приходит от Творца. Никто другой не устраивает нам помехи, всё приходит от Него. Как мы организуем связь между нами так, что она превратится в непрекращающуюся поддержку? Наладив такую связь, мы сможем потребовать от Творца исправить наши свойства, чтобы Он в них проявился. Как организовать группу, чтобы следующее снижение стало местом коллективного крика об исправлении и раскрытии? Это называется «молитвой многих». Как нам организовать взаимно поддерживающее отношение? Как нам остаться в связи, чтобы падение и пустота, которые обычно проявляются после объединения, превратились в крик, чтобы большой свет пришел, раскрылся и наполнил нас? Как нам создать такую связь?

***

Мы говорим, что «нет никого кроме Него», что Творец наполняет всё пространство между нами, раскрываясь в большей или меньшей степени. Допустим, мы – группа, и между нами находится Творец. Как потребовать, чтобы Он раскрылся в нашей взаимной отдаче? Насколько мы хотим силы отдачи, настолько потребуем от Него, и Он раскроется, поскольку Он и есть сила отдачи. Это может выразиться в усилии с нашей стороны или в том, что Он, якобы играя с нами, исчезает, чтобы мы бросились за Ним и потребовали вернуться, как в процессе флирта.

Как нам не оставить эту игру, это танго, а всё время продолжать общий танец? Это называется: «Я – возлюбленному моему, а возлюбленный мой – мне». Как мы удерживаем друг друга, пробуждаем, напоминаем друг о друге, и делаем это постоянно? Когда мы завершим семинар, выйдем на перерыв или расстанемся, какие практические действия могут повлиять на нас, чтобы мы об этом не забыли? Если нам удастся через объединение в группе пробудить силу отдачи во время падения, вопреки тьме и отсутствию настроения, то мы перейдем махсом. Как нам удержать себя в этом состоянии после того, как мы разойдемся, и каждый вернется к себе домой?

Мы понимаем, что должна быть сила поручительства, нечто, связывающее нас, чтобы мы побуждали друг друга вместе потребовать от Творца раскрыться между нами. Как потребовать от Него, чтобы Он перестал прятаться? Ведь нет места, свободного от Него, Он находится везде, но хочет, чтобы мы Его пригласили. Как потребовать раскрытия Творца между нами?

***

Сейчас мы ищем способы справиться с падением. Как старец сгибается и ищет, не потерял ли он что-то, так должны делать и мы. В любом состоянии самое лучшее – это не копаться в нем, отыскивая плохое, а искать, что еще можно добавить. Ведь мне всегда кажется, будто я потерял что-то такое, что еще смогу найти.

Давайте с этой минуты и далее будем действовать подобно тому старцу – искать, что можно добавить к объединению, и тогда не почувствуем падений. Какими словами можно передать миру знание о том, что «нет никого кроме Него»? Как раскрыть, что есть только одна сила, властвующая в мире, и потому мы обязаны сблизиться между собой, чтобы соответствовать воздействию этой единственной силы в природе? Как передать этот посыл несколькими предложениями?

СЕМИНАР 65

ВЛИЯНИЕ ОКРУЖЕНИЯ НА ЧЕЛОВЕКА

(КОНГРЕСС В РИМЕ, 28.09.2012)

Мы – желание насладиться. Оно управляет нами и захватывает так, что мы ничего не можем сделать без наслаждения. Это наше горючее, энергия, без которой мы не существуем. Как мы наполняем бак бензином, и автомобиль едет, так человек двигается только при условии, что чувствует в данном состоянии определенное наслаждение, а в следующем состоянии это наслаждение будет больше.

Определим нынешнее состояние как 1х, а следующее – как 2х. Чтобы продвинуться, мне необходима энергия, и ею служит дополнительное наслаждение в состоянии 2х по сравнению с состоянием 1х. Чем больше разница между ними, тем больше у меня сил для действия. Допустим, я знаю, что через год заработаю миллион, поэтому мне стоит ждать. А если мне скажут, что я заработаю только тысячу, то я не смогу ждать, поскольку нет достаточной мотивации. Каждый из нас предпочитает наслаждения в соответствии со своим характером. У одного это еда, у другого секс, у третьего знания, культура или любая другая область.

Но если не говорить о виде наслаждения, то его формула проста. Это как горючее для двигателя машины. Человек не сдвинется, если не почувствует, что следующее мгновение даст ему больше наслаждения, чем нынешнее. Но если добавить что-то отрицательное – удары, отсутствие наслаждения, кризис, – то негативное перевесит позитивное, и тогда человек сам «побежит» вперед. А если рядом с положительным появится еще что-то привлекательное, человек устремится туда. То есть потенциальная разница между нынешним и будущим состоянием заключена в нашем эгоизме, в желании наслаждаться в обычном состоянии.

На духовном пути происходит нечто иное: мы должны заменить наслаждение признанием его ценности. Ведь я не могу увидеть привычное наслаждение для моего характера, для моей природы, то есть наслаждение от получения. Мне нужно изменить свое отношение к наслаждению другого вида. Если в данном состоянии я существую в своем эго, а следующее, духовное, состояние – это отдача, дарение, и оно противоположно тому, что я хочу,- тогда, как я могу к этому продвинуться? Это проблема.

Если я ничего не выигрываю в своем эгоизме, у меня нет горючего для продвижения. И мало того, что не выигрываю, – я проиграю, я потеряю всё, что у меня есть. И я еще должен радоваться от этого? Что мне от этого будет? Что я получаю?

Я познаю Творца. Что это мне дает? Никто из посторонних людей не поймет, чего вы хотите, что выигрываете, что в этом хорошего. Поэтому между нынешним и следующим состоянием есть группа, и она обязана дать мне важность следующего состояния.

Я нахожусь в нынешнем состоянии, и это состояние плохое, мир кажется мне «темным». Я продвигаюсь к следующему состоянию, и это состояние хорошее. Здесь нет никакой логики. В моих нынешних сосудах я не способен это ощутить, у меня есть только точка в сердце, которая в чем-то тянется к этому более высокому состоянию, и не более. Все остальное я должен получить от группы. Она должна рекламировать мне, что нет лучшего состояния, чем быть в отдаче, в духовном мире, в связи с Творцом.

В нашем мире люди впечатляются от моды без какого-либо обоснования. Если по телевидению скажут, что с сегодняшнего дня вся ходят с ведрами на голове, вместо шляп, то завтра мы пойдем с ведром на голове. Мы видим, как люди одевались 30-40 лет назад, всё диктуется модой.

Еще с разбиения сосудов так устроена наша природа. Когда-то мы были едины, а потом оказались разбитыми на мелкие части. Но даже в разбиении мы все еще зависим друг от друга, потому что связь между нами осталась. Поэтому мы можем использовать силы, находящиеся внутри разбитых частей, чтобы впечатляться друг от друга.

Включившись в группу, в объединенное окружение, которое на меня воздействует, я могу впитать от него любые ценности, – даже желание отдачи вопреки моему эгоизму. Поэтому наш единственный выбор – принизить себя перед окружением, чтобы получить от него важность духовного, отдачи и единства. У нас есть точка в сердце, которая этого требует, а всё остальное приходит через группу, через окружение.

Кто строит окружение? – Мы сами. Поэтому главная задача окружения – поднять важность отдачи. Тогда нам будет не трудно продвигаться. Как мы это делаем? – Стараясь объединиться между собой в совместной учебе, которая предназначена для привлечения силы отдачи. Мы изучаем книги, рассказывающие о духовном мире, о мире отдачи. Мы сидим вместе и учимся группой. Если мы хотим привести себя к подобию духовному миру, который един, то свыше начинаем получать силу. И тогда мы поднимаемся. Иными словами, группа может дать каждому из нас новые ценности.

Мир, в котором мы находимся, отделен от духовного мира преградой, которая называется «махсом». Наш мир полностью получающий – «минус», а духовный мир отдающий – «плюс». Если мы построим группу, которая будет давать каждому из товарищей ценности высшего мира, то, даже если у нас нет о нем информации, и мы не ценим его, но поскольку находимся в этом мире в группе, – мы захотим отдачи и достигнем ее.

Пусть это обман, но этого достаточно, чтобы притянуть исправляющий свет. Такая учеба называется «ло лишма», потому что мы точно не знаем, о чем идет речь, не знаем, что такое духовное и не очень-то стремимся к нему. Но мы стараемся, как дети, и к нам нисходит свет, возвращающий к источнику, воздействует на нас и, действительно, исправляет в нас желание. Это называется «приложил усилие и нашёл».

Следовательно, для человека, который действительно хочет достичь свойства отдачи, важно быть в группе, чтобы товарищи ценили свойство отдачи, а он от них впечатлялся. Для этого он должен принизить себя перед группой, и тогда окружение подействует на него так, будто он сам этого хочет. Все смогут влиять друг на друга в важности обретения свойства отдачи. Они будут изучать вместе книги, в которых говорится о свойстве отдачи, и получат свыше свет, который изменит в них свойство получение на свойство отдачи. В этом свойстве они почувствуют новое состояние, которое называется «высший мир». И тогда будут находиться не в мире получения, а в мире отдачи.

Это не трудно, потому что таково наше естественное устройство, здесь нет ничего искусственного. Мы подобны растущему ребенку, который хочет чего-то достичь, но не знает, чего, а только чувствует побуждение. Когда он пробует что-то сделать, то достигает. То же самое и мы. Мы слышим от окружения, что отдача, духовный мир – это что-то великое. Там мы обретаем совершенство, вечность, поднимаемся над этим миром к чему-то такому, больше которого ничего нет. Я это слышу, мне это кажется приятным, и я тоже этого хочу.

Во время учебы я смотрю на товарищей, и мне кажется, что они уже находятся в духовном мире. И поскольку они говорят об этом, как о чем-то великом, я им завидую. Они уже там, а я еще нет. Разве я хуже их? Написано, что «зависть, страсть и честолюбие выводят человека из мира». И я стремлюсь продвинуться с помощью зависти, страсти, самоуважения. Получается, что всё зависит от группы. Если она рекламирует духовное как нечто великое, то я захочу достичь духовного, и это произойдет.

В науке каббала это называется влиянием окружения на человека. Главная задача группы – возвеличить Творца и направить человека к обретению свойства отдачи. Если мы его достигаем, жизнь хороша и прекрасна, все проблемы решаются. Это на самом деле так, только мы не осознаем, что по пути должны сменить природу, и это делает свет.

Как мы организуем такое окружение, которое повлияет на каждого из нас и убедит, что стоит продвигаться к духовному, к отдаче, к единству, как можно быстрее, прилагая максимальные усилия? Как создать окружение, которое даст каждому силу продвижения? И как мы должны работать во время падения, чтобы вся группа его преодолела?

***

Что лучше для продвижения – состояние подъема или состояние падения? Из падения и безвыходности, когда всё плохо и бесполезно, мы поднимаемся, выигрывая продвижение и подъем. А от состояния, когда всё хорошо и прекрасно, вроде бы нет никакой выгоды. Поэтому мы должны ценить именно состояния падения и использовать их, не упуская. Обычно мы хотим быстрее их пройти и упускаем возможность продвинуться.

Запомните, что падение – это возможность продвинуться. Только из падения мы продвигаемся. В состоянии, которое видится подъемом, наше эго довольно, и тогда нет связи с духовным. А когда эго недовольно, оно не мешает нам думать о духовном. Каббалисты говорят, что состояния подъема и падения не касаются нашего ощущения в эгоизме, в желании получать: когда мне хорошо – это подъем, а когда плохо – падение. Наоборот, я в подъеме, когда уважаю духовное, а в падении, когда его не уважаю.

В книге «Услышанное» Бааль Сулам объясняет, что быть в подъеме означает не порхать в воздухе, а уважать отдачу, любовь и объединение. Тогда я ближе к духовному, к тому, что написано в книгах каббалистов. Насколько лучше день смерти, чем день жизни, как написано в «Экклезиасте»: «Доброе имя лучше дорогой масти, и день смерти – дня рождения»?

***

Проходимые нами подъемы и падения выражаются не в настроении, а в признании важности отдачи. Есть ось плюса и минуса в оценке духовности, отдачи и любви, и только часть, которую я перевожу из минуса в плюс, считается моим усилием. У меня есть особенность, данная Творцом: я не хочу духовного, мне надоело, я устал, у меня нет сил, и т.д. Я уже сделал подготовку в группе, которая меня удерживает, тянет и подталкивает, и тогда я просыпаюсь. Я к чему-то готов.

Если вы не делаете эту работу, то можете ждать и десять, и двадцать лет, но ничего не произойдет. Только в коллективном усилии, когда вы находитесь в состоянии падения относительно духовного, когда духовное ничего не стоит в ваших глазах, когда у вас нет к этому желания, – группа собирает свои силы и поднимает всех товарищей. Это единственный выигрыш, ключ к успеху – не забывайте об этом. Из того, что мы сегодня учили, в чем причина тяжести, которую мы ощущаем в нашей духовной работе?

***

Причина тяжести, которую мы ощущаем в нашей работе, – Творец. Когда учат детей ходить, ставят их перед трудностями, чтобы у них не получалось сразу, чтобы пытались, напрягались. Ребенок плачет, не зная, как сделать шаг вперед. Так поступает любящая мать, но тот, кто не знает наш мир, может подумать, что она жестокая. Как мы на практике сокращаем путь?

***

Сократить путь или ускорить процесс можно с помощью группового усилия в том, чтобы быстро откликаться на каждое падение возвеличиванием отдачи и любви, важностью духовного. То есть не добавлять к слову «падение» свое настроение, а поднимать ценность духовного. Мое настроение к этому не относится, я не проверяю в своем эгоизме, насколько доволен или не доволен жизнью. Я проверяю это относительно отдачи, относительно высшей силы.

Постепенно моя чувствительность к этой оценке возрастает, и если она исчезает, я мгновенно реагирую тем, что ищу способ ее восполнить с небольшого минуса на небольшой плюс. В самом малом минусе, когда я начинаю пренебрегать устремлением к отдаче и любви, меньше чувствую их важность, я тут же пробуждаюсь, как человек, который ищет то, что потерял. Так и я ищу, как добавить еще немного в признании ценности отдачи и любви. Тем самым я значительно укорачиваю путь, потому что использую любую возможность поднять для себя важность духовного.

Какие действия мы должны произвести, обнаружив себя в духовном падении? Каков их порядок? Какое первое действие? – Поблагодарить. За что? – За то, что получили падение, ведь теперь у нас есть возможность подняться. Творец как бы уходит с дороги и дает нам возможность продвинуться. Это первое действие.

Второе действие – поднять важность духовного. Каждый говорит товарищам разными словами и в разных формах, насколько ему важно духовное. Мы очень впечатляемся этим. Ведь в своем корне мы относимся к одному кли, а потому даже если расстаемся, всё равно влияем друг на друга. Поэтому после благодарности за падение, мы начинаем во всю силу кричать о величии отдачи.

Что делать после этого? Что я получил от группы? – Подарок. Что говорят, получив подарок? – Спасибо. Все благодарят друг друга и устраивают трапезу.

ВОПРОСЫ И ОТВЕТЫ

Вопрос: *С ростом и усилением группы растут и трудности. Как с ними справиться?*

Конечно, упражнения становятся труднее, потому что мы должны точнее уподобиться духовному, в более мелких деталях. Растущему ребенку тоже дают более сложные задачи. Мы должны формировать себя в большем подобии высшей силе. Так зародыш, растущий в матке матери, сначала представляет собой комок плоти, а потом обретает форму, не понимая, что с ним происходит. Постепенно он становится похожим на будущего человека, у него развиваются руки, ноги, внутренние органы тела, и он рождается.

Так и мы. Хотя мы увеличиваемся количественно, главный рост касается качества. Что такое отдача, как, в какой форме, в какой связи она проявляется между нами? Духовное – это подъем качественный, а не количественный. Поэтому, конечно же, вы почувствуете трудности, но в соответствии с этим вы растете.

Вопрос: *Есть ли польза от страданий?*

Нет пользы от страданий. Нет заповеди «страдать». Наоборот, мы не говорим о страдании, ведь духовное и страдания – абсолютно противоположные вещи. Мы говорим о недостатке важности отдачи и любви к ближнему. Можно страдать тысячу лет – это ничего не даст. Вопрос в том, насколько я ценю или не ценю отдачу. Поэтому ты можешь кушать, сколько хочешь, это не относится к духовному. Ты не обязан поститься и взваливать на себя тяжелую работу. Работа происходит только в сердце и разуме, в точной концентрации на отдаче, а тело пусть наслаждается.

Вопрос: *Как справиться с потребностями мира?*

Мы должны принять участие в этих потребностях, понимая, что эти страдания не такие, как у нас. Мы стараемся оправдать Творца, понимаем, почему разочарованы и иногда получаем удары. Все подчиняется частному управлению – таков путь. Посторонние люди не понимают, что с ними происходит. Мы должны максимально быстро показать им, как выйти из состояния разбиения, и объяснить, что решение только в объединении.

Вопрос: *Что можно еще предпринять, чтобы поднять свое отношение к духовному?*

Если говорить о нас, о тех, кто стремится к духовному из точки в сердце, то мы хотим знать смысл и тайну жизни, систему управления и надзора, общую силу природы, называемую Творец. Поскольку мы хотим знать, как включиться в эту силу и взаимодействовать с ней, то не обманываем себя. Есть закон: не ставь препятствие перед слепым. Сейчас я говорю с вами иначе, чем говорил несколько лет назад. Тогда я говорил мягче, не подчеркивая, что нужно идти против эго и подниматься над ним. Мы говорили тогда так, будто это будет в пользу эго.

Но по мере роста мы начинаем говорить конкретнее. Вы и прежде слышали эти вещи, но не очень их осознавали. И раньше мы говорили о том, что нужно перейти от желания получать к желанию отдавать. Вы это слышали, но слова проходили мимо вас. Теперь они входят внутрь. Мы ясно говорим о том, куда человечество должно прийти, и что прежде это должны сделать мы. Поскольку ситуация такова, что у нас нет выбора, мы говорим открыто. Мы видим, что мир стоит на грани присоединения к нам, ему некуда деваться. Люди будут вынуждены соединиться между собой доброй связью, потому что в интегральном мире иначе существовать невозможно.

В мире понимают, что это проблема, но не знают, как ее решить. Поэтому мы должны быть на один шаг впереди, на практике учить их, как это сделать. По мере продвижения мы лучше поймем этот вопрос. Вам можно открыть и другие вещи. Я уже говорю о них, но вы еще не слышите. Когда мы будем говорить о них в следующий раз, вы почувствуете, что воспринимаете и слышите больше. Тогда чувства, терпение, понимание ситуации будет точнее, и вы начнете ощущать много новых определений. Сейчас у вас есть одно понятие, а потом вы начнете чувствовать в нем разные оттенки, и это даст ощущение входа в духовное. Это придет.

Нет тайн. Так маленький ребенок видит вокруг себя не больше, чем несколько объектов, а на остальное не обращает внимания. Вокруг него есть еще много всего, но он этого не видит. По мере того как он растет, окружающие вещи интересуют его больше, он учится с ними обращаться. Так и мы растем. Вдруг вы начнете чувствовать в этом мире систему сил, которая всем управляет. Вы увидите, как все существуют в единой системе, как нами управляют, как мы влияем друг на друга. Мы раскроем много сил, не тел. Как раз, наши тела начнут исчезать, ведь наш мир воображаемый. Но силы проявятся, и тогда мы увидим, что весь мир глобальный. Этот мир включает в себя все миры, и всё управляется одной силой отдачи, одной системой.

Вопрос: *Что такое «трепет перед Творцом», и где я могу его достичь?*

У нас есть только желание получать. Если желание получать действует в свою пользу, оно называется злым началом, а его работа называется идолопоклонством. Эта работа чуждая для духовного. Если действие, заключенное в желании, имеет намерение насладить ближнего, то называется святой работой или работой Творца. Вместо чуждой работы – святая работа, и это всё. Ничего другого нет, только желание получать, которое действует ради себя или во благо ближнему.

Что значит «во благо ближнему»? Поскольку единое желание получать разбилось на множество частей, то когда я действую во благо этих частей, то это называется, что я нахожусь в отдаче. А если действую ради себя, это называется получением или чуждой работой, идолопоклонством. Есть несколько видов трепета, страха. Страх, что я не получу то, что считал хорошим в этом мире, или страх, что не получу нечто в будущем мире, после смерти. Это два ложных вида страха, они никогда не реализуются. Только в эгоизме нам кажется, что это существует.

Подлинный страх состоит в том, смогу ли я быть отдающим, отдавать максимально. Это страх, который приводит меня к истинному состоянию. Во всей реальности нет ничего, кроме работы ради себя или работы ради ближнего. Система очень простая. На самом деле, проблема перехода от намерения «ради получения» к намерению «ради отдачи» – это сугубо психологическая проблема. Об этом пишет Бааль Сулам.

Вопрос: *Известно, что кризис распространяется по всему миру, однако в некоторых странах состояние ухудшается с огромной скоростью. Что нам сделать, чтобы усилить распространение и укрепить связь в группе в таких условиях?*

Всё больше людей в мире понимают, что без объединения невозможно выйти из кризиса. Этого не было год назад, не было два или три года назад. Лишь в последнее время люди начали замечать, что только путем объединения, во взаимодействии можно выйти из кризиса. И ЕС, вместо отдаления стран, выбирает политику объединения, понимая, что невозможно отдалиться друг от друга. Они согласны, что спасение – в объединении, но не знают, как его осуществить.

И это, действительно, проблема. Ведь мы изучаем, как подняться над эгоизмом к единству и отдаче, а они нет. Поэтому они не видят возможности это реализовать. Они будут выполнять различные действия, чтобы облегчить ситуацию, но не смогут ее исправить, поскольку существуют только в силе эгоизма и не знают, как можно продвигаться иначе.

Когда мы обращаемся к ним с объяснением, что можно начать объединяться с помощью интегрального воспитания, они не чувствуют в себе силы. И это пока что проблема. У нас ситуация не намного лучше. Мы должны работать и понимать, что всё это происходит для того, чтобы дать нам возможность объединиться и начать исправление. У Творца ни в чем нет недостатка, не хватает лишь объединения между людьми. Поэтому если мы можем уже сейчас объединиться, то обязаны постараться. Надеюсь, у нас получится.

Вопрос: *Есть ли шанс решить что-то через семинары, в которых мы обсудим, как заботиться друг о друге?*

Возможно, да. Если вы участвуете в обсуждении, то, несомненно, сможете убедить любого человека в мире. Ведь у них нет понимания круга или мира, как единой системы. Внутренне они не выстроены интегрально. Поэтому, конечно, вы сможете убедить их, но отсюда до реализации еще далеко, поскольку они не понимают, что это возможно.

Вопрос в том, готовы ли вы к истинному объединению, к тому, чтобы отказаться от всего, что у вас есть? Готовы ли вы быть связанными с другими, поделиться с ними всем, что у вас есть, хорошим и плохим? Смотрите, как трудно вам думать об этом, а вы находитесь вместе с нами. Это не называется отдача.

Всё зависит от нашей работы. Мы должны начать, и как написано, «Творец закончит за меня». Нам нельзя отчаиваться, это закон. В тот момент, когда мы снизу делаем усилие, мы словно открываем вентиль, и высший свет наполняет нас сверху вниз. Надо лишь открыть дорогу свету, а он уж выполнит действие. Но вентиль должны открыть мы.

Нам нужно продолжать работать последовательно и постоянно, этот мир дан нам для исправления. Поэтому не будем ждать, пока люди станут лучше, услышат нас и придут к нам. Мы должны подходить к ним по-матерински, с болью в сердце, и каждый раз убеждать всё больше и больше. И тогда у нас получится.

ССЫЛКИ НА ИСТОЧНИКИ

1. Йешаяу 41, 6.
2. Комментарий Раши на Шмот 2,19. (Недельная глава «Шмот» – одна из 54 недельных глав, отрывков, на которые разбит текст Торы.)
3. Зоар народу. Ахарей Мот, 299. http://www.kabbalah.info/rus/content/view/full/78218
4. «Многому я научился у учителей, еще больше у товарищей, но больше всего у учеников». Таанит 7, 71. (Таанит, *ивр. «пост»*, – трактат в Мишне, Тосефте и обоих Талмудах, посвященный преимущественно постным дням, молитвам, читаемым в эти дни, и особенностям, присущим каждому посту.)
5. Кидушин (один из трактатов Талмуда) 70, 71.
6. Дварим (пятая книга Торы) 4, 35.
7. Теилим 196, 5. (Теилим – Псалмы царя Давида.)
8. Теилим 139, 5.
9. Йешаяу 41, 6.
10. Йешаяу 41, 6.
11. Статья Рабаша «Цель группы – 1» в обработке профессора Михаэля Лайтмана. См. первоисточник: Труды Рабаша, том 1. Исследовательский институт им. Рава Ашлага; 2008. 11. http://www.kabbalah.info/rus/content/view/full/105400
12. Статья Рабаша «Цель группы – 2» в обработке профессора Михаэля Лайтмана. См. первоисточник: Труды Рабаша, том 1, 12. http://www.kabbalah.info/rus/content/view/full/105401
13. Статья Бааль Сулама «41. Малая и большая вера» в обработке профессора Михаэля Лайтмана. См. первоисточник: «Статьи Шамати». Труды Бааль Сулама. Исследовательский институт им. Рава Ашлага; 2009. 561
14. Статья Бааль Сулама «30. Главное – желать отдавать» в обработке профессора Михаэля Лайтмана. См. первоисточник: «Статьи Шамати». Труды Бааль Сулама. 541.
15. Статья Бааль Сулама «8. Разница между святой тенью и тенью клипот» в обработке профессора Михаэля

Лайтмана. См. первоисточник: Статьи «Шамати». Труды Бааль Сулама. 523.
16. Дварим 4, 35.
17. Кидушин 30, 2.
18. Ваикра 19, 18.
19. Дварим 4, 35.
20. «А потому нам следует понять суть любви к Творцу, исходя из свойств любви, присущих человеку в его отношениях с товарищем. Любовь к Творцу также неизбежно подвержена влиянию этих свойств.» Бааль Сулам, «Предисловие к ТЭС», 69.
21. «В начале собрания следует прежде всего говорить о важности группы.» Труды Рабаша, Шлавей Сулам, статья «Порядок собрания группы».
22. Йешаяу 41,6.
24. Теилим 33,16.
25. «И не будете следовать сердцу вашему». Бамидбар 15, 39.
26. Иерусалимский Талмуд. Недарим 30, 2.
27. Теилим 133, 1.
28. Мишлей (Притчи царя Соломона) 10, 12.
29. Йешаяу 41, 6.
30. Кидушин 30,72.
31. Труды Бааль Сулама. «Наука каббала и ее суть».
32. Йешаяу 41, 6.
33. Труды Бааль Сулама. «Любовь к Творцу и любовь к творениям».
34. Теилим 138, 8.
35. Бава мециа (второй трактат четвертого раздела Талмуда) 59, 2.
36. Захария 14, 9.
37. Йешаяу 2, 2.
38. Труды Бааль Сулама. «Наследование земли».
39. Шмот 19, 6.
40. Иерусалимский Талмуд, Праздники 21, 71.
41. Труды Бааль Сулама. «Поручительство».
42. Раши, Шмот 19, 2.
43. Зоар народу. Предисловие книги Зоар. «Ночь невесты».
44. Труды Бааль Сулама. «Введение в науку каббала».
45. Зоар народу. Ахарей мот, 299.

46. Труды Бааль Сулама. Письма, 9.
47. Мишне Авот 2, 19. (Трактат Мишны, содержащий морально-этический кодекс иудаизма. Оформлен в стиле подборки афористичных высказываний еврейских мудрецов.)
48. Йона 4, 3.
49. Сказал раби Ицхак: «Если человек тебе скажет: приложил усилия и не нашел – не верь; не прилагал усилия и нашел – не верь; приложил усилие и нашел – верь.» Свиток 6, 2.
50. Теилим 34, 19.
51. Пение Моаран 2, 24. («Ликутей Моаран» – единственная книга рабби Нахмана из Бреслава, изданная при его жизни.)
52. Теилим 100, 2.
53. Зоар народу. Ахарей мот 2, 24.
54. Йешаяу 41, 6.
55. Теилим 15, 8.
56. Цари 3, 6. (Мелахим (Цари) – библейская книга.)
57. «И снизошли миры до реальности нашего материального мира.» Предисловие к Книге Зоар.
58. Кидушин 4, 71.
59. Йешаяу 41, 6.
60. Труды Бааль Сулама. «Любовь к Творцу и любовь к творениям».
61. Теилим 196, 5.
62. Теилим 139, 5.
63. «И нет у нас Творца, кроме тебя». Благословение «Эмет ве-яцив», благословение после чтения «Шма, Исраэль» («Слушай, Израиль»), важнейшая еврейская молитва, заповеданная непосредственно Торой.
64. Авот 4, 1.
65. Теилим 139, 5.
66. Зоар народу. Ахарей мот 299.
67. Дварим 6,4.
68. Кидушим 30, 2.
69. Йешаяу 56, 7.
70. Шмот 2,23.
71. Исправления (посредством) Книги Зоар 26, 71.
72. Бава кама 60, 72. (Первый трактат четвертого раздела Талмуда.)

73. Иеремия 31, 33. (Второй из четырех великих пророков.)
74. Йешаяу 56, 7.
75. Зоар народу. Ахарей мот, 299.
76. Йешаяу 41, 6.
77. «Творец исправляет все так, что даже ангел смерти становится добрым». Зоар народу. Мишпатим, 165. («Мишпотим», в пер. с ивр. – «Законы», одна из недельных глав Торы.)
78. Авот де-рабби Натан 23, 1. (Трактат Мишны, который принято называть «Пиркей Авот» (главы из поучений мудрецов) и две версии посттталмудического трактата «Авот де-рабби Натан».)
79. Иеремия 31, 33.
80. Йешаяу 56, 7.
81. Труды Бааль Сулама. Предисловие к ТЭС, 4.
82. Теилим 139, 5.
83. Псахим 112, 71. (Псахим – трактат из второго раздела Мишны, которая является частью Талмуда. Трактат посвящен заповедям праздника Песах.)
84. Труды Бааль Сулама. Статьи «Шамати». «Будущее человека зависит от его благодарности за прошлое»
85. Бава Кама 92, 71. (Бава Кама – первая часть четвертого раздела Талмуда.)
86. Авот 5, 23. (Трактат Мишны, содержащий морально-этический кодекс иудаизма. Оформлен в стиле подборки афористичных высказываний еврейских мудрецов.)
87. Благословения 21, 71. (Благословения, *ивр. Брахот,* первая часть первого раздела Мишны, Посвящён законам благословений и молитв.)
88. Кидушин 40, 72.
89. Цари 2, 4, 13. Мелахим (Цари) – библейская книга.
90. «Счастлив человек, который не следовал совету нечестивых, на пути грешников не стоял и среди шутов не сидел». Теилим 1,2.
91. Теилим 27, 14.
92. Йешаяу 44, 6.
93. Теилим 121, 5.
94. Кидушин 70, 71.
95. Раши Шмот 19,2.

96. Ваикра 19, 18.
97. Кидушин 40, 72.
98. Шулхан Арух. Алахот лулав, 651. (Шулхан Арух, *ивр. букв. «накрытый стол»*; кодекс практических положений Устного Закона, составленный в XVI веке Йосефом Каро, основное руководство по извлечению практической Галахи, признанное всеми, без исключения, направлениями иудаизма, признающими Устный Закон. Алахот лулав, *ивр. букв. «законы лулава»*. Лулав, упоминаемый в Торе как каппот темарим или ветвь пальмового дерева, одно из четырех растений, фигурирующих в ритуале праздника Суккот.)
99. Йешаяу 43, 22.
100. Зоар народу. Ахарей мот, 299.
101. Йешаяу 44, 6.
102. Цари 2' 4, 13. Мелахим (Цари) – библейская книга.
103. Захария 14,9.
104. Дварим 4, 35.
105. Бава мециа 59, 72.
106. Цари 3, 6.
107. Зоар народу. Предисловие Книги Зоар, 2.
108. Бава Батра Кала, 71. (Бава Батра, *ивр. последний раздел*, один из 10 трактатов четвертого раздела Мишны, которая является частью Талмуда. Трактат Бава Батра посвящен вопросам индивидуальной ответственности и прав владельца собственности. Рассматриваются вопросы, связанные с завещанием и правом на наследство.)
109. Зоар народу. Ахарей мот, 299.
110. Бааль Сулам. Письма, 17.
111. Шмот 19, 6.
112. Ваикра 9, 23.
113. «Сердце царя в руках Творца, как потоки воды». Мишлей 21,1.
114. Синедрион 4, 5. (Санхе́дрин, также Санґедрин, – один из трактатов четвертого раздела́ Мишны, которая является частью Талмуда. Санхедрин посвящен детальному описанию средств и «инструментов» связанных с осуществлением правосудия верховным судом в иудаизме Синедрионом.)

115. «Тот, кто разделяет страдания общества, удостаивается и видит его утешение». Таанит 11,71. (Таанит – восьмой из трактатов Мишны.)
116. Йевамот 71, 72. (Йевамот – трактат Вавилонского талмуда.)
117. Йешаяу 55, 6.
118. Ваикра 1, 3.
119. Зоар народу. Ахарей мот, 299.
120. Йона 4, 3.
121. Идолопоклонство 10, 72.
122. Труды Бааль Сулама. Статьи «Шамати». «Суть духовного постижения».
123. Сота 47, 71. (Сота – пятый трактат третьего раздела Талмуда. «Сота» на ивр. – женщина, сбившаяся с правильного пути, речь идет о замужней женщине, спровоцировавшей обоснованные или необоснованные подозрения тем, что нарушила «заповедь скромности» в отношениях с посторонним мужчиной.)
124. Йешаяу 55, 6.
125. Йешаяу 41, 6.
126. Песнь песней 6, 3. (Песнь Соломона, Песнь (всех) песней, Книга Песней Соломона – 30-я часть Танаха, 4-я книга Ктувим, каноническая книга Танаха, приписываемая царю Соломону.)
127. Коэлет 7, 1. (Коэлет – книга царя Соломона (Шломо), сына царя Давида. И иногда так зовут царя Соломона – Коэлет.)
128. Авот 4, 27.
129. Теилим 138, 8.

ВИДЕОПОРТАЛ ZOAR.TV

Видеопортал Зоар.ТВ располагает уникальным контентом в виде бесплатных видео материалов, видеоклипов, ТВ онлайн, добрых фильмов онлайн, музыки.
http://www.zoar.tv/

КУРСЫ ОБУЧЕНИЯ

Миллионы учеников во всем мире изучают науку каббала. Выберите удобный для вас способ обучения на сайте:
http://www.kabacademy.com/

КНИЖНЫЙ МАГАЗИН

РОССИЯ, СТРАНЫ СНГ И БАЛТИИ
http://kbooks.ru
АМЕРИКА, АВСТРАЛИЯ, АЗИЯ
http://www.kabbalahbooks.info
ЕВРОПА, АФРИКА, БЛИЖНИЙ ВОСТОК
http://www.kab.co.il/books/rus

Михаэль Лайтман
МУДРОСТЬ КРУГА

Перевод: Л. Высоцкая, М. Юрьева, Л. Клейнер, Э. Винер.
Редактор: Н. Серикова.
Корректор: П. Календарев.
Технический директор: М. Бруштейн.
Верстка: Е. Ивлева, С. Добродуб.
Оформление обложки Я. Клепикова.

ISBN 978-965-7577-43-1
DANACODE 760-88